Q&A
運動と遺伝

大野秀樹・及川恒之・石井直方 =編

大修館書店

はじめに

　海で生活しているヒト「海洋民」は，遺伝子による先天的な習性ではなく，学習によって海のことを知っています．彼らもはじめは泳げないし，はじめて荒海に乗り出すと船酔いに悩まされます．一方，歩くこと，走ることは遺伝子に組み込まれているかのように，ごく自然に誰でもが行うことができます．

　歩くこと，走ることは，何百万年前より霊長類からヒトへ進化する間に獲得されたパフォーマンスです．46億年の地球の歴史を考えると，ヒトの歴史はほんの一瞬であるように，長らく狩猟・採集民であった人類の歴史からみると，食べ物を心配せず，便利な道具に囲まれたこの文明社会の歴史もごく短いものに過ぎません．その進化の歴史の間，ヒトは，歩いたり走ったりするのに最適な身体の内部環境や機能を整備してきました．つまり，人類はついこの間まで野生動物の一員であり，今でも動物のメンバーであることに変わりはありません．当然，その本質をコントロールしているのは遺伝子であり，おそらく運動不足や飽食によって生じる肥満，糖尿病や高脂血症などの生活習慣病の多くの部分は，「海洋民」の水泳や船酔いのようにあらかじめそのプログラムに入っていなかったに違いないでしょう．

　遺伝子を扱う学問，分子生物学は，1953年，WatsonとCrickによるDNAらせん構造がうちたてられて以来，急速に発展を遂げ，まもなくヒトゲノム計画も達成されようとしています．このように，分子生物学は比較的若い学問ですが，今や科学のあらゆる分野にその影響が及びつつあります．心の世界まで遺伝子の支配を受けているという説があるほどです．

　歩いたり走ったりする，いわゆる身体活動を研究するスポーツ科学は，身体全体の機能や調節のメカニズムを明らかにするという目的をもち，高

i

度な総合科学の1つといえます．しかし，残念ながら，スポーツ科学は，新しい学問，技術の導入にしばしばためらいや遅れを生じてきたことは否定できません．まさしく，分子生物学にもこのことが当てはまります．しかしながらごく最近，たとえば，運動による骨格筋の肥大のメカニズムが，分子生物学的立場から少しずつ明らかにされはじめてきました．夜明けはまもなくのようです．このような現在，「運動と遺伝」についてこれまでに明らかにされた事実を整理しておくのは非常に意義深いことと考えます．

　本書は，こうした新しい知見をQ&A形式で紹介しようというものです．体育学部，医学部の学生，各大学院生，パラメディカルの方々，あるいは遺伝学，分子生物学の初心者の方でも容易に理解できるように，まずはじめに分子生物学の基礎編を設けたのがもう1つの特徴です．さらに，スポーツ科学研究者にも十分参考になるように配慮したつもりです．本書が「運動と遺伝」研究の発展のために少しでもお役に立てば，編者として望外の喜びです．

　最後に，この本の企画に全面的なご支援をいただいた大修館書店と編集第3部の山川雅弘，松井貴之両氏に心から感謝いたします．

編集　大野　秀樹・及川　恒之・石井　直方

●もくじ

I 遺伝子を理解するために

- Q 1── 生命とは何か？　*2*
- 　2── 「遺伝する」とはどういうことか？　*4*
- 　3── メンデルの法則とは何か？　*6*
- 　4── 性はどのように決定されるのか？　*8*
- 　5── 細胞はどのような構造をしているのか？　*10*
- 　6── 「遺伝情報」は細胞のどこに収納されてるのか？　*12*
- 　7── 細胞はどうやって「遺伝情報」を２つに分けるのか？　*14*
- 　8── 遺伝子の本体は何か？　*16*
- 　9── DNAはどのような構造をしているのか？　*18*
- 　10── DNAの複製はどのようになされるのか？　*20*
- 　11── 突然変異とは何か？　*22*
- 　12── 遺伝子に生じた傷の修復はどのように行われるのか？　*24*
- 　13── DNAからどのようにしてmRNAができるのか？　*26*
- 　14── 遺伝子の発現はどのように調節されているのか？　*28*
- 　15── mRNAからどのようにしてタンパク質ができるのか？　*30*
- 　16── タンパク質の翻訳後修飾とは何か？　*32*
- 　17── 細胞はどのようにして外界の刺激を核に伝えるのか？　*34*
- 　18── 細胞増殖どのように調節されているのか？　*36*
- 　19── 細胞分化はどのように調節されているのか？　*38*
- 　20── ミトコンドリアの機能は何か？　*40*
- 　21── アポトーシスとは何か？　*42*
- 　22── 何が寿命を決めるのか？　*44*
- 　23── バイオテクノロジーとは何か？　*46*
- 　24── 遺伝子の変化はどんな方法で調べるのか？　*48*
- 　25── がんは遺伝するのか？　*50*
- 　26── 遺伝病の原因遺伝子はどこまで明らかになったのか？　*52*
- 　27── 遺伝子診断とはどういうものか？　*54*
- 　28── ヒトゲノムプロジェクトとは何か？　*56*
- 　29── ヒト遺伝子治療の現状と問題点は何か？　*58*
- 　30── トランスジェニック／ノックアウト／クローン動物とは何か？　*60*
- 　31── バイオテクノロジーの再生医学への応用は何か？　*62*
- 　＊コラム①　予想よりずっと少なかったヒトの遺伝子数！　*64*

II　からだの構造との関連

- Q 32── 細胞骨格はすべてを制御するのか？　66
- 33── からだの左右はどうして決まるのか？　68
- 34── からだの前後はどうして決まるのか？　70
- 35── からだの各部分の形態的な特徴づけはどのように行われるのか？　72
- 36── 自己組織化とは何か？　74
- 37── からだのサイズを決める遺伝子はあるのか？　76
- 38── 大脳に運動野はいくつあるのか？　78
- 39── 平衡機能に対する影響は？　80
- 40── 副腎皮質刺激ホルモン放出因子(CRF)の反応は？　82
- 41── 心筋細胞の反応は？　84
- 42── 最大酸素摂取量($\dot{V}_{O_2}max$)への影響は？　86
- 43── 迷走神経の反応は？　88
- 44── 膵島ホルモンの反応は？　90
- 45── レニン-アンギオテンシン-アルドステロン系の反応は？　92
- 46── 一酸化窒素の反応は？　94
- 47── hypoxia inducible factor-1 の反応は？　96
- 48── ビタミンDの反応は？　98
- 49── 脱共役タンパク質の反応は？　100
- ＊コラム② 脂肪組織の反応は？　102

III　骨格筋との関連

- Q 50── ミオシン分子はどのような構造をしているのか？　104
- 51── ミオシン分子が力を発生するメカニズムは？　106
- 52── 骨格筋の収縮・弛緩のスイッチは何か？　108
- 53── エキセントリック収縮ではなぜ大きな力が出るのか？　110
- 54── 筋の力学的性質はミオシン分子の力学的性質で決まるのか？　112
- 55── ストレッチはミオシン分子にどのような効果を及ぼすのか？　114
- 56── 筋線維の由来は何か？　116
- 57── 筋への分化を制御する遺伝子は何か？　118
- 58── 遅筋と速筋はどのように決まるのか？　120
- 59── 筋ジストロフィーはどのようにして起こるのか？　122
- 60── 成長した筋でのサテライト細胞の役割は？　124
- 61── ミオシン遺伝子のプロモーターはどこまでわかっているのか？　126

62──細胞外マトリクスの役割は？　128
63──ミオシンアイソフォームにはどのようなものがあるのか？　130
64──ミオシン以外の筋タンパク質のアイソフォームにはどのようなものがあるのか？　132
65──分子生物学的筋線維タイプと組織科学的筋線維タイプはどのように対応するのか？　134
66──筋線維タイプは後天的にどこまで変わりうるのか？　136
67──運動によって骨格筋のどのようなタンパク質の合成が高まるのか？　138
68──運動によって筋線維の再生は起こるのか？　140
69──運動は血管新生を促進するのか？　142
70──運動はどのような転写因子を発現させるのか？　144
71──運動におけるストレスタンパク質の役割は？　146
72──メカニカルストレスはどのような仕組みで遺伝子を調整するのか？　148
73──筋肥大における成長因子の役割は？　150
74──筋肥大におけるカルシウムイオンの役割は？　152
75──加齢するとなぜ筋は萎縮するのか？　154
76──不活動による筋萎縮のメカニズムは？　156
77──運動はグルコース輸送担体の発現にどのように影響するのか？　158
78──運動は乳酸輸送担体(MCT)の発現にどのように影響するのか？　160
79──運動はミトコンドリアタンパク質の発現にどのように影響するのか？　162
80──運動によって筋のコラーゲン代謝はどう変化するのか？　164
81──スポーツパフォーマンスに人種差はあるのか？　166
82──人種によって筋の構造や機能に違いはあるのか？　168
83──「筋肉質」の体型は遺伝によって決まるのか？　170
84──「ポッチャリ型」の体型は遺伝によって決まるのか？　172
85──筋持久力は遺伝によってどこまで決まるのか？　174
86──遺伝子ドーピングは可能なのか？　176
＊コラム③　筋肉に男女差はあるのか？　178

IV　臨床との関連

Q 87──運動は寿命を延ばすのか？　180
88──運動は老化を防止するのか？　182
89──運動は遺伝子に突然変異を引き起こすのか？　184
90──運動はがんを防止するのか？　186
91──運動は活性酸素を発生するのか？　188

92——運動は抗酸化能を高めるのか？　190
93——抗酸化ビタミンは効果があるのか？　192
94——日焼けは健康の証なのか？　194
95——鉄は万病のもとなのか？　196
96——運動は高血圧を改善するのか？　198
97——運動は動脈硬化を防止するのか？　200
98——血液再灌流はなぜ危険なのか？　202
99——運動の肥満遺伝子への効果は？　204
100——運動をしてもなかなかやせない場合があるのはなぜか？　206
101——運動は糖尿病の特効薬なのか？　208
102——運動は痛風を悪化するのか？　210
103——運動は骨を丈夫にするのか？　212
104——高地トレーニングはなぜ有効なのか？　214
105——高山病に罹りやすいタイプはあるのか？　216
106——和食は寿命を延ばすのか？　218
107——少しのアルコールはからだによいのか？　220
108——上げ膳，据え膳はからだをダメにするのか？　222
109——インスタント食品はからだに悪いのか？　224
110——コーヒーは運動にどのような効果を与えるのか？　226
111——運動はタンパク質の必要量を高めるのか？　228
112——喫煙はなぜからだに悪いのか？　230
113——運動は頭をよくするのか？　232
114——ランナーズハイは本当にあるのか？　234
115——運動は自殺を防止するのか？　236
116——運動は性格を変えるのか？　238
117——オーバートレーニングはなぜ害なのか？　240
118——運動は生体リズムを変えるのか？　242
119——運動はからだを丈夫にするのか？　244
120——運動をすると暑さ寒さに強くなるのか？　246
121——運動は風邪をひきやすくするのか？　248
122——運動能力が発達した遺伝子組み換え人間は登場するのか？　250
123——ドーピングは遺伝子に影響を与えるのか？　252
124——運動は妊娠・分娩によいのか？　254
125——「寝る子は育つ」は本当なのか？　256
　＊コラム④　活性酸素は常に悪なのか？　⑤　水泳は運動なのか？　258

第 I 章
遺伝子を理解するために

Q1 生命とは何か？

A 現在，私たちの住む地球には，数千万種に及ぶといわれている多種多様な生物が生存している．約35億年前に生命が地球上に初めて誕生して以来，絶滅してしまった種も加えると想像を絶する数の生物種が時をずらせてこの星に誕生し，進化し，繁栄し；そして絶滅するという壮大なドラマが幾度となく繰り返されてきた．

生命の最も重要な性質は自己保存能と自己複製能であると考えられる．生命は，外界から取り入れた栄養物を分解し，その分解産物と代謝過程で生じたエネルギーを利用して自己の構成成分を絶えず入れ替えるとともに，外界の刺激や環境の変化に能動的に反応して自己保存を図っている．さらに，生命は，体の構成成分であるタンパク質を作り出す設計図（遺伝子）のコピーを自ら作り出し（自己複製），その設計図をもとに再び自己と同じものを作り出し，増え続けていく能力をもっている．この自己保存能と自己複製能は，およそ生命と呼ばれるものすべてに共通してみられる特徴であり，この共通性は地球上の生命のすべてが共通の言語（4種類の塩基という化学物質の組み合わせ）で書かれた設計図（遺伝子）をもっているという事実に基づいている．この設計図がない限り，原則的にはその他の材料がいくらあっても，生命は自己と同一のものを作り出すことができない．つまり，生命が増え続けていくためには，遺伝情報のコピーとその伝達が必須なのである．

では，生命はどのように誕生したのだろうか？　今から約45億年前に誕生した原始地球の激しい環境の下で，水，二酸化炭素，メタン，アンモニアなど単純な化合物の反応により，次第に生命の材料としてのアミノ酸や塩基などの有機物が蓄積されていった．その中で偶然，これらの材料を使って，自らのコピーを作り出せる特性（自己複製能）を備えた分子が生じたことが無生物から生命の祖の誕生への大きな一歩となったと考えられている．この最初の自己複製能と触媒作用をもつ分子はリボ核酸（RNA）と呼ばれる分子（Q8，Q9参照）であったと考えられており，この分子がアミノ酸とともに脂質の二重膜内に取り込まれることで，自己保存・自己複製システムが形成され，約35億年前に最初の生命が完成したと推定されている（RNAワールド）．その後，生命の一部は遺伝情報としてのリボ核酸を，より安定した物質のデオキシリボ核酸（DNA）と呼ばれる分子に変更し，現在

のほとんどの生物の起源となったと考えられている（DNA ワールド）．

　さて，もう1つの生物の特徴である，種の多様性はどうやって生じていったのだろうか？　種の多様性が出現するにはまず，設計図（遺伝子）自体が多様にならなければならない．遺伝子の多様性は，次に述べるような機構によって生じたと推測される．すなわち，遺伝子は生存に重要なタンパク質を作り出しているので，遺伝子が1個の場合にはその機能にとって重要な部位に異常（変異）が生じると，細胞死あるいは個体死という重大な結果を引き起こし，変異は子孫や集団までは伝わらない．ところが同じタンパク質を作り出す遺伝子が2つ生じる（遺伝子重複）と，その一方に変異が起きてももう一方が役割を果たすため，変異をもった遺伝子は新しい機能をもつ遺伝子に進化することができる．さらに，生物は別の個体の遺伝子を自分のものとして取り込んだり（遺伝子水平伝播），2種以上の遺伝子を混ぜ合わせること（遺伝子混成）で，より多様な遺伝子を作り出していったと推測されている．そして，この遺伝子の多様性の形成が生物進化の大きな推進力になったと考えられる．

　生物はこのようにして生じた多様性のもとに，生存競争と共生を常に行いながら，環境に適応し，生き抜いてきたものと思われる．実際，動物細胞の中のミトコンドリアと呼ばれるエネルギー供給にかかわる細胞内小器官の起源は，嫌気性の単細胞生物（真核生物）（Q5参照）に餌として取り込まれた好気性細菌がそのまま細胞内に共生して進化したものである．同様に，植物細胞の葉緑体も好気性細菌の共生により細胞内進化を遂げてできたものと考えられている．

　生命はこのように35億年の地球の生命潮流の歴史の中を，種々の変化に対応できる柔軟なシステムをもち，したたかに生き抜き，そしてとぎれることなく脈々と太古からの遺伝子を進化させ，受け渡し続けてきたのである．すなわち，生命は基本的には遺伝子という設計図をもとに自己と同様のものを作りながらも，その中に新たなる可能性（進化）を創造するシステムを潜在的に内包しているということができる．この性質は生命が自己の遺伝情報として用いている核酸の性質に基づいているが，この柔軟性のシステムこそ生命の本質であり，ダイナミズムであるといえる．

［及川　恒之］

文献
1) NHK取材班 (1994). 生命 ―40億年はるかな旅― NHKサイエンススペシャル 1. 日本放送出版協会, 東京.
2) 大野乾 (1991). 大いなる仮説 ―DNAからのメッセージ―. 羊土社, 東京.
3) 宮田隆 (1998). ゲノムから進化を考える 1 ―DNAからみた生物の爆発的進化―. 岩波書店, 東京.

Q2 「遺伝する」とはどういうことか？

A 生命の神秘は「遺伝」にあるといっても過言ではない．生物は多種多様であるが，この多様性は，体の構成成分（タンパク質）を作る設計図（遺伝子）が生物種の間で異なっていることに基づいている．生物の受精から発生の全行程を調べてみると，実に巧妙にいろいろな体の部分が他と調和をとりながら順を追って作られ，全体が完成していくかをつぶさに見ることができる．ヒトの受精卵は母親の子宮の中で発生を開始し，次第に胎児となり，およそ10ヶ月後に誕生してくるが，この過程は全て，両親の配偶子（卵・精子）によりもち込まれた，ヒトを作り出す設計図（遺伝子）によってきちんとプログラムされている．当然のことだが，ヒトの子はヒトとして生まれてくるべくプログラムされているし，カエルの受精卵はオタマジャクシになり，変態して成体のカエルになることが受精の最初の瞬間から運命づけられており，似ているとはいえども決してイモリになるようなことはない．このように，種は種としての固有な種々の性質(形質と呼ぶ)を作り出す設計図（遺伝子）をもっており，それを子孫に受け渡している（図）．

一方，同じ種の中でも，遺伝的に微妙に異なる形質をもっていることがある．

図 「遺伝する」ということ

ヒトを例にとると，人種間では皮膚や髪や瞳の色などが異なっているし，他人同士は顔もあまり似ていない．しかし，双子の例を引くまでもなく，兄弟や親族間では，目鼻立ちばかりでなく，時にはしぐさから性格に至るまで，多くの類似点があることが多い．これは子供が親と同じ設計図（遺伝子）をもっているということによる．このように，親と同じ性質を，設計図（遺伝子）を介して子孫に受け継いでいくことを「遺伝する」という．

　この「遺伝する」ということをうまく利用し，多くの植物や動物を人間の好みに合うように変えて品種改良を行ってきたのが，農業・畜産の歴史である．収穫量が多く，病気や寒さに強く，さらに味の良い農作物や果物，多卵系の鶏，肉の味の良い多産系の豚，乳の量が多い乳牛などはその例である．その他にも，イヌやネコなどの愛玩動物から園芸植物に至るまで，遺伝を利用したものは枚挙にいとまがない．競馬の世界も例外ではない．ヒトは馬を品種改良し，競走用のサラブレッドを作り出してきた．優勝回数の多い名馬は引退後も，その脚の速さを次の世代に残すため種馬として飼われている．運動能力にも遺伝は関係があるようである．ヒトの場合にも，黒人は短距離走やバスケットなどのスポーツに優れた才能を示すし，相撲の「若貴兄弟」，名力士であった彼らの父親と伯父の例も，運動能力に遺伝が関与していることを裏付けるもののように思われる．環境やトレーニングはこうした資質に磨きをかけるものといえる．遺伝するのは運動能力だけではない．人間を形成するのは育つ環境にもよるが，生まれついての資質も大きいことが一卵性双生児の研究で明らかにされている．最近の一流国際科学誌のNature Genetics には「自分が幸せかどうかを決める気質」も遺伝子（happy gene）により決定されているかもしれないというセンセーショナルな論文まで報告されている．さらに，I.Q.のみならず同性愛の資質までもが遺伝的に決定されるとする報告もある．また，イギリスの生物学者であるリチャード・ドーキンスは，生物は単に遺伝子の乗り物にすぎず，生物の利他的な行動までもが遺伝子の利己的保存戦略であるとする説（利己的遺伝子）を提唱している．すべてが遺伝子によって決定されるという考えは必ずしも正しいとは思われないが，「遺伝」がヒトの運動能力から思考や行動に至るまで，相当程度影響を与えていることは間違いないように思われる．

[及川　恒之]

文献
1) NHK「人体」プロジェクト（1999）．遺伝子・DNA ―驚異の小宇宙・人体III― NHKスペシャル 1～6．日本放送出版協会，東京．
2) Hamer DH (1996). The hereditability of happiness. Nature Genet. 14：125-126.
3) Doukins R (1989). The selfish gene. Oxford University Press, Oxford.（訳本）リチャード・ドーキンス：日高敏隆ら訳（1991）．科学選書9 利己的な遺伝子．紀伊国屋書店，東京．

Q3 メンデルの法則とは何か?

A たとえば血液型が AB 型同士の両親からは O 型の子どもは生まれないし,O 型同士の両親の子はみな O 型である.両親が A 型と B 型の場合にはその子供はすべての血液型をもつ可能性がある.このように遺伝には法則性がある.それを最初に発見したのはオーストリアの修道士メンデルであった.彼は修道院の庭で 8 年間にわたりエンドウマメの種子の形,さやの形,さやの色などの 7 つの形質に注目して交配実験を行い,後に「メンデルの法則」として知られるようになる法則を発見した.しかしながら発表当時(1866 年)にはまったくその価値が認められず,その後 3 人の学者がそれぞれ独自にメンデルと同様の結果を得るに至り,1900 年に改めてメンデルの仕事が再認識された.「メンデルの法則」は遺伝様式を,漠然としたものではなく,互いに混じり合うことのないある種の「因子」(今でいう遺伝子)を想定することにより理解しようとした点が画期的であった.以下にその概要を述べる.

①まるい種子を作るエンドウとしわのある種子を作るエンドウを掛け合わせると雑種第一代目 (F1) の種子はすべてまるくなる.このように F1 において親のもつ対立形質のうち一方のみが現れる現象を「優性の法則」といい,この場合「まる」を「優性形質」,「しわ」を「劣性形質」という(図-上段).ただしここでいう「優性」,「劣性」とは単にその形質が現れるか否かを意味するだけであり,形質そのものに優劣があるわけではない.

②この F1 同士を交配すると雑種第二代目 (F2) の種子は「まる」と「しわ」が 3:1 の割合で現れる.これは図の上段に示したように,配偶子(花粉と胚のう,動物の場合は精子と卵)形成の際にある形質を決める一組の遺伝子(対立遺伝子と呼ぶ)がそれぞれ別の配偶子に分かれて入った(すなわち分離した)結果である.これを「分離の法則」と呼ぶ.

③次に 2 つの形質(たとえば種子の形とさやの色,図-中段)の遺伝様式を見ると,F1 には両形質とも優性のものが現れる.F2 には両形質について優性のもの,どちらかの形質について優性のもの,両形質について劣性のものが 9:3:3:1 の割合で現れる.またこれをそれぞれの形質について注目して見てみると,種子の形もさやの色も優性形質と劣性形質が 3:1 の割合で現れており「分離の法則」

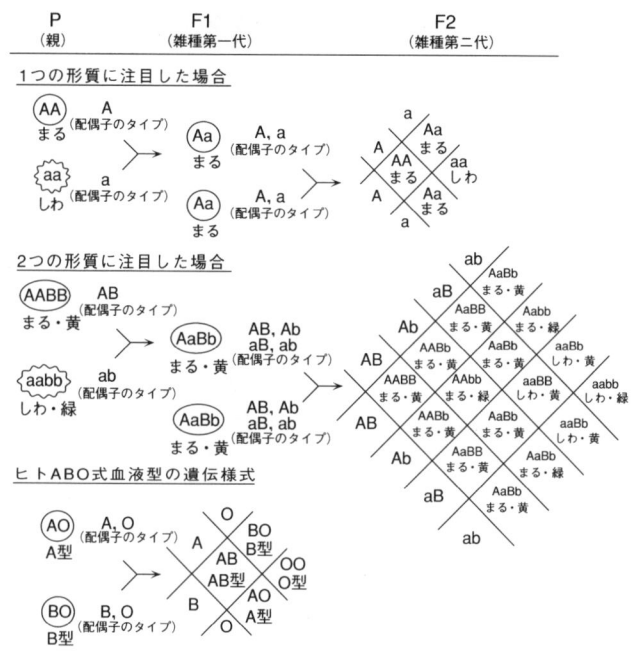

図 メンデルの法則

に従っていることがわかる．すなわち別々の形質を決める対立遺伝子は，干渉し合うことなくそれぞれ独立して配偶子に入る．これを「独立の法則」と呼ぶ．

ヒトRh式血液型はメンデルの法則に従って遺伝し，Rh^+がRh^-に対して優性である．また冒頭に述べたヒトABO式血液型は基本的にメンデルの法則に従うが，3つの遺伝子が対立関係にある複数対立遺伝子で，AとBはOに対して優性であり，AとBの間には優劣はないために両方の形質が発現する（図-下段）．メンデルの法則に従わない遺伝様式として，F1が優性形質を示さず両親の中間形となる「不完全優性」がある．また同一の染色体（Q6参照）上にある形質については，配偶子形成の際に原則として行動を共にするため「独立の法則」は当てはまらない場合が多い．

[山田　俊幸]

文献
1) Watson, JD. et al. (1987). Molecular Biology of the Gene (4th ed.). 松原謙一，中村桂子，三浦謹一郎監訳 (1988). 遺伝子の分子生物学　第4版，トッパン，東京．
2) 鈴木孝仁監修(2000). 視覚でとらえるフォトサイエンス生物図録，数研出版，東京．

Q4 性はどのように決定されるのか？

A 哺乳類の雄は，2本ずつ相同な染色体（常染色体といい，それぞれ父親あるいは母親由来）の他に互いに形態の違う2本の染色体（X染色体とY染色体）をもち，雌は常染色体のほかに2本のX染色体をもつ．このX染色体とY染色体を性染色体といい，これにより性が決定される．配偶子形成の際には2本の性染色体はそれぞれ別の配偶子に入るため，精子にはX染色体をもつものとY染色体をもつものとができるが，卵はすべてX染色体をもつ．卵がX染色体をもつ精子により受精すれば雌になり，Y染色体をもつ精子により受精すれば雄になる（図‐上段）．この機構により，常に雌雄の比は1：1に保たれている．このように雄が対を作らない性染色体をもつ場合を雄ヘテロ型という．鳥類などでは雌が形態の異なるZ染色体とW染色体をもち，雄が2本のZ染色体をもつ．これを雌ヘテロ型という．

哺乳類のY染色体は小型でありTDF（testis determining factor：睾丸決定因子）遺伝子以外には精子形成に関わるごく少数の遺伝子しかもたず，この染色体をもつ固体の未分化性腺を睾丸へと分化させる．TDF遺伝子としては今までにいくつかの候補があったが，現在はSRY（sex determining region Y）と呼ばれる遺伝子が有力視されている．SRY遺伝子の産物はDNAの特定の場所に結合して機能を発揮することがわかっている．配偶子形成過程で，相同な常染色体同士およびX染色体とY染色体は互いに接着し合う時期があるが，この時になんらかの理由でSRY遺伝子がY染色体からX染色体に乗り移ると，このX染色体をもつ固体は性染色体の構成がXXであっても雄になる．またSRY遺伝子の導入によりXXマウスに睾丸が形成されることが示されている．一方，哺乳類の場合には積極的に雌化を促す因子はなく，Y染色体（TDF）をもたない固体は自動的に雌になると考えられている．

進化の過程で2本の性染色体を極度に異形化させてしまったために起こってきた2つの問題がある．その1つが性染色体による遺伝（伴性遺伝という）に伴う疾患である．たとえば，哺乳類の雄ではX染色体上に劣性遺伝子があってもY染色体上には対立遺伝子が存在しないため劣性形質がそのまま発現する．ヒトでみられる赤緑色覚障害や血友病，デュシャンヌ型筋ジストロフィーの遺伝がこの例で

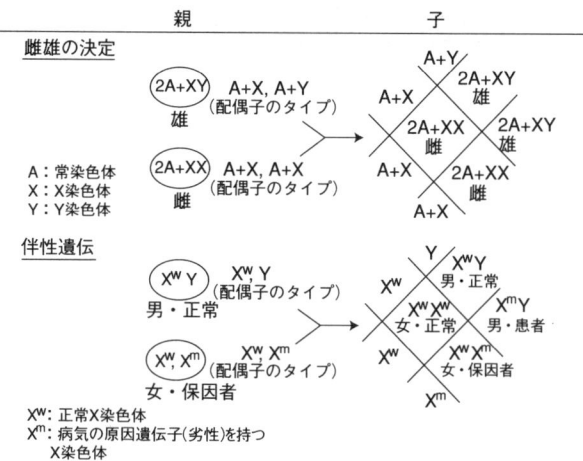

図　性染色体による性の決定と伴性遺伝

あり，女性では劣性遺伝子をもつX染色体が2本揃わない限り発症しないので頻度は低い（図-下段）．

　もう1つは遺伝子量の不均衡の問題である．前述のようにY染色体上の遺伝子の数は限られているが，X染色体上には多数の必須遺伝子が存在する．したがって，X染色体を2本もつ雌は雄に比べてこれらの遺伝子を2倍もつことになる．そこで，哺乳類の雌では1本のX染色体を不活性な状態にして（この染色体からの遺伝子発現を抑えて）雄とのバランスを保っている．不活性X染色体は著しく凝集しており，光学顕微鏡下で細胞核中に容易に識別可能であるのでセックスチェックに用いられる．

　一方，常染色体上にある遺伝子についても，それが父親由来か母親由来かによって発現が異なる例が哺乳類においていくつか見つかっており，ゲノムインプリンティングと呼ばれている．たとえば成長因子の1つであるインシュリン様成長因子2（Igf2）遺伝子は父親から由来した時にだけ，また細胞周期を止める働きのあるp57^{kip2}遺伝子は母親から由来した時にだけ発現する．このような機構が存在する理由の1つとして父親由来の遺伝子は胎児を大きくする方向に，母親由来の遺伝子は小さくする方向に働くためだとする説があるが，現在のところ正確にはわかっていない．

[山田　俊幸]

文献
1) 実験医学，特集　性分化の分子メカニズム，1995年4月号，羊土社，東京．
2) 蛋白質核酸酵素，生殖細胞の発生と性分化，1998年3月増刊号，共立出版，東京．

Q5 細胞はどのような構造をしているのか？

A すべての生物は細胞から成り立っている．細胞は，約35億年前，地球上で分子が自然に集合して生まれたと考えられている(Q1参照)．細胞はその構造から原核細胞と真核細胞とに分類される．原核細胞の代表例は細菌であり，1つの細胞が一個体を作っている．長さ数μm（マイクロメートル）の原核細胞は，一番外側に保護性の細胞壁をもっており，その内側には細胞膜がある．これらの膜構造により細胞質と呼ばれる細胞の内部は外界から隔てられている．原核細胞の細胞質ははっきりとした構造をもたず，遺伝物質DNA，情報物質RNA，タンパク質，その他の小分子を含んだ水溶性物質からなっている．これに対して，菌類，植物や動物などの細胞は真核細胞と呼ばれる．真核細胞と原核細胞との最も大きな違いは，真核細胞は遺伝物質DNAの大部分を核の中に封じ込め細胞の内容物である細胞質から隔離している点である．この構造こそ，まさに真核細胞の語源なのである．真核細胞は原核細胞の約1,000倍の容積をもち，このためさまざまな物質を多量に含んでいる．また，真核細胞には独立した機能をもついろいろな細胞小器官があり，生化学反応の場である細胞内膜系と呼ばれる膜構造が発達している．真核細胞からできた生物は真核生物と呼ばれ，1個の細胞から一個体ができている原生動物のような単細胞生物から，ヒトのように約60兆個の細胞からなる多細胞生物まで多種多様である．

　それでは，このように高度に進化した真核細胞はいったいどのような構造をしているのであろうか．光学顕微鏡で多細胞生物の細胞像を観察すると，細胞壁(植物のみ)，細胞膜，核，細胞質，核内の核小体と染色糸，細胞質内の色素体(植物のみ)，ミトコンドリア，中心体(動物と一部の植物のみ)，ゴルジ体が多くの場合共通してみられる（図）．さらに，これを電子顕微鏡を使って観察すれば，より複雑な細胞像が現れる．細胞の外側には，細胞膜があり，細胞内外の物質の出入りを行う．その外側には細胞外被があり，細胞同士の認識などに関与している．植物の細胞では，外側に丈夫な細胞壁があり，植物体の支持に関係している．核は，細胞の働きの中枢的部分である．内部には，核小体と染色糸（分裂時には染色体を形成する）がある．核小体は，細胞のタンパク質合成の場であるリボソームの合成に関係している．染色糸には，遺伝物質DNAが含まれる．真核細胞のDNAは巨大

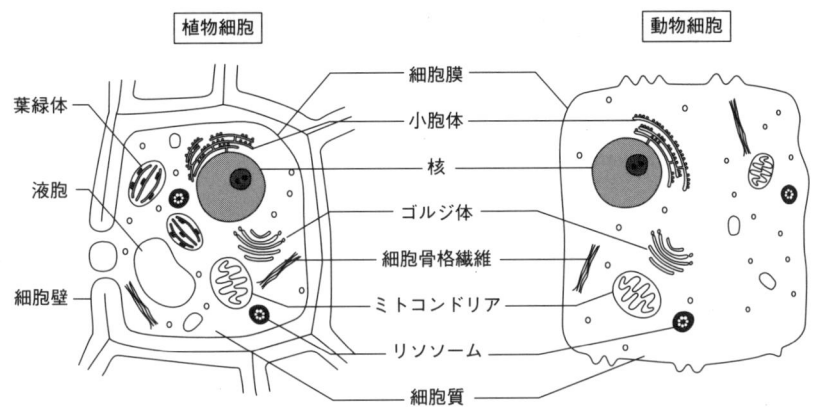

図 真核細胞の構造

で非常に長い．そのため，DNA にヒストンというタンパク質が結合し，何重にも折り畳まれた染色体構造をとっているのである．細胞質内にはいろいろな細胞小器官がある．エネルギー転換に関与するミトコンドリアと葉緑体，細胞骨格を構成する微小管と微小繊維，膜構造をとった細胞内膜系と呼ばれる多様な小器官などがこれにあたる．ミトコンドリアは細胞呼吸の場であり，ここで生体のおもなエネルギー供給物質である ATP が多量につくられる．葉緑体では，光合成が行われる．微小管と微小繊維は細胞質の構造維持と細胞運動に関係している．細胞質内膜系としては，小胞体，ゴルジ体，リソソーム，ミクロボディなどがあり，小胞体にはタンパク質合成の場であるリボソームという微小顆粒が付着していることが多い．小胞体は，細胞質内に複雑に広がった膜系で，リボソームで合成されたタンパク質がここを通って輸送される．ゴルジ体は，タンパク質の修飾や輸送を行う．リソソームは物質の消化を行い，ミクロボディは過酸化水素の分解などを行う．このように，細胞小器官は分業し合って，全体として非常に統制された働きを担っている．以上は，真核細胞に共通してみられる構造である．実際には，ヒトなどの多細胞生物は血液細胞，筋肉細胞，神経細胞など多数の細胞で構成されており，それぞれの細胞が固有の働きをもっており，形態も機能も分化している．細胞は，原始と未来をつなぐミクロの宇宙である．

[根岸　文子]

文献
1) Alberts, B. et al. (1994). Molecular Biology of The Cell (3rd ed.). 中村桂子，藤山秋佐夫，松原謙一監訳(1995)，細胞の分子生物学　第3版，ニュートンプレス，東京．
2) 遠山益編著（1996）．図説　細胞生物学，丸善，東京．

「遺伝情報」は細胞のどこに収納されるのか？

A 「遺伝情報」はDNAにより担われており(Q8参照)、1つの細胞当たりのDNAの長さは2mに達する。細胞はこれを直径数μmの核の中に保持している。そのために細胞はDNAをきわめて精巧に「染色体」という特別な容器に収納している。この容器はDNAを収納するだけでなく、細胞分裂後に新たに生じる細胞(娘細胞)に容器ごと渡せば間違いなく「遺伝情報」を伝えられるという意味においても重要である。DNAはまず約150塩基対ずつがヒストンコア(ヒストンH2A、H2B、H3、H4のそれぞれが2分子ずつ含まれる8量体)に2回巻き付きヌクレオソームを形成する。このヌクレオソームが連なった直径約11nmのクロマチン線維は、さらにらせん状にねじれてより高次のクロマチン線維を形成する。染色体はこのクロマチン線維がさらに折り畳まれ、らせん状にねじれることにより形成される(Q8参照)。このような染色体が観察されるのは細胞分裂期のみであり、それ以外の細胞周期ではより「ほどけた」クロマチン線維の状態で核内に存在している。ヌクレオソームに組み込まれたDNAは一般に不活性であり、遺伝情報を読み取るためにはこの構造を変化させる必要がある。この過程にヒストンタンパク質のアセチル化が関与することが知られ、近年それを調節する酵素群が単離されてきた。

　染色体の数や形は種に特異的である。たとえばヒトは46本の染色体をもつが、これは22対の常染色体と2個の性染色体(Q4参照)とから構成される。ヒトに最も近縁であるとされるチンパンジーの48本の染色体は形態的にヒトの染色体と驚くほど似ており、唯一の大きな違いはチンパンジーの常染色体のうちの2本がヒトでは融合して1本になっていることである。このように染色体の形態から系統関係を論じることも可能である。実験によく用いられるマウスは40本の、ショウジョウバエは8本の染色体をもっている。

　染色体のどこにどんな遺伝子が存在するのかを知る方法としては、遺伝子の組み換え価をもとに染色体上での相対的位置を求める方法や、標識をつけたDNA断片を染色体上の標的DNAと直接反応させる方法などがあり、このようにして作成した遺伝子の地図を「染色体地図」という。これまでにヒトのほぼすべてのDNA塩基配列が決定されており、現在得られた塩基配列をもとにして完全な「ヒト染

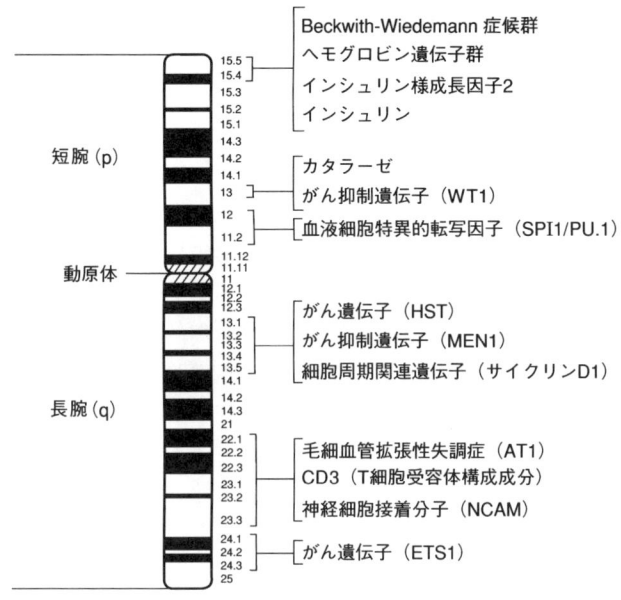

図 11番染色体上の遺伝子

色体地図」の完成に向けての努力が続けられているが，すでに一番小さなグループに属する21，22番染色体については地図が完成している（図に11番染色体上のいくつかの遺伝子についてその位置を示した）．

　染色体は遺伝情報の収納場所であるため，その数や形態の変化は遺伝子量の変化や遺伝子発現様式の変化に結びつき，数々の遺伝病やがんを始めとする疾患の原因となる．ヒトでは21番染色体が3本になるとダウン症となることはよく知られている．慢性骨髄性白血病の大部分の症例では9番染色体と22番染色体との間で一部分がやりとりされており（染色体転座という），この結果として本来別々の染色体上にあるはずの遺伝子が融合し，この融合遺伝子が細胞をがん化させることがわかっている．疾患に特異的な染色体変化は疾患の発生機序を探る糸口になるばかりでなく，診断や治療方針を決めるうえでの指標ともなる．

[山田　俊幸]

文献
1) Alberts, B. et al. (1994). Molecular Biology of The Cell (3rd ed.). 中村桂子，藤山秋佐夫，松原謙一監訳 (1995). 細胞の分子生物学　第3版，ニュートンプレス，東京．
2) O'Brien, SJ. ed. (1990). Genetic Maps：locus maps of complex genomes (5th ed.). Cold Spring Harbor Laboratory Press. New York.

 # 細胞はどうやって「遺伝情報」を2つに分けるのか？

A 細胞は周期的な変化を繰り返して分裂増殖している．この周期的な変化は細胞周期と呼ばれる．細胞周期は，形態上分裂像の認められる分裂期（M期）と，分裂像の認められない間期（休止期G_1期，DNA合成期S期，休止期G_2期）とに分けられる．遺伝情報を担う遺伝物質DNAは染色糸（分裂時には染色体を形成する）（Q5参照）と呼ばれる構造をとって細胞の核の中に存在している．遺伝情報の分配を簡単に述べれば，親細胞の遺伝情報をもつ染色体がDNA合成期S期で2倍量に複製され（Q10参照），その後のM期で起こる細胞分裂により2つの娘細胞の核に均等に配分されることである．このように細胞の遺伝情報は細胞の分裂によって2つに分けられる．

　それでは，細胞分裂はどのようなしくみで起こるのだろうか．以下に細胞周期との関連も含めてもう少し詳しく説明する．細胞周期の中で，分裂期M期は短く，あとはM期とM期の間の長い間期である．間期の役割は分裂のための準備を行う期間である．休止期G_1期の間，染色糸の大部分は凝縮状で存在しているが，S期に入ると分散した状態になる．そして，ここでDNA合成が開始し，核のDNA量が倍加して染色体の複製が完了する．次に細胞は休止期G_2期に入り，一定の時間を経たのち分裂期M期に移行する．これらの細胞周期は，いくつかのサイクリンおよびサイクリンに依存性のリン酸化酵素（Cdk：cyclin dependent kinase）によって調節されている（Q17参照）．最終的にはこれらの酵素の働きにより，分裂に関わるタンパク質のリン酸化が連続的に起こり分裂期M期へと進むのである．

　真核細胞の分裂様式は，染色糸・染色体や紡錘糸・紡錘体などの糸状構造の形式を伴うので有糸分裂と呼ばれる．M期は前期，前中期，中期，後期，終期の5段階からなる有糸分裂（核の分裂）と，6段階目の細胞質分裂からなる．これらは一連の過程である．図に各段階を示した．前期になると，染色体は凝縮し，間期の細胞骨格の一部であった細胞質微小管が崩壊し，分裂装置の中心である紡錘体が形成され始める．やがて，核膜が崩壊し前中期となる．中期では，動原体微小管により染色体は赤道面と呼ばれる細胞の中央部に整列する．後期になると，分離した染色体は紡錘体の働きにより細胞の両極に引っ張られる．これらの染色体が両極に達して終期となり，新しい核膜の再形成が始まる．凝縮していた染色体は

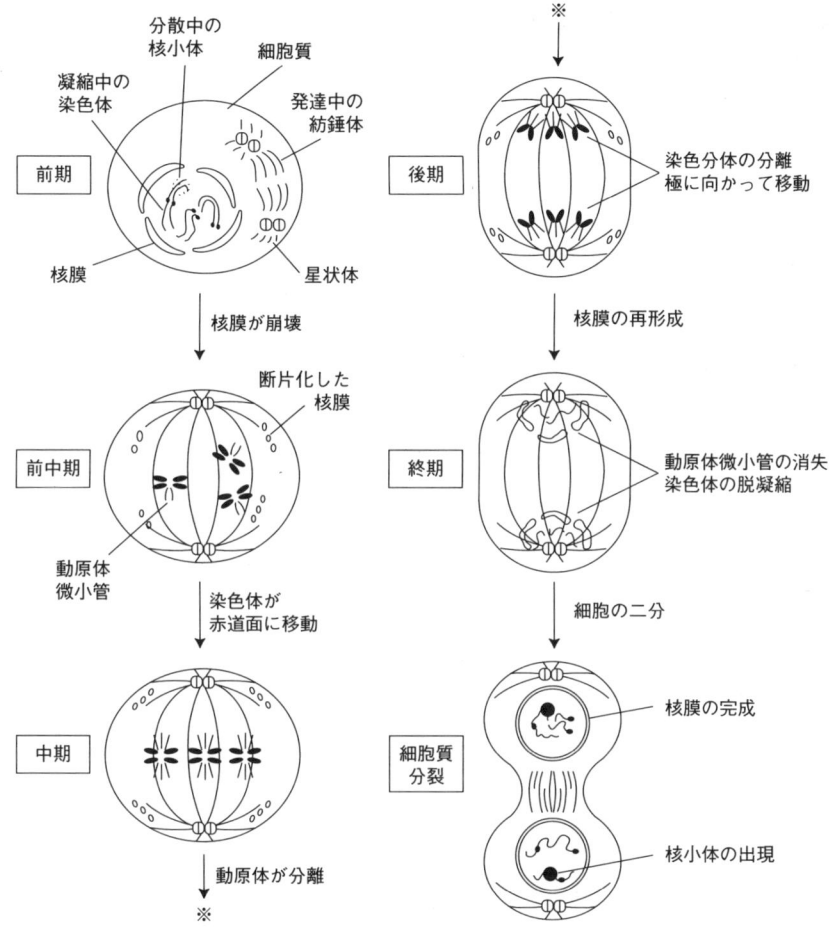

図 細胞分裂

再び分散し核小体も現れる．分裂のはじめにリン酸化されていたタンパク質の脱リン酸化が起こる．その後，細胞質は二分され染色体が脱凝縮し2個の娘細胞となる．そして，新しくできた娘細胞は再び細胞周期に入り，増殖と分裂を繰り返しながら遺伝情報を伝えていくのである．

[根岸　文子]

文献
1) Alberts, B. et al. (1994). Molecular Biology of The Cell (3rd ed.). 中村桂子，藤山秋佐夫，松原謙一監訳(1995)，細胞の分子生物学　第3版，ニュートンプレス，東京．
2) 遠山益編著 (1996)．図説　細胞生物学，丸善，東京．

Q8 遺伝子の本体は何か？

A ひとつの世代から次の世代へある形質が伝わる現象を遺伝という．しかしながら，形質は形質として直接伝えられるのではなく，暗号化された化学物質として伝えられる．この暗号化された物質のことを遺伝子と呼び，4種のヌクレオチド（アデニン，チミン，グアニン，シトシンという4種の塩基に共通のデオキシリボースという糖とリン酸が結合したもの）がリン酸ジエステル結合で配列特異性をもって長くつながったデオキシリボ核酸（DNA）が化学物質としての本体である．すべての細胞性生物においてはDNAが遺伝子であるが，ウイルスでは糖の部分がリボースで，チミンの代わりにウラシルが用いられるリボ核酸（RNA）を遺伝子としてもつものもある．またプリオンという牛の海綿状脳症（狂牛病）やヒトのクロイツフェルト・ヤコブ病といった神経病を起こすタンパク質は，核酸成分なしで遺伝能を示すといわれている[1]が，全面的な支持を得ているわけではない．

　DNAが遺伝子であることの証明は以下の2つの実験によってなされた．1つはバクテリアを用いた実験で，病原性のバクテリアと突然変異により非病原性となったバクテリアの2種の組み合わせで，加熱処理を行った病原性バクテリアからDNAを抽出し，非病原性バクテリアに混ぜてやるとその一部が病原性を獲得するというものである．DNAは非病原性のものからでは効果がなく，病原性という形質を遺伝させる物質がDNAであることを強く示唆するものであった．もう1つの実験は，ウイルスを用いたものであった．ウイルスは基本的にDNA（またはRNA）がタンパク質の殻を被ったような非常に単純な構造をもっている．このウイルスのDNAを核酸にのみ存在するリンの放射性同位元素でラベルし，またタンパク質の殻はタンパク質にのみ存在するイオウの同位元素でラベルして細胞に感染させた．しばらくして産生された子孫ウイルス粒子を調べると，リンの同位元素のみがこの粒子に見出されたが，イオウの同位元素はまったく検出できなかった．このことも遺伝をつかさどるのは，タンパク質でなくDNAであることを示すものである．

　1つの遺伝子は転写されてRNAとなり，最終的に機能分子である1つのタンパク質を合成するべく暗号化されている．したがって，遺伝子という単語は，本来1つの機能に対応する単位を表すものであるが，しばしば個々の生物がもつ遺伝子

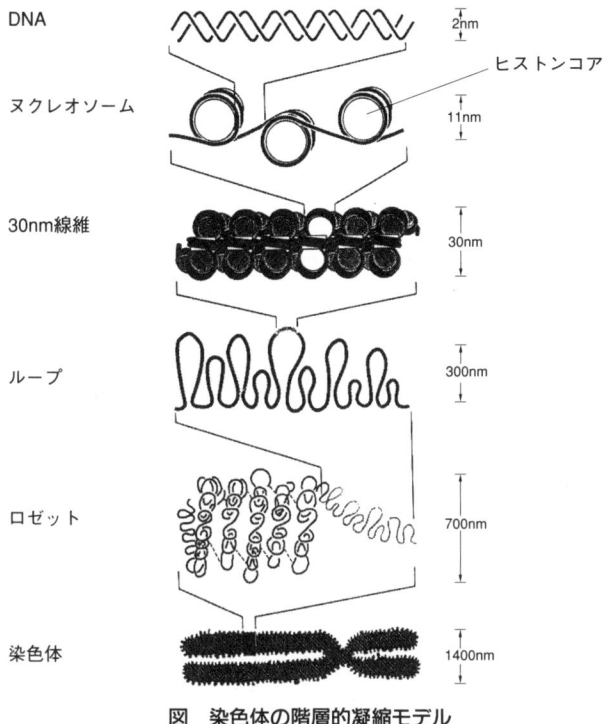

図　染色体の階層的凝縮モデル

総体（ゲノム）と混同して用いられる（たとえば，"ヒトの遺伝子"のごとく）。ゲノムは種に固有の全遺伝子 DNA のことを指し，ヒトにおいては約 33 億塩基対からなり，その一次配列(塩基の並び)の 99％以上が明らかにされている。染色体はゲノムが細胞内に存在するときの状態のことであり，ヒストンをはじめとする多くの核内タンパク質と複合体を形成し，非常にコンパクトに凝縮されている。たとえば，ヒトゲノムは DNA としては約 2 m もの長さになるが，これが直径約 2 μm の核内に押し込められるのである。ゲノムの 10 万倍にもおよぶ階層的凝縮モデルを図に示す[2]。

[山本　三毅夫]

文献
1) Li L and Lindquist S (2000). Creating a protein-based element of inheritance. Science 287：661-664.
2) Alberts B et al. (1994). Molecular Biology of the Cell. Garland Publishing Inc. NewYork.

Q9 DNA はどのような構造をしているのか？

A DNA とはデオキシリボ核酸（Deoxyribo Nucleic Acid）のことで，化学的には4種のヌクレオチド（A, T, G, C, つまりアデニン，チミン，グアニン，シトシンという4種の塩基に共通のデオキシリボースという糖とリン酸が結合したもの）がリン酸ジエステル結合で長くつながった構造をもつ．DNA の立体構造は1953年に J.D.Watson と F.H.C.Crick によって明らかにされ，図1のようにリン酸ジエステル結合でつながれたデオキシリボースの背骨から塩基が飛び出した形をしており，通常この構造がらせん状に2本より合わさっている．より合わせは塩基間の水素結合によって起こり，アデニンはチミンと，グアニンはシトシンとのみ結合する（図2）．これを AT, GC ペア（あるいは塩基対）といい，2本の鎖は互いに相補的であるという．この塩基同士の水素結合が形成されると，上下に隣り合う塩基の間にも分子間引力が働き，さらにらせんを取り囲む部分には水分子が集合して DNA の構造を安定化させるように働く．しかしながら，構造を維持する力自身は弱いものなので，加熱や pH を（アルカリ側に）変化させるといった処置

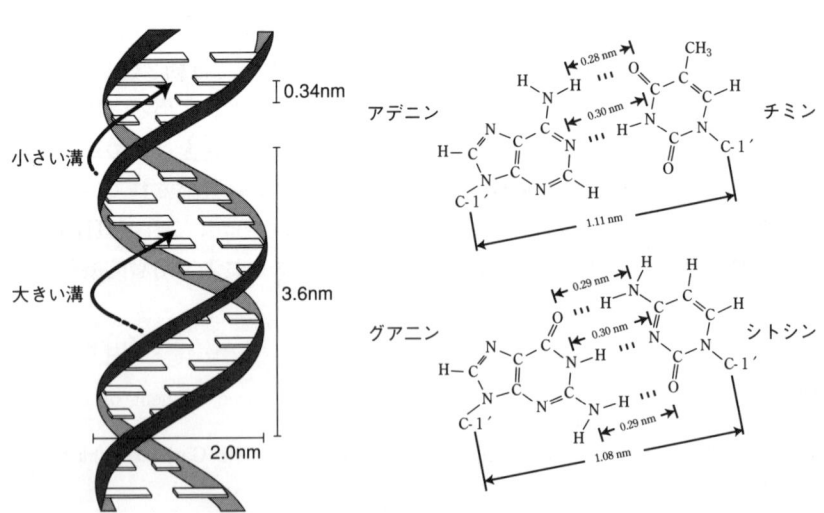

図1　DNA の構造モデル　　図2　アデニン・チミン，グアニン・シトシン塩基対

によって，容易に1本鎖の状態へと変化する．これをDNAの変性という．高温で変性したDNAを徐々に冷却すると，もとの2本鎖DNAへと戻る．これを"焼きなまし"（アニーリング）といい，相補的な塩基配列を探す手法としてしばしば用いられる核酸ハイブリダイゼーションの基本原理となっている．

　DNAはA，B，C，D，Zと名付けられた5つの立体構造をとることができるとされるが，最も安定な構造はB型で，図1に示されているのもこれである．他の構造は生体内で状況に応じて現われると考えられ，遺伝子発現の調節などに関与する可能性が指摘されている．

　厳密なAT，GCペアによる塩基対形成能が同一分子を複製するための基本原理であり，ひいては遺伝の原理でもある．すなわちDNAは遺伝子の本体であり，塩基配列は生物種ごとに固有，かつ長さも非常に多様である．DNAは遺伝子として細胞内（ウイルスの場合は粒子内）にあっていろいろな構造をとる．すなわち，2本鎖直線状（ヒトを含む多くの真核生物），1本鎖環状（ある種のウイルス），2本鎖環状分子（多くのバクテリア）として存在する．真核生物は細胞内にミトコンドリアというエネルギー産生のためのオルガネラ（細胞内小器官）をもつが，この中にも小さな環状2本鎖DNAが含まれ，ミトコンドリア機能の一部を果たすための遺伝子が乗っている．

　通常DNAの長さは塩基対の数で表すが，最も小さな遺伝子としてはウイルスのものが挙げられる．これらは数千塩基対から十万以上と，かなり変化に富む．一般的には進化が進むにつれDNAは長くなるが，ヒトが生物界で最大長のDNAをもっているわけではない．例えば肺魚はヒトの数倍の長さのDNAをもつし，ある種の植物では数十倍も長い．ヒトのDNAもその95％ほどは意味不明の（つまり，タンパク質にならない）配列であるが，これらの生物のDNAはさらに多くの意味不明の配列をもっていることになる．無意味配列の大部分は大小さまざまな長さの単位からなる反復配列であるとされている．

〔山本　三毅夫〕

文献　1) Watson JD, et al. (1987). Molecular Biology of the Gene. The Benjamin/Cummings Publishing Co. Inc. California.

Q10 DNAの複製はどのようになされるのか？

A DNA複製基本原理は，鋳型となる親鎖の塩基配列に対し，DNAポリメラーゼがdNTP（dATP，dTTP，dGTP，dCTP）を基質としてG-C，A-T対になるように相補的な鎖（娘鎖）を合成する．これを半保存的複製と呼ぶ．またDNA複製は，開始，伸長，終結の3つの過程に大別される．開始過程においては，遺伝子DNAのある一定領域（複製開始領域）を特定のタンパク質が結合・認識し，複製開始のONのスイッチを与え，ここに開始に関与するタンパク質群が複合体を形成し，2本鎖DNAが開裂する．この際，複製開始領域をレプリケーター，複製開始領域を認識・結合するタンパク質をイニシエーターと呼ぶ（イニシエーター／レプリケーターモデル）．開始過程が生物種の固有の特徴を与えている（後述）．伸長過程に入り，DNAポリメラーゼが開裂した1本鎖DNAを鋳型として半保存的複製により相補的な配列を合成し，終結過程において複製は完了する．こうした複製開始領域から終結点までのDNA単位をレプリコンと呼ぶ．

　動物細胞のDNAポリメラーゼは，α，β，γ，δ，εが知られており，複製に関与するものはα，δ，εであり，いずれのポリメラーゼも3'-OHを末端に有するプライマーを必ず必要とする．DNAポリメラーゼαはプライマーを合成する酵素であるプライマーゼをそのサブユニットと有しており，複製開始時にRNAプライマーを合成する．合成される娘鎖はリーディング鎖とラギング鎖が存在し，リーディング鎖は既に合成されたDNAの3'-OHをプライマーとして鎖をDNAポリメラーゼα，δ，εが延ばしていくが（連続的複製），ラギング鎖はプライマーRNAがまず合成され，次に数百塩基の岡崎フラグメントと呼ばれる短鎖DNAがDNAポリメラーゼαにより合成され，やがてRNAプライマーが除去されDNAが連結する（不連続的複製）（図1）．

　ヒト染色体は$10^5 \sim 10^6$の遺伝子より構成されると推定されており，DNA複製開始領域を含むレプリコンも遺伝子数に相当する数が存在すると考えられている．複製開始領域は，発生初期は多く存在し（レプリコンサイズが小さい），発生が進むにつれて10〜20 kb（1万〜2万塩基対）単位に1個存在すると考えられている．さらに，細胞の1ラウンドは，DNA合成期であるS期，細胞分裂期であるM期，MとS期の間のG_1期，SとM期の間のG_2期の4期間に大別され，G_1期で複製

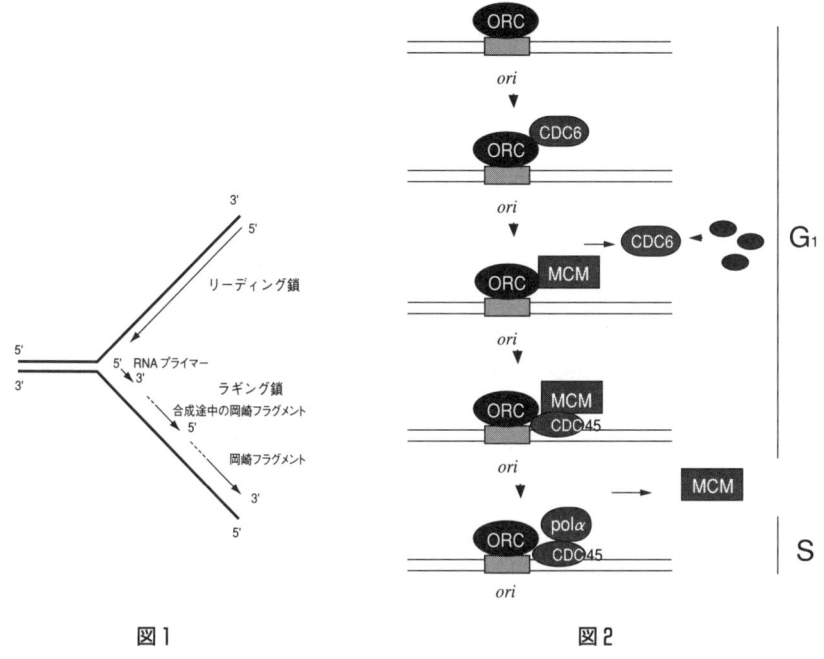

図1　　　　　　　図2

開始の準備が行われる．S 期での1回の複製を規定，すなわち S 期への進行を制御する因子としてライセンス因子が想定され，それを担う因子として複製開始領域に結合する ORC と CDC6，ヘリカーゼ活性を有する MCM などの秩序だった相互作用によるモデルが提唱されている（図2）．しかしながら，複雑な動物細胞 DNA の複製開始機構は不明な点が多く，現在精力的に研究されている．

[有賀　寛芳]

文献 | 1) DePamphilis, ML (1996). DNA replication in eukaryotic cells. Cold Spring Harbor Press.
2) Kornberg, A. (1989). For the love of enzymes. Harvard University Press.

Q11 突然変異とは何か？

A 遺伝子 DNA は A，T，G，C の 4 つの塩基が，2 本鎖 DNA では G-C，A-T の組み合わせで並んだものであり，ヒトなどの高等動物では 10^9 塩基対が 23 本の染色体に分割している．3 つの塩基が 1 つのアミノ酸を指定（コード）しており，mRNA（メッセンジャー RNA）に転写された塩基をコドンと呼ぶ．タンパク質は AUG コドンで指定されるメチオニンから開始され，UAA，UAG，UGA の終始コドンで終了する．したがって，生命維持のためにはこの塩基配列が常に保存される必要がある．しかしながら，染色体 DNA は必ずしも安定ではなく，さまざまなタイプの遺伝的変化（突然変異）が生ずる．突然変異は大規模な変異（遺伝子の欠失，獲得，染色体の切断と再結合）と小規模な変異に大別される．小規模な突然変異は基本的に 3 つのタイプに分類される．

① 塩基置換：最も多く見られるもので，トランジション（プリン [G あるいは C] からプリン，あるいはピリミジン [A あるいは T] からピリミジンへの変異）とトランスバージョン（プリンからピリミジン，ピリミジンからプリンへの変異）がある．

② 欠失：1 つあるいはそれ以上の塩基が配列から除かれる．

③ 挿入：1 つあるいはそれ以上の塩基が配列に挿入される．他の遺伝子からの挿入，あるいは，同一の遺伝子が重複する場合もある．

突然変異は体細胞あるいは生殖細胞系列のどちらかに生じ，後者の場合で生殖能力を損なわれなければ突然変異は子孫に伝播する．また，対立遺伝子がある程度の頻度で突然変異を起こした場合，DNA 多型を生ずる．こうした突然変異は外界のさまざまな変異原（化学発がん物質，放射線，紫外線など）の暴露により起こるが，同時に DNA 複製時のエラーとそれに伴う修復の失敗により引き起こされる（図）．通常 DNA ポリメラーゼは 1×10^{-6} の頻度で間違った塩基を取り込む．これが修復されても $1 \times 10^{-9} - 1 \times 10^{-11}$ の頻度でエラーが生ずる．これは 1 回の細胞分裂でタンパク質をコードする遺伝子部分に $1.5 \times 10^{-6} - 1.5 \times 10^{-8}$ の頻度で変異が起こる計算となる．10^{14} 個からなるヒト成人では変異を受けた細胞は致死となるが変異を受けてない他の大多数の細胞が機能を補うので大きな疾患原因にはならない．

突然変異を起こし塩基置換が生じた場合にいくつかのタイプに分類される．

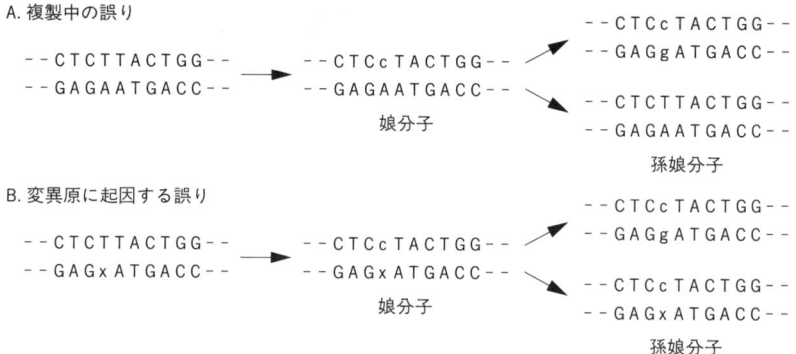

図 突然変異の2過程
突然変異はDNA複製過程中のDNAポリメラーゼによる間違った塩基の取り込みと,変異原がもたらす化学反応による塩基置換によって生ずる.

①同意義的な突然変異:タンパク質のアミノ酸配列を変えない.したがって,病気などの原因とはならない.
②非同意義的な突然変異:タンパク質のアミノ酸配列の変動が起こる.
　ナンセンス変異(あるアミノ酸コドンを終始コドンに変えることで不完全長のタンパク質を産生),ミスセンス変異(あるアミノ酸コドンを異なるアミノ酸に変異させる),フレームシフト(他の塩基の挿入あるいは欠失により3つの塩基から形成される読み枠がずれ,タンパク質の途中から異なったタンパク質が産生)などにさらに分類される.
　病気の原因となる突然変異は上記のタンパク質のコードする部分への変異のほか,プロモーター,イントロンなどの非翻訳部分に生じた場合にも起こる.これらの領域は転写調節である場合が多く,変異により正常時に比較して発現の増大,あるいは減少,またスプライシング変異が起きる.病的変異の10〜15%がこうした変異によって起こるとされている.これら従来から明らかにされていた突然変異による疾患原因に加えて,新しいタイプの突然変異による疾患が複数の重篤な神経疾患で観察されている.ハンチントン病などで示された3塩基の繰り返しでは,コード領域に存在するCAGが正常では9〜35であるが,37〜100単位の繰り返しが見られ,重篤なほど繰り返しが多い.他の疾患では非コード領域の3塩基の繰り返しが見られた.この分子基盤は不明である. [有賀　寛芳]

文献
1) Cooper, DN and Krawczak, M. (1993). Human gene mutation. BIOS Scientific Publishers.
2) Humphries, S. and Malcolm, S. (1994). From genotype to phenotype. BIOS Scientific Publishers.

Q12 遺伝子に生じた傷の修復はどのように行われるのか？

A DNA複製の項目(Q10)で述べたように，ヒトなどの真核細胞では厳密に細胞周期調節がなされ，DNA複製の工場であるS期に入る前にG_1期でいったん停止し，DNAに損傷があるかのチェックを行い，損傷可能な場合は修復後S期に進行しDNA複製が起き，修復不可能なほど重度の損傷の場合は死のシグナルが入って損傷DNAを有する細胞はアポトーシスで死ぬ．このG_1期での停止をG_1アレストと呼ぶ．近年，G_1アレストの分子機構は飛躍的に研究された．基本的にS期への進行や直接DNA複製に関与するタンパク質をコードする遺伝子はE2Fと呼ばれる転写因子によって制御されている．すなわち，E2Fがこれらの遺伝子に結合することで転写される．G_1期においてはがん抑制遺伝子産物として知られているRbタンパク質はE2Fに結合してE2FのDNAへの結合を阻害することでE2F不活化し，G_1アレストを起こす．G_1期では複数のサイクリン/Cdk複合体が次々にRbをリン酸化することでRbを不活化しE2Fを活性化してS期に進行する(Q18参照)．さらに，複数のCdkインヒビターが存在し，G_1アレストに参加している．たとえば，DNA損傷を引き起こす紫外線などを細胞が浴びた時，がん抑制遺伝子産物である転写因子p53が誘導され，p53の転写ターゲット遺伝子であるCdkインヒビターp21が誘導され，G_1アレストを起こし，DNA損傷をチェックする．さらに，損傷の度合が重度の場合は，同様に，p53の転写ターゲット遺伝子であるアポトーシス誘導因子Baxが誘導され，損傷DNAを有する細胞は死に至る．また，p53は修復に関与する遺伝子群も同時に誘導する．

実際の修復機構の経路としては以下の2つに分類される（図）．

A. 塩基の除去修復：修復を受けた塩基を除去するDNAグリコシラーゼ→APエンドヌクレアーゼによるヌクレオチドの削除→DNAポリメラーゼによる修復→DNAリガーゼによる接続

B. ヌクレオチドの除去修復：DNAに大きな変化をもたらす変異はほとんどこの経路で修復される．ヒトの場合は損傷を受けた部分を含む約30塩基の1本鎖部分がヌクレアー

A. 塩基の除去修復

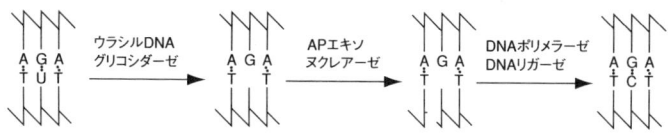

B. ヌクレオチドの除去修復

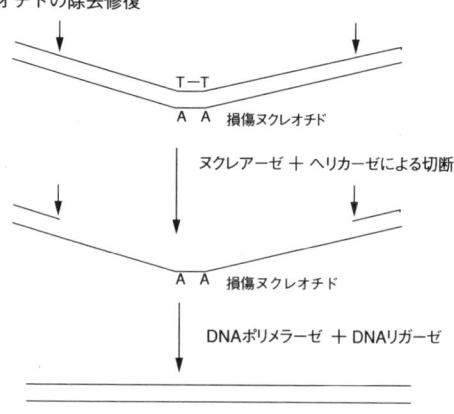

図 除去修復の概要

ゼで切断→修復に関与するヘリカーゼがこの切断されたヌクレオチドを除去→DNAポリメラーゼによる修復→DNAリガーゼによる接続

　早老症などの疾患であるワーナー症候群，ブルーム症候群などはこうした修復に関与するRecQヘリカーゼをコードする遺伝子の変異が生じたものである．また，紫外線などに対する修復機能不全で皮膚癌を多発する色素性乾皮症XP群の中のXPCは修復に関与するDNAポリメラーゼの変異が原因で起こる．現在，こうした修復関連遺伝子の同定と疾患との関連が急速に解明されつつある．

[有賀　寛芳]

文献
1) Sancer, A. (1995). DNA repair in humans. Annu. Rev. Genet. 29：69-105.
2) Wood, RD. (1996). DNA repair in eukaryotes. Annu. Rev. Biochem. 65：135-167.

Q13 DNAからどのようにしてmRNAができるのか？

A 遺伝情報の発現のために，DNAと遺伝子産物であるタンパク質の合成を橋渡しする分子がmRNAである．mRNAを合成する転写は，構造遺伝子の発現を制御するプロモーターやエンハンサーと呼ばれるDNA配列によって制御されており，RNAポリメラーゼⅡが転写開始点から，DNAのアンチセンス鎖を鋳型としてmRNA前駆体（pre-mRNA）を合成していく．さらに，細胞核内でpre-mRNAからmRNAが作られる（図1）．

mRNAを作り出す過程には，mRNAに特徴的な構造である5'末端のキャップ構造と3'末端のポリ（A）配列の付加と，pre-mRNAのスプライシングとがある（図1）．5'端のキャップ構造は，mRNAの安定性とタンパク質への翻訳開始に重要な役割を果たす．一方，ポリ（A）配列は，mRNA3'端に数十から数百のアデニンヌクレオチドがつながった構造で，3'端をRNA分解酵素より保護し，mRNAの安定性を高めることが知られている．

pre-mRNAからmRNAを作る過程の中で，スプライシングは真核生物に特有な反応で，原核生物では見られない．これは，真核生物の遺伝子を音楽テープにたとえると，曲（タンパク質をコードする遺伝情報）の所々に雑音（イントロン）が挿入され，複数の断片（エクソン）に分割されているような構造のためである（図1）．

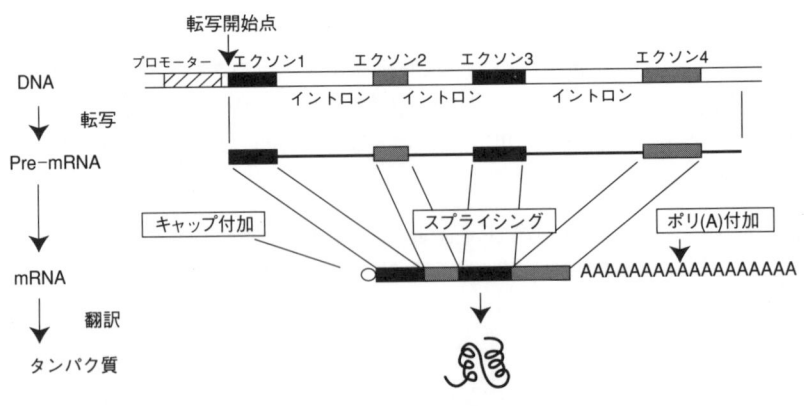

図1　mRNAの生成

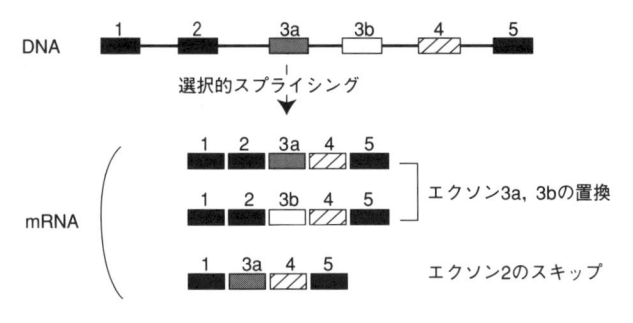

図2 選択的スプライシングの例

このため，pre-mRNA からイントロン（雑音部分）を取り除きエクソン（曲の断片）を，つなぎ合わせるスプライシングを経た mRNA だけが完全なタンパク質（曲）をコードしている．哺乳類では，平均的な遺伝子の長さは 16.6 kb あり，エクソンは約 7 個で，生成される mRNA のサイズは 2.2 kb 程度である．つまり，スプライシングによって 16.6 kb の pre-mRNA から 14.4 kb がイントロンとして切り出されることになる．極端な例では，遺伝性筋ジストロフィー病の原因遺伝子であるジストロフィンのように 60 以上ものエクソンに分割されていることもあり，正確な pre-mRNA のスプライシングが，真核生物の遺伝子発現に必須であることが容易に想像できる．

スプライシングを正確に行うために，pre-mRNA 配列上には，あらかじめエクソンとイントロン部分を見分けるためのスプライスシグナル配列が存在している．そのシグナルに応じた種々のスプライシング因子が pre-mRNA に結合し，イントロンは，pre-mRNA から切り離され速やかに分解されていく．

さらに，高等真核生物では，多くの遺伝子で特定のエクソンを除いたり入れたりすることによって，同一の pre-mRNA から部分的に異なる複数の mRNA を生成する選択的スプライシングが知られている（図2）．このため，1つの遺伝子から，機能的に異なる複数のタンパク質を作り出すことが可能であり，たとえば，トロポミオシンは，選択的スプライシングによって平滑筋型，横紋筋型など発現する組織に応じて約 9 種類もの mRNA がつくられることが知られている．

一見無駄に思われるイントロンとスプライシングではあるが，真核生物における遺伝子発現の多様性を増し，ひいては組織分化や生物進化の推進力となっているとも考えられている． ［人見 嘉哲，伊藤 長栄］

文献
1) Lewin B (2000). Genes VII. Oxford University Press. New York.
2) Sharp PA (1994). Split genes and RNA splicing. Cell 77：805-815.

Q14 遺伝子の発現はどのように調節されているのか？

A 私たちのからだはいろいろな機能をもった細胞から成り立っている。この細胞種の違いは、細胞で合成されるタンパク質の質的および量的な差に基づいている。タンパク質の発現量は、DNA から RNA への転写、RNA のプロセシング (Q13 参照)、RNA の分解、RNA からタンパク質への翻訳 (Q15 参照) などの多段階で調節される。この中で、特に遺伝子のスイッチのオン・オフを司る転写段階での調節は根本的なものであると同時に、最も多く用いられる調節様式である。原核生物と真核生物の間で転写調節に多少の違いがあるが、ここでは真核生物における転写調節について述べる。

遺伝子の転写調節には、表に示すような多くの因子が関与している。mRNA の基本的な発現にはまず、転写開始点周辺のプロモーター領域と呼ばれる DNA 配列に基本転写因子群と RNA ポリメラーゼが集合して基本転写装置と呼ばれる複合体を形成することが必要である (図)。この基本的な転写量は、プロモーターの上流あるいは下流にあるエンハンサーと呼ばれる転写活性化に関わる調節領域に転写因子 (アクチベーター) が結合することで、さらに亢進する。細胞種に特異的な mRNA の発現は、このエンハンサーに組織特異的転写因子が結合することにより調節されている。たとえば、ヘモグロビン遺伝子などの赤血球特異的遺伝子のエンハンサーは特定の DNA 配列をもち、この配列を認識する血液細胞特異的転写因子を持つ赤血球系細胞では活性化されるが、これをもたない非血液細胞では活性化されないことになる。一方、転写を抑制する DNA 配列 (サイレンサー) も知られており、この領域には転写抑制因子 (リプレッサー) が結合する。アクチベーターおよ

表　転写に関わる因子

RNA ポリメラーゼ	DNA を鋳型として RNA 合成を触媒する酵素.
基本転写因子	転写開始複合体の形成に必要で、プロモーターに結合し、RNA ポリメラーゼを取り込む. 基本量の転写に関与.
転写制御因子	特異的 DNA 配列に結合し、遺伝子発現を制御する.
転写補助因子	コアクチベーターやコリプレッサーと呼ばれ、直接 DNA には結合しないが、基本転写因子や多くの転写制御因子と結合し、転写制御に関与している.
修飾酵素	蛋白リン酸化酵素、アセチル化酵素などで転写因子に質的変化を与える.

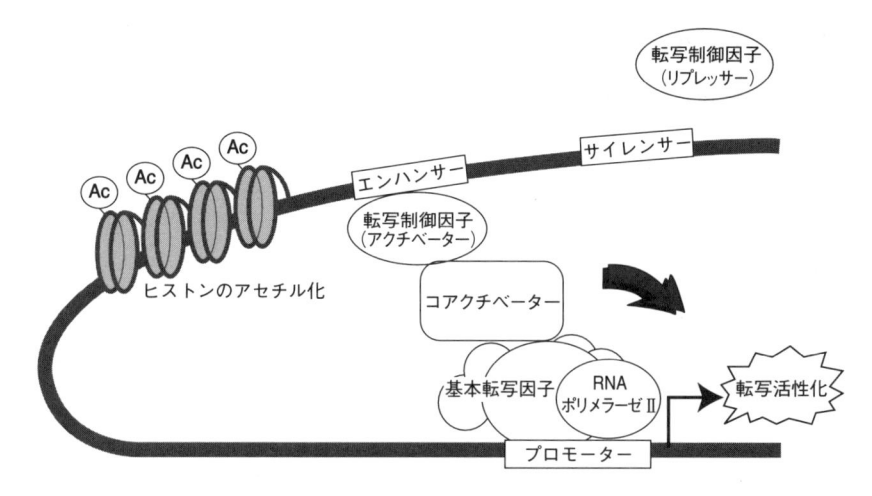

図　転写制御の模式図（一例）

びリプレッサーにはそれぞれコアクチベーターあるいはコリプレッサーと呼ばれる転写補助因子が結合し，基本転写装置と結合して転写調節に関与している．転写はこれらの因子の組み合わせだけではなく，転写因子の修飾酵素による質的変化や細胞内局在の変化などによっても調節されている．またコアクチベーターの多くは，ヒストンタンパク質をアセチル化する機能をもっている．この機能によって遺伝子のクロマチン構造（Q6 参照）がゆるむという大きな高次構造の変化が引き起こされ，転写に必要なタンパク質が転写調節領域にアクセスしやすくなって転写が活性化される．逆にコリプレッサーの多くは，ヒストンタンパク質を脱アセチル化する機能を持ち，この作用でクロマチン構造が強固となり，転写が抑制される．我々の体の細胞ではせいぜい１％程度の遺伝子のみが活性化されているが，残りの遺伝子の発現はこうした高次の機構で抑制されている．

[山元　ひとみ]

文献
1) 田村隆明，山本雅編（1998）．分子生物学イラストレイテッド，羊土社，東京．
2) 大塚吉兵衛，安孫子宜光著（1997）．医歯薬系学生のためのビジュアル生化学，分子生物学，日本医事新報社，東京．
3) 田村隆明，松村正實編（1997）．転写のメカニズムと疾患，羊土社，東京．

Q15 mRNAからどのようにしてタンパク質ができるのか？

A mRNAのコードする遺伝情報は，タンパク質に変換されることによって機能を発揮する．タンパク質が機能分子として完成するためには，mRNAからポリペプチドが翻訳されるだけでなく，できあがった前駆体が翻訳後修飾を受けて機能的に成熟し，さらにそれらが本来働くべき場所へ輸送されることが必要である．

翻訳は，4種類のリボヌクレオチドからなるmRNAの遺伝情報から，20種のアミノ酸を材料としてポリペプチドが編まれていく一連の過程である．mRNA上には3個のヌクレオチドを一単位とした遺伝暗号（コドン）が存在し，これによって翻訳開始シグナル，多数のアミノ酸，および終結シグナルが定められ，"読み枠（タンパク質の翻訳領域）"を形づくる．コドンは4×4×4=64通りあるのに対して，アミノ酸は20種しかなく，メチオニンとトリプトファン以外のアミノ酸に対しては複数の同義コドンが存在する．実際の翻訳は，細胞質に存在する大小2つの亜粒子からなるリボソーム上で行われる．翻訳に先立ち，材料となるアミノ酸はそれぞれに対応するtRNAと酵素的に共有結合し，アミノアシルtRNAを形成する．mRNAは開始因子やリボソームとともに複合体を形成し，読み枠の5'側の最初のAUG配列（開始コドン，メチオニンをコードする）から翻訳が開始される（図参照）．各アミノアシルtRNAは，mRNA上のコドンと相補的なアンチコドンをtRNAのアーム上に持ち，この部分がリボソーム上でmRNAと結合し，コドン-アンチコドン複合体を形成する．一方，リボソーム上には，アミノアシルtRNAを収納す

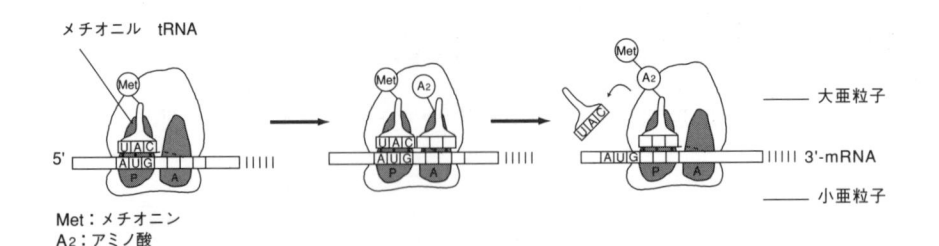

図　リボソーム上でのポリペプチド形成

る2つの部位（P部位とA部位）があり，開始コドンを認識するメチオニル tRNA は，まず AUG 配列と結合して P 部位に入る．ついで A 部位には，つぎのコドンに対応するアミノアシル tRNA（A2-tRNA）が伸長因子によって運ばれてきて入り，これへ P 部位のアミノアシル tRNA からアミノ酸が転移される．転移されたアミノ酸のカルボキシ（C）末端は，つぎのアミノアシル tRNA のアミノ（N）末端とペプチド結合する．こうしてできたペプチジル tRNA は mRNA と結合したまま P 部位へ転移し，一方，アミノ酸を手放した tRNA は P 部位からさらに前方へ移動してリボソームから離れて行く．ポリペプチドの伸長は以上の手順で繰り返される．最後に終始コドンが A 部位に到達すると，終止因子がこれを認識し，リボソームを含む複合体は解体して翻訳が終了する．翻訳が1本の mRNA から連続的に行われる場合，mRNA 上には複数のリボソームが付着してポリソームを形成する．

　翻訳の基本原理は，一部の因子やその相互作用に違いはあるものの，真核生物と原核生物との間でよく保存されている．さらに，複雑な細胞内小器官をもつ真核生物では，翻訳されるタンパク質の運命に応じた2つの過程を営んでいる．まず，細胞質，ミトコンドリアやペルオキシソームで働くタンパク質の前駆体は遊離型リボソームで合成され，そのまま細胞質へと放出される．一方，分泌タンパク質や膜タンパク質となるポリペプチドには，N 末端に小胞体に移行するためのシグナル配列があり，小胞体上の膜結合型リボソームで合成され，その内部へ蓄積される．後者はさらにゴルジ体へ輸送されるが，その過程で翻訳後修飾を受け，それぞれの目的地へと振り向けられる．

　出来上がって間もないポリペプチドの多くは，分子シャペロン（分子の介添え役）の助けを借りて，切断によるプロセッシング（酵素の活性化など），リン酸化（酵素の活性化など），イソプレニル化，パルミトイル化（疎水化，膜局在化），グリコシル化（輸送，認識），架橋化（構造保持）やユビキチン化（分解）などの翻訳後修飾が施されて行く（Q16 参照）．

　タンパク質は，細胞質に存在すべきものを除いて，膜透過や小胞輸送などの手段により細胞内小器官や細胞膜へと輸送されたり，細胞外へと分泌されたりする．

［近藤　信夫］

文献
1) 堀越正美，永田和宏(1999)．遺伝子発現とその調節，タンパク質の動態．分子生物学（柳田充弘，西田栄介，野田亮編）．92-99, 141-161, 東京化学同人, 東京．
2) Bruce Alberts, Dennis Bray, et al. (1994). RNA and protein synthesis. Molecular-Biology of the Cell. 223-242, Garland Publishing, Inc., New York.
3) Albert L. Lehninger, David L. Nelson, et al：川嵜敏祐訳（1993）タンパク質代謝，レーニンジャーの新生化学, 1131-1194, 廣川書店, 東京．

Q16 タンパク質の翻訳後修飾とは何か？

A タンパクの中にはmRNAから翻訳されたそのままでは機能せず，様々な修飾を受けてはじめて機能するものがある．翻訳後修飾(post translational modification)とは，このようにmRNAから翻訳されて生成したポリペプチド鎖が修飾を受けることを指す．翻訳後修飾は大きく2つに分けられる．すなわち1)生成したポリペプチド鎖が特異的プロテアーゼによって切断されるものと，2)ポリペプチド鎖のアミノ酸残基が修飾を受けるものである（表）．前者の例では分泌タンパクのプロセシングが典型的である．後者のアミノ酸残基の化学修飾反応では現在までに150種以上の異なるタイプがあることが知られており，その多くは酵素反応によるものである．前述のようにこれらの修飾はタンパク質の構造や機能，細胞内移行，局在化に重要と考えられている一方で，非酵素的糖化反応が糖尿病や老化で促進されるように，病態に深く関与しているものもある．なお，表の質量変化に関しては，スイス生体情報研究 (SIB：Swiss Institute of Bioinformatics)のホームページ(http://www.expasy.ch/tools/findmod/findmod_masses.html)に詳し

表 おもな翻訳後修飾

1) 特異的プロテアーゼによるポリペプチド鎖の切断

　　　分泌タンパクのプロセシング
　　　ペプチドホルモン等，生理活性ペプチドのプロセシング

2) ポリペプチド鎖のアミノ酸残基の修飾

	（付加物）	（質量変化）
アセチル化	CH_3CO-	$+42.0$
リン酸化	$-PO_3{}^{2-}$	$+80.0$
アミド化	$-CONH_2$	-1.0
硫酸化	$-SO_3{}^-$	$+80.1$
メチル化	$-CH_3$	$+14.0$
糖鎖付加	N-glycan	糖鎖の長さによる
	O-glycan	$+203.2$
ミリスチル化	$H_3C-(CH_2)_{12}-CO-$	$+210.4$
ファルネシル化	ファルネシル基	$+204.4$
ジスルフィド結合形成	$-S-S-$	-2.0
非酵素的糖化反応	Glucose	$+162.1$

く掲載されているので参考にされたい.

ヒトゲノム計画などにより生体分子の遺伝子レベルでの解析が進み,DNAを解読することによって多くのタンパクの一次構造が明らかになってきている.ポストゲノムというゲノム解析の次のステージにおいて重要になってくるのは,それぞれのタンパクの機能や高次構造の解析である.1つのゲノムから発現されるタンパクを総称してプロテオーム(proteome)と呼んでいるが,このようなゲノムより発現するタンパクを網羅的に解析しようという試みが現在盛んに行われている.前述の翻訳後修飾の研究はこのようなポストゲノム研究の1つの核と考えられている.遺伝子は物質としては核酸であり,その一次配列が異なっていても物質としての性質はそれほど変わらず,大量の検体を自動的に処理することが可能である.それに対して,タンパクはその構造によって物理化学的性質が大きく異なり,扱い方は容易ではない.こんなところにも翻訳後修飾の研究の難しさがある.この研究分野では,二次元電気泳動や質量分析の技術が特に重要視されている.

[高橋 素子]

文献
1) Tsuboi S, Taniguchi N and Katunuma N (1992)The post-translational modification of proteins. Japan Scientific Societeis Press, Tokyo and CRC Press, Boca Raton, Ann Arbor, London, Tokyo.
2) Crighton T E (1993) Proteins: Structures and molecular properties. 78-100, W. H. Freeman Company, New York.

Q17 細胞はどのようにして外界の刺激を核に伝えるのか？

A 生物は外界の状況，変化を常に感知することでその生命を維持することができる．たとえば，暑い時には発汗で体温調節をしたりする．細胞レベルでみても同様に生命維持システムが働いていることが明らかとなってきた．

細胞の外側で温度や塩濃度の変化といった環境の変化が起こると，これに対応して細胞内の状態を変化させ細胞外の環境に順応していく必要がある．これらの変化は細胞の増殖・分化・死（アポトーシス）（Q21 参照）・運動などとして表現されるが，生化学的にはおもに細胞内でのタンパク質の発現を調節することで行われている．タンパク質の設計図である遺伝子は核内に存在するので，外界からの刺激を核内に伝達する必要性がある．つまり細胞外からの情報は細胞膜を通過して細胞質を越えて核に到達しなくてはならないのである．このように細胞膜から核まで情報が伝達することを「シグナル伝達」という．

シグナルの伝達経路は多種多様であるが，最も単純なものは，ビタミンDやレチノイン酸のような脂溶性の因子によるものである．細胞は脂質二重膜と呼ばれる細胞膜で外界と隔てられているが，これらは細胞膜を簡単に通過し核まで到達することができる．そこで一部の転写因子と複合体を形成し遺伝子の発現を調節する．これに対して細胞増殖因子やホルモンなどは水溶性であり，膜を通過することができない．そこで，細胞の内と外との橋渡しをする役目を果たすものとして受容体（レセプター）と呼ばれる分子が細胞膜上に存在している．

受容体は多種多様な種類からなっている．これらは1つの刺激に対してほぼ特異的なものであるが，個々の刺激に対して細胞が1つずつ異なる反応をとることは非効率的である．そこで細胞内では受容体に結合する分子（シグナル分子）は数種類の受容体と相互作用をとれるようになっていて，細胞が1つの刺激によって2つ以上のことを行うことがある．一方，逆に異なる刺激によってもそれに対する細胞応答が同じであることがあり，近年の研究により細胞内においてはそのシグナルの伝達の経路の間に相互作用（クロストーク）が存在することが明らかになっている．

シグナル伝達の経路は，受容体とこれに結合する細胞内のタンパク質の種類により数種類に分類されている（図）．そのうち最もよく知られている例はタンパク

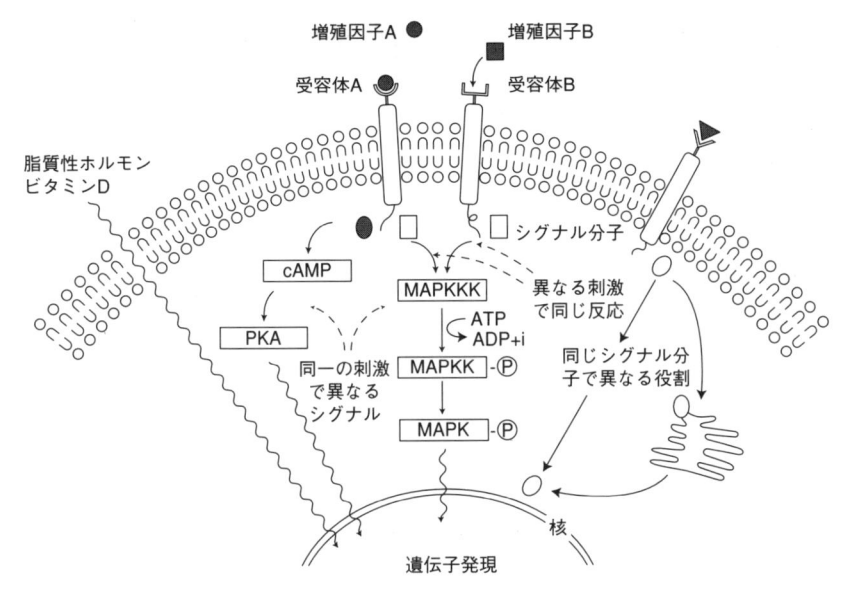

図 細胞内へのシグナル伝達の概略

質のリン酸化を介したシグナル伝達機構である．膜上の受容体がシグナルを受け取ると，細胞内ではレセプターに結合するタンパク質がリン酸化酵素（キナーゼ）によりリン酸化される．このリン酸化されたタンパク質自身はリン酸化酵素の活性を獲得して，別のタンパク質をリン酸化する．このような反応が，細胞内で数回繰り返されて核内にシグナルが到達する．シグナル伝達は，タンパク質の修飾やタンパク質同士の結合といった情報伝達を経て核内の転写因子を活性化し，遺伝子の発現を変えることにより，細胞の増殖や分化を調節しているのである．

[鈴木　光浩]

文献 | 1) 宮園浩平編集(1998)．イラスト医学&サイエンスシリーズ　細胞増殖因子の作用と疾患，羊土社，東京．

Q18 細胞増殖はどのように調節されているのか？

A 細胞は分裂により増殖を行っているが，ヒトの細胞では，受精から死ぬまでの間に約 10^{16} 回もの細胞分裂を繰り返しているものと推定されている．細胞の増殖に際しては，正確な DNA の複製機構とそれを均等に分配する調節機構が働いている．通常の細胞周期は G_1 期→ S 期→ G_2 期→ M 期(Q7 参照)のスケジュールで進み，G_1 期が最も長く，M 期は最も短くおよそ 1 時間以内に終了する．細胞が増殖を休止している状態を G_0 期と呼び，増殖因子の刺激により G_1 期へ戻り細胞周期が再開される．また G_1 期と S 期の境界で R 点（Restriction point）と呼ばれる関所のような場所があり，増殖（S 期移行）に進むかどうかが決定される．R 点を通り過ぎてしまうと S, G_2, M 期へ進行し G_1 期へと戻ってくる．細胞周期の観点からみると，正常細胞は必要な回数だけ分裂を行い，最終的には細胞周期を停止し最終分化状態になる．一方，がん細胞はこの細胞周期の回転が止まらず暴走してしまったときにできるものと考えられている（図1）．

細胞周期を正しく回転させるためには各期への移行を調節する機構が働いている．休止期（G_0 期）から徐々に現れ，分裂期（M 期）終了とともに消失する一群の周期性のタンパク質が見出され，サイクリン（Cyclin：Cyc）と名付けられた．サイクリンはサイクリン依存性のリン酸化酵素（Cdk：cyclin dependent kinase）とともに細胞周期のそれぞれの移行期に発現し，サイクリンと Cdk の結合により Cdk が活性化されることで細胞周期を進行させる原動力となっている．サイクリンが分解されたり，サイクリンと Cdk の結合が阻害されると Cdk のリン酸化活性が不

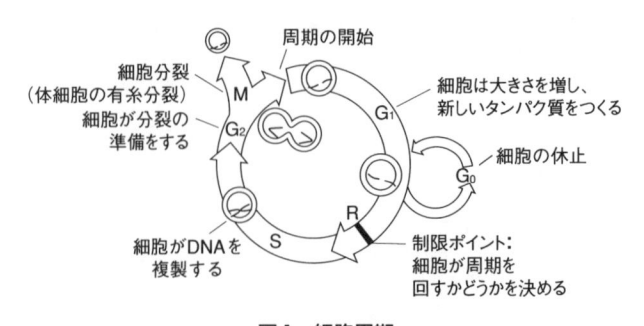

図1　細胞周期

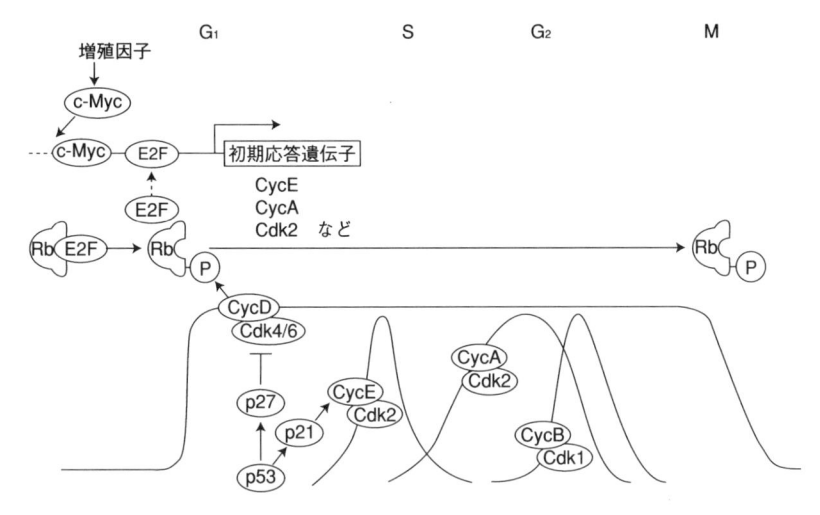

図2 細胞周期の進行に伴って発現するサイクリンタンパク群

活化され細胞周期の進行が停止する．

　細胞の増殖は増殖因子と増殖抑制因子という，それぞれアクセルとブレーキの役目を果たす因子により調節を受けている．これらの因子は細胞表面の受容体（レセプター）を介して細胞内に増殖調節のシグナルを伝達する（Q17参照）．増殖因子の働きはがん遺伝子と，増殖抑制因子の働きはがん抑制遺伝子と密接に関わっていることが明らかになっている（Q25参照）．細胞に増殖因子を与えるとがん遺伝子（c-*myc* など）の発現上昇が，また増殖抑制因子を与えるとがん抑制遺伝子（*Rb* や *p53* など）の発現上昇が認められる．がん遺伝子産物 c-Myc は転写因子として機能し，G1/S 移行に必要なサイクリン遺伝子群の発現を調節している転写因子 E2F と協調してサイクリンの発現を促進する．一方，がん抑制遺伝子産物 Rb は E2F と結合して E2F の転写活性を抑えることで S 期の進行を抑制し，*p53* は p21（Waf1, Cip1），p27（Kip1）と呼ばれる Cdk 阻害タンパク質の発現を誘導することで Cdk の活性を抑制し細胞周期の進行を阻害する（図2）．

　このように細胞の増殖は増殖因子によるがん遺伝子の活性化の結果としての増殖の促進と，増殖抑制因子によるがん抑制遺伝子の活性化の結果としての増殖の抑制という巧妙なバランスの上に立って円滑に進行している．

［鈴木　光浩］

文献 | 1）野島博（1996）．実験医学バイオサイエンス　細胞周期のはなし，羊土社，東京．

Q19 細胞分化はどのように調節されているのか？

A 形態・機能ともに未分化な幹細胞が，独特の形態を有し特異な機能を発揮する分化した細胞に至る過程を，細胞分化と呼ぶ．細胞分化にはいくつかの型がある．たとえば表皮においては，幹細胞である基底細胞が棘状細胞，顆粒細胞の段階を経て角質細胞へと分化する．また筋形成・骨形成の場合には，幹細胞である筋芽細胞・骨芽細胞が筋細胞・骨細胞へと分化する．これらは単一方向への細胞分化である．次に神経管の内壁を構成する神経上皮細胞の場合は，ニューロンとグリア細胞の2方向性へと分化しうる．血球分化はより複雑で多系統の細胞へ分化しうることが特徴である．すなわち造血幹細胞はまずリンパ系幹細胞と骨髄系幹細胞の2方向性に分化する．次にリンパ系幹細胞はTリンパ球・Bリンパ球を生み出し，骨髄系幹細胞からは好中球・マクロファージ・赤血球・巨核球／血小板が生産される．

分化した細胞は各々に特有な機能を発揮し，組織・器官の機能・恒常性を維持する上で必須の細胞であるが，その寿命は限られている．したがって細胞死により脱落していく分化細胞のプールには，幹細胞から新たに分化した細胞が絶えず供給される．つまり幹細胞はそれ自身は特別な生理機能を発揮しなくとも，分化細胞を生み出すタネとして重要である．この時，タネが消滅しては困るので幹細胞は分化細胞を生み出すと同時に，自分自身をも再生しなければならない．これを幹細胞の自己複製能と呼ぶ．分化細胞と対比して相対的な意味で，幹細胞の寿命は「無限」（本当に無限なわけではないが）ともいえる．

幹細胞が自己を複製すると同時に，分化細胞を生み出すといってもこれを，1回の細胞分裂により達成しているわけではない．複数回の細胞分裂を経ながら，徐々に分化細胞を生み出していく．つまり細胞分化は，細胞の増殖と分化とをカップルさせながら進行する多段階の過程である．またこの過程における細胞分裂は，1個の娘細胞は幹細胞の形質により近く，もう1個の娘細胞は分化細胞の形質により近いという，非対称分裂の性格を有することになる．

分化細胞はその特有な機能発揮のために，特有な遺伝子を発現している，すなわちmRNAを合成している．mRNAからはタンパク質が作られこのタンパク質が実際の機能を果たす．たとえば角質細胞はケラチン遺伝子を，骨細胞はオステ

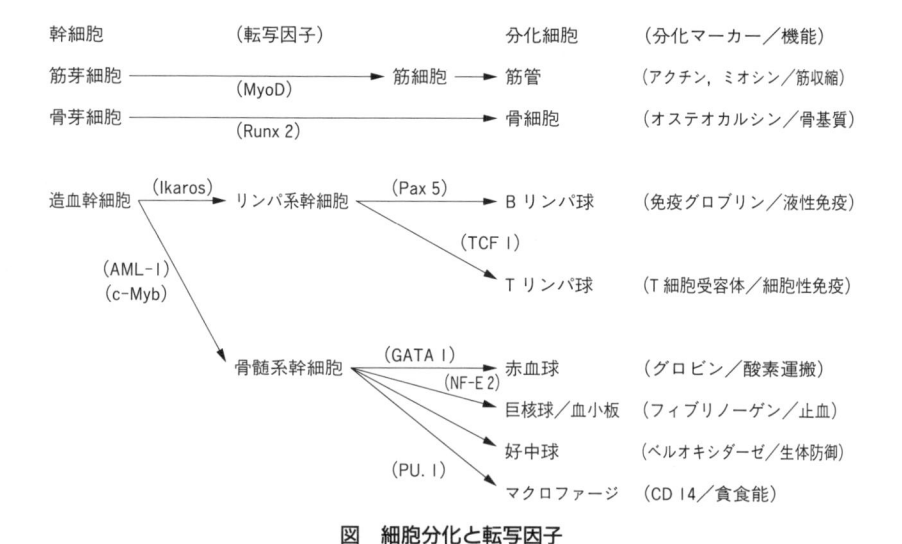

| 幹細胞 | （転写因子） | 分化細胞 | （分化マーカー／機能） |

```
幹細胞            （転写因子）           分化細胞      （分化マーカー／機能）
筋芽細胞 ─────────────────→ 筋細胞 → 筋管   （アクチン, ミオシン／筋収縮）
               （MyoD）
骨芽細胞 ─────────────────→ 骨細胞         （オステオカルシン／骨基質）
               （Runx 2）

              （Ikaros）              （Pax 5）
造血幹細胞 ───────→ リンパ系幹細胞 ─────────→ B リンパ球  （免疫グロブリン／液性免疫）
                                    （TCF 1）
     （AML-1）                              ↘ T リンパ球  （T 細胞受容体／細胞性免疫）
     （c-Myb）
          ↘                    （GATA 1）
            骨髄系幹細胞 ────────→ 赤血球         （グロビン／酸素運搬）
                         （NF-E 2）
                               ↘ 巨核球／血小板 （フィブリノーゲン／止血）
                               ↘ 好中球         （ペルオキシダーゼ／生体防御）
                         （PU.1）
                               ↘ マクロファージ （CD 14／貪食能）
```

図　細胞分化と転写因子

オカルシン遺伝子を発現しており，それらのタンパク質産物は表皮や骨にあってその細胞外基質（マトリックス）の主要構成成分となる．筋細胞／筋管ではアクチンやミオシンの遺伝子発現が旺盛で，そのタンパク質は細胞質内で細線維を構成する．またBリンパ球にあっては免疫グロブリン重鎖および軽鎖遺伝子が発現していて，そのタンパク質産物は免疫グロブリンとして細胞膜表面に存在し，抗原受容体として機能する．以上のように最終分化した細胞で発現している遺伝子群は，分化細胞の形態・機能に直接的に関与している遺伝子であることが多く，分化マーカーとも呼ばれる．タンパク質としての分化マーカーには，分化細胞の種類に応じて様々なものがあり，その細胞内局在も様々である．

　一方，幹細胞が自己複製する，あるいは幹細胞からある方向へと細胞分化を進行させることの決定は，転写因子と呼ばれるカテゴリーに属する遺伝子／タンパク質によって担われている．転写因子は通常は細胞の核内に局在して，遺伝子のプロモーター／エンハンサーと呼ばれる調節領域に結合することにより，その支配下にある当該遺伝子の転写，すなわちDNAからのmRNA合成を開始させる働きをする．1つの転写因子は複数の遺伝子の調節領域に結合することができる．複数の遺伝子の発現がオンとなって初めて細胞分化が可能となる．逆に1つの遺伝子の調節領域には複数の異なる転写因子が結合しうる．このことが非常に多くの遺伝子の発現制御が，限られた数の転写因子により達成できることの背景である．図には筋芽細胞・骨芽細胞や造血幹細胞が細胞分化を進行させるのに必要な転写因子の例を示してある．

〔佐竹　正延〕

Q20 ミトコンドリアの機能は？

A 地球上に生命が誕生した時点では酸素分子はほとんど存在しなかったため，初期の生命体は嫌気呼吸を営むものであった．酸素分子の蓄積とともに生物はそれまでの嫌気呼吸から好気呼吸に切り替えることによって，有機物からそれまでになく大量のエネルギーを引き出すことが可能となった．真核細胞で好気的エネルギー産生を担うのがミトコンドリアであり，進化的には嫌気的呼吸をおこなってきた細胞に好気的バクテリアが共生し，それが長い進化の過程で現在のような形になったと考えられている[1]．このミトコンドリアによるエネルギー産生の効率化が現在地球上に存在する生物種の多様化と大型化を可能とし，我々人類の進化と発展にも欠くことのできない要因となったと考えられている．

糖，脂肪酸，アミノ酸といったエネルギー源となる有機化合物はミトコンドリア内に入りアセチル CoA となって，TCA 回路（クレブス回路もしくはクエン酸回路とも呼ぶ）によって最終的に水と二酸化炭素にまで分解される．その過程で生成した NADH と $FADH_2$ は電子伝達系で酸化されて水になるが，生じたエネルギーは ATP という高エネルギー化合物の形で保存され，あらゆる生命活動に利用される（図）．臓器における ATP＋ADP の濃度は平均 3 mmol/ℓ で心臓と骨格筋では 5 mmol/ℓ と，非常に高濃度に存在する．成人に必要なエネルギーは約 2,400 kcal/日と言われるが，そのエネルギーを一度 ATP として貯えるためには 1 日で 3,000 回以上に渡ってリサイクルされる必要がある．こうした有機化合物の異化反応に加えて，副腎などのミトコンドリアではステロイドホルモンの生合成といった重要な機能も担っている．

ミトコンドリアには核とは独立に DNA とその複製系があり，タンパクの生合成も行われる．ただしその DNA は環状構造をとり，ヒトでは 16,569 塩基と大腸菌と比べても約 200 分の 1 と小さく，200 種類以上もあるミトコンドリア・タンパクの 5％以下をコードするにすぎない．その DNA は核の DNA とは異なりヒストンによって守られていないために酸化などの修飾を受けて変異を生じやすい．ミトコンドリア遺伝子の傷害は各種疾患の原因として生命を脅かしており，ミトコンドリア遺伝子の異常が原因となっている疾患の数は，現在知られているだけでも糖尿病をはじめ数十にものぼる．また近年の研究から老化にも深く関わっている

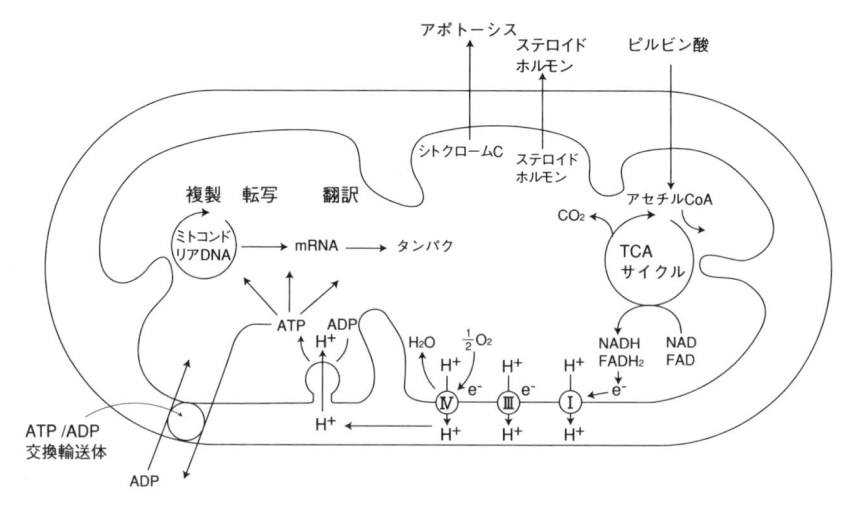

図 代表的なミトコンドリア機能を模式図に示した．
①〜Ⅳ電子伝達系複合体

ことがわかってきた．それを防ぐためにミトコンドリアはグルタチオンなどの低分子抗酸化物や抗酸化酵素を大量に含んでいる．

さらに細胞が死ぬ際にたどるアポトーシスの過程で，シトクロムｃなどの因子がミトコンドリアから放出され，それがシグナルとなる径路が明らかになってきた．このようにアポトーシスの制御という点でもミトコンドリアは重要な細胞小器官とみなされている．

運動との関連では，ミトコンドリアの多い筋肉は持続的活動に適している．そうした筋肉には酸素の継続的供給が必要であり，そのために酸素を結合して貯えることのできるヘムを色素としてもつミオグロビンが大量に存在するために赤く見える．このように骨格筋の中で赤く見える赤筋が持続的運動に適し，白っぽく見える白筋は瞬発力を出すのに適しているわけだが，それは酸素の蓄積能，ひいてはミトコンドリア含量を反映している． ［藤井　順逸］

文献 | 1) 内海耕慥・井上正康監修 (2001)．新ミトコンドリア学，共立出版，東京．

Q21 アポトーシスとは何か？

A 多細胞生物の細胞には自ら死を執行する機構が遺伝子としてそなわっている．このいわば自殺ともいえる細胞死の様式が，アポトーシス（apoptosis：自死）と呼ばれるものである．もうひとつの細胞死，すなわち打撲や火傷，毒物，ある種のウイルス感染によって引き起こされる受動的な細胞の崩壊過程はネクローシス（necrosis：壊死）と呼ばれ，細胞は膨潤し，溶解して内容物が流出する．一方，アポトーシスは細胞自らがさまざまなシグナルを受容し，総合的に判断して消滅していく自壊過程であり，ここでは細胞は縮小し，核が凝縮してやがて細胞自身も断片化して小片（アポトーシス小体）となる（図）．アポトーシスの定義は現在，このような細胞の特徴的な形態変化と，核の中で起こるゲノムDNAのヌクレオソーム単位での断片化の２つによって行われている．アポトーシスという言葉は，apo（off：離れて）と ptosis（falling：落ちる）の合成語であり，木の葉や花びらが散る様子を表わすギリシャ語 "$\alpha\pi o\pi\tau o\sigma\iota\varsigma$" が語源となっている．

アポトーシスの事象は個体の一生の諸相でみられる．発生過程において，手足の指ができるときに指の間の細胞が消失したり，あるいは神経系のネットワーク形成の際にシナプスの形成ができなかった神経細胞が除去されるのは，アポトーシスによる．成熟個体においても，血液細胞，皮膚の表皮細胞，小腸や胃の上皮細胞，肝細胞などにおける正常細胞の交替時に老化した細胞が消去されるのも，自己抗原反応性のリンパ球が排除されるのもアポトーシスによる．こうした生理

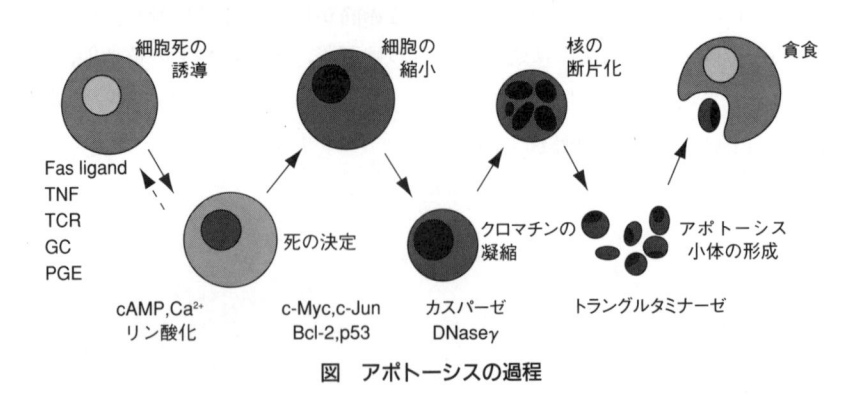

図　アポトーシスの過程

的な細胞死のほかに，HIV感染によるT細胞死，制がん剤の投与や温熱療法によるがん細胞死，アルツハイマー病における神経細胞死などの病理的細胞死にもアポトーシスが関与している．

アポトーシスの生理的役割はおもに2つある．その1つは，発生過程や成熟個体において不要になった細胞を除去することによって個体の統制を保つ生体制御的な役割である．もう1つは，ウイルス感染や発がん物質などにより異常をきたして，生体にとって有害となる細胞を排除する生体防御的な役割である．

アポトーシスの分子機構は，その過程を便宜的に3つ（誘導，決定，実行）に分けて考えることができる．第1段階は，さまざまなアポトーシスシグナル（ホルモン，サイトカイン，増殖因子除去，ウイルス感染，薬物，放射線，温熱）によってアポトーシスが入力される誘導機構である．第2段階は，そのシグナルが細胞質および核に伝達され，アポトーシス実行因子の活性化や遺伝子発現などの変化によってアポトーシスの実行が決まる決定機構である．ここでは，c-myc，bcl-2，$p53$，などのがん関連遺伝子が重要な役割を果たしている．そして第3段階として実行機構がある．ここでは，カスパーゼと呼ばれるタンパク分解酵素による特定タンパクの限定分解と，DNAエンドヌクレアーゼによるDNAのヌクレオソーム単位での断片化が起こる．そして最終的には，アポトーシス小体が形成され，それがマクロファージなどの食細胞に貪食されることによって完結する．

最近，アポトーシスの異常が，がん，エイズ，自己免疫疾患，アルツハイマー病といった重篤な疾患の発症に深く関わっていることが明らかとなってきている．アポトーシスは能動的な細胞死であることから，人為的に制御することが可能と考えられる．今後，アポトーシスという新しい視点から難治性疾患に対する新しい治療薬，治療法が開発されることが期待されている．　　　　　　［田沼　靖一］

文献
1) Kerr JFR, et al. (1972). Apoptosis：a basic biological phenomenon withwide-ranging implications in tissue kinetics. Br J Cancer 26：139-157.
2) Tanuma S (1996). Molecular mechanisms of apoptosis. In Apoptosis in Normal Development and Cancer. (Sluyser Med) Taylor & Francis, London pp.39-59.
3) 田沼靖一（1996）．アポトーシスとは何か（講談社現代新書）講談社．

Q22 何が寿命を決めるのか？

A 『広辞苑』によれば、「寿命」とは「生命機能が尽きるまで続く期間」となっている。生物種によってほぼ固有の最長寿命が決まっていることから、寿命は遺伝的にプログラムされた先天的な要因によって支配されていると考えられている(図1)。多くの場合、老化の結果として寿命が来ることになるので、両者はいわば原因と結果のように思われるが、寿命は必ずしも老化によって決まるものではない。個体の老化は不可逆的に生理機能が衰退する過程であり、不確定論的な現象であるのに対して、寿命は生命の営みの限界を表し、遺伝的に支配された決定論的な現象である。

動物の最長寿命はエネルギー消費速度に逆比例することが知られている(最長寿命＝K／エネルギー消費速度)。哺乳類ではからだが小さい動物は大きいものに比べて一定体積に対する体表面積が大きくなるため、体温を一定に保つために多くのエネルギーを消費しなければならない。したがって、小型動物はエネルギー消費速度が速いため短命となる。この式はまた、動物が寿命が尽きるまでに消費する総エネルギー量は一定であることを示している。

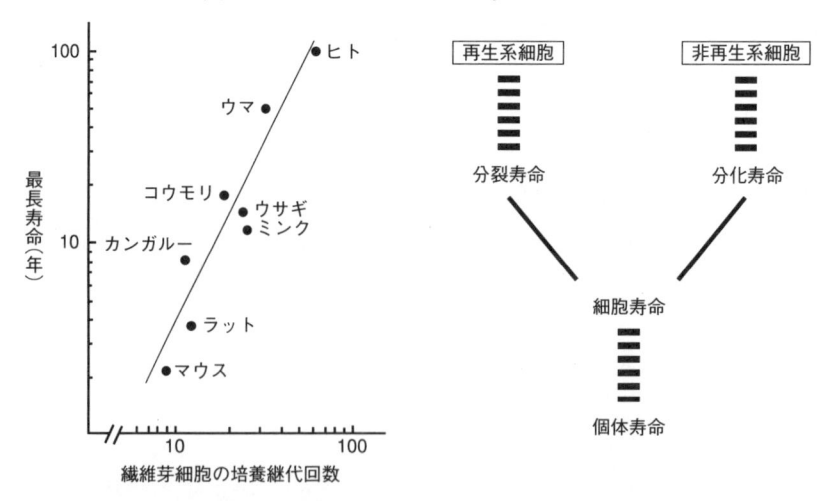

図1 生物固有の最長寿命と細胞寿命との相関

図2 2つの細胞寿命が個体寿命を決定する

食物を制限して消費エネルギーを減らすように飼育したラットは長生きする．しかし，運動をまったくしないでエネルギー消費を落としても寿命は延びない．それは運動をしないと筋肉や内臓機能が低下して早く老化が進むためである．また，過度に運動させると短命になるともいわれている．ストレスが多い場合にも老化が促進されて寿命が早くくる．このことから個体の寿命は２種類あることがわかる．すなわち，動物種に固有な遺伝子に規定された"遺伝的寿命"と，個体の老化の結果としての"環境的寿命"である．

　個体の寿命は本質的には，生命の基本単位である細胞の寿命に規定されると考えてよい．高等動物の体細胞には，血液細胞や肝細胞のように新しい細胞に交替できる再生系細胞と，神経細胞や心筋細胞のように生まれてから何十年もの間同じ細胞が生きつづける非再生系細胞がある．

　再生系の細胞には分裂・増殖と死（アポトーシス）を繰り返す回数に限界がある．これを"分裂寿命"という．このいわば回数券のような分裂回数をカウントしているものとして，染色体末端にある「テロメア」が注目されている．テロメアは"TTAGGG"の六文字配列の単位が数百から数千繰り返されたDNA構造からなる．テロメアが細胞分裂のたびに約20単位ずつ短くなるため，染色体の構造が不安定となることによって分裂寿命が尽きる．

　一方，非再生系細胞の場合は分裂能力はないため，別のメカニズムで寿命がプログラムされていると考えられる．これを高度に分化した機能を果たせる期間という意味で，「分化寿命」と名付けている．いわば定期券のような寿命である．この分化寿命に関与する因子としては，性ホルモンやグルココルチコイド，スーパーオキシドディスムターゼ，グルタチオンなどが示唆されているが，どのように分化寿命が決められているかについてはまだほとんどわかっていない．

　高等動物における個体の寿命は，この再生系細胞の分裂寿命と非再生系細胞の分化寿命が密接に関与していると考えられる．つまりこの２つの細胞寿命のある総和によって，個体の寿命が決められていると考えられる（図2）．

[田沼　靖一]

文献
1) Hayflick L and Moorhead P (1961). The serial cultivation of human diploid cell strains. Exp Cell Res 25：585-621.
2) Jazwinski SM (1996). Longevity, genes, and aging. Science 273：54-59.
3) 高木由臣（1993）．生物の寿命と細胞の寿命，平凡社，東京．

Q23 バイオテクノロジーとは何か？

A バイオテクノロジーとは，これまでの生命科学における知見をもとに，生物の遺伝子を操作し生活に役立てる技術の総称である．遺伝子組み換え技術の発達とともに，バイオテクノロジーの技術革新は飛躍的に進んでおり，今後，幅広い産業分野に貢献するものと期待されている．

遺伝子組み換え技術とは，遺伝子を人工的に切り貼りして，目的とする遺伝子を大腸菌の中で大量に増やす技術である．この際，ハサミの役割をするのが制限酵素で，この酵素はDNAの特定の塩基配列を認識して切断する作用をもっている．大腸菌の中に遺伝子を運び込む運び屋（ベクター）としては，細菌の自己複製能をもつプラスミドと呼ばれる環状DNAが用いられる．このベクターを制限酵素で切断し，ここに増やそうとするDNAを挿入し，断端をノリの役割をするリガーゼという酵素で結合させる．この組み換えプラスミドを大腸菌に入れて（形質転換）培養し，大腸菌の中でプラスミドを増幅させるわけである．プラスミドに薬剤耐性遺伝子を付け加えておくことで，組み換えプラスミドが導入された大腸菌だけが，薬剤の存在下で増殖できる．この薬物耐性の大腸菌を大量に増やすと，大腸菌は20～30分に1回分裂するので，組み換えたDNAも指数関数的に大腸菌の中で増幅されることになる．この増幅されたプラスミドを精製して，塩基配列の決定などいろいろな解析に用いることができる（図1）．

遺伝子組み換え技術を基本とする遺伝子工学は，核酸やタンパク質の構造や機能の変化を解析するための手段であり，バイオテクノロジーにおける中心的技術である．基本的な遺伝子の構造(DNA)変化を知る方法としてはサザンブロット法が，遺伝子の発現(mRNA)量を知る方法としてはノーザンブロット法が，タンパク質の量的および質的変化を知る方法としてはウェスタンブロット法がよく用いられる（図2およびQ24参照）．また，微量なDNAを出発点としても，ポリメラーゼ連鎖反応（PCR）と呼ばれる方法を用いることによって，特定領域のDNAを短時間で増幅させることができるようになり，塩基配列の決定や遺伝子の単離が容易になった（Q24参照）．遺伝子工学の技術を使用することにより，成長ホルモンやインスリンなどのタンパク質を大腸菌で大量に合成して医薬品として活用できるようになった．また，動物に目的の遺伝子を導入（トランスジェニック）したり，

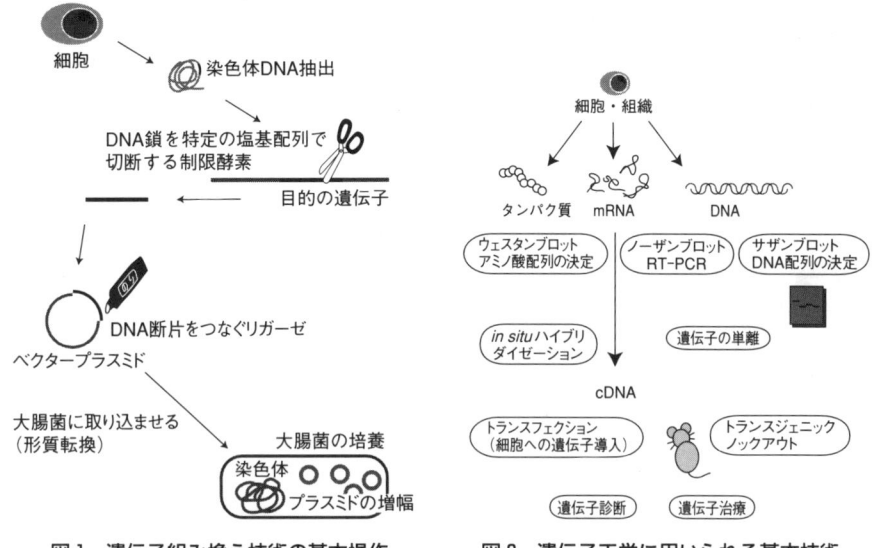

図1　遺伝子組み換え技術の基本操作

図2　遺伝子工学に用いられる基本技術とその応用

欠損（ノックアウト）させたりすることで，その遺伝子の機能を解析することやヒトの病気を再現でき，疾患モデルとして診断や治療のための研究に有用な材料となっている．バイオテクノロジーは遺伝子に異常のある病気に関しても有効で，遺伝子診断や遺伝子治療なども可能になってきている．医学の分野のみならず，薬学，農学，工学などの分野においても，新たな医薬品の製造，高品質・高収量作物の育種，新素材やバイオ器械などの開発などのために，広く応用されてきている．ただし，バイオテクノロジーは生物の遺伝子を利用する新技術であることから，その適応には経済的観点ばかりではなく，環境科学的見地，倫理など多くの点からの配慮が必要である． 　　　　　　　　　　　　　　　　［山元　ひとみ］

文献
1) 佐々木博巳編(1997)．無敵のバイオテクニカルシリーズ特別編　バイオ実験の進め方，羊土社，東京．
2) 大塚吉兵衛，安孫子宜光著(1997)．医歯薬系学生のためのビジュアル生化学，分子生物学，日本医事新報社，東京．

Q24 遺伝子の変化はどんな方法で調べるのか？

A 細胞内ではすべての遺伝子が発現されているわけでなく，細胞の種類によって特定の遺伝子だけが発現されている．遺伝情報は細胞の核内に存在する染色体のDNAに書き込まれており（Q6, 8参照），DNA→（転写）→RNA→（翻訳）→タンパク質と伝達されてはじめて細胞内で機能することができる．遺伝子（DNA）や遺伝子産物（RNA／タンパク質）を検出するためには，まず細胞からDNA，RNA，タンパク質を取り出し精製する．その後，それらを電気泳動を利用してゲル上で分離し，ニトロセルロースやナイロン膜に写しとり（ブロット），DNAプローブや抗体を用いて特定の遺伝子や遺伝子産物の変化を検出する．具体的には次に述べるような方法がある．

サザンブロット法：DNAを制限酵素で切断し電気泳動後，ゲルから膜にブロットして，標識したDNAプローブやRNAプローブを用いてDNA-DNAあるいはDNA-RNA二本鎖形成（ハイブリダイゼーション）を行う．あらかじめプローブを放射性物質や化学物質で標識しておくことで，目的とするDNAを膜上で検出することができる．このことにより遺伝子の量的，質的変化を検出できる．がんや遺伝子病などの診断に応用される．

ノーザンブロット法：RNAを泳動後，ゲルから膜にブロットし，標識DNAプローブを用いてサザンブロットと同様にハイブリダイゼーションを行う．目的の遺伝子の発現（mRNA）を定性的・定量的に解析できる．

ウエスタンブロット法：タンパク質を泳動後，ゲルから膜にブロットし，標識抗体を用いて抗体に結合するタンパク質（標的抗原）を検出することができる．この方法により細胞内の目的のタンパク質の定量的，定性的解析を行うことができる．

　上記の方法とは別に，遺伝子の量的，質的変化や，遺伝子発現を検出する方法としてPCR（Polymerase Chain Reaction）と呼ばれる方法がある．これは細胞から抽出したDNAや，同じく細胞から抽出したmRNAに相補的に合成したDNA（cDNA）を鋳型として，プライマーという1組の短い合成DNA断片を使い，プライマーにはさまれたDNAの特定領域を繰り返し増幅するものである．理論的には反応サイクルの2^n倍に増幅できるので，20サイクルでは$2^{20}=100$万倍の増幅が可能である（図）．増幅されたDNAをゲル電気泳動することにより，遺伝子の増幅

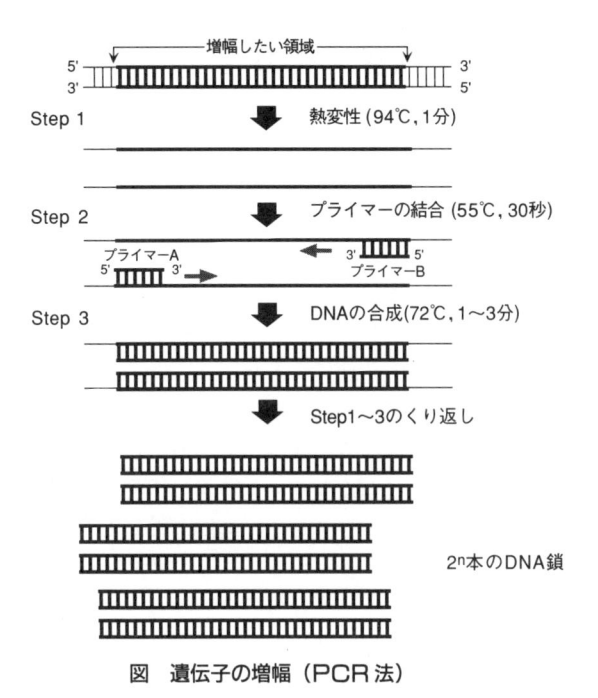

```
                    ←――― 増幅したい領域 ―――→
                5' |||||||||||||||||||||||||||||||||| 3'
                3' |||||||||||||||||||||||||||||||||| 5'
    Step 1              ↓      熱変性 (94℃, 1分)
                   ――――――――――――――――――――――――
                   ――――――――――――――――――――――――
    Step 2              ↓      プライマーの結合 (55℃, 30秒)
                プライマーA              ← 3' |||| 5'
                         5' |||| 3' →     プライマーB
    Step 3              ↓      DNAの合成 (72℃, 1～3分)
                   ||||||||||||||||||||||
                   ||||||||||||||||||||||
                     ↓ Step1～3のくり返し

                ||||||||||||||||||||||||||
                ||||||||||||||||||||||||||
              ||||||||||||||||||||||||||||||
              ||||||||||||||||||||||||||||||    2ⁿ本のDNA鎖
                ||||||||||||||||||||||||
                ||||||||||||||||||||||||
```

図　遺伝子の増幅（PCR法）

や欠失，遺伝子発現量の変化などを知ることができる．この方法はごく微量のDNAあるいはcDNAしか必要としないので，細胞の量が限られていてサザンブロット法やノーザンブロット法が行えない場合にも有効である．近年，遺伝子発現の変化を検出するための方法として，DNAチップまたはマイクロアレイ法と呼ばれる手法が急速な勢いで実用化され始めている．これは数cm角のガラスやシリコンの基盤の上に化学的に合成したDNAあるいはcDNAを貼り付けたもの（チップ）を用いて，サザンハイブリダイゼーションの原理で2種類の細胞間での遺伝子発現の差を検出するものである．チップ上には数百～数万個のcDNAを貼り付けることが可能であるため様々な疾患の原因遺伝子や癌遺伝子の発現の有無が1度に判定できる．そのため，ゲノム診断の技術として期待されている手法の1つである．

[鈴木　光浩]

文献
1) 別冊日経サイエンス (1999). 遺伝子技術が変える世界, 日経サイエンス社, 東京.
2) 田村隆明, 山本雅編 (1998). 分子生物学イラストレイテッド, 羊土社, 東京.

Q25 がんは遺伝するのか？

A 我が国の年間死亡総数約95万人のうち，がんで死亡する人は約29万人で，がんは現在，我が国の死亡原因の第1位となっている．つまり，おおよそ3～4人に1人，そして2分に1人ががんのために命を落としている計算になる．我々の周りでも，親族，友人，知人をがんで亡くした経験が無いという人は皆無というくらい，がんは日常的な病気である．がんは現在，早期発見しさえすれば必ずしも不治の病ではなくなり，手術後の再発・転移も無く，普通の生活を送っている人も数多い．しかしながら，進展したがんを完全に根治することは最新の医療技術をもってしてもまだ難しく，その予防・診断・治療方法の確立に新たな展開が望まれている．

では，がんはどうやって発生してくるのだろうか．我々の体の細胞は環境中の変異原物質，放射線・紫外線やウイルスばかりでなく，代謝や運動の過程で生成されてくる活性酸素などのDNAに傷を与える危険物質に絶えず曝されている．そこで，我々の体はこれに対抗するために，傷ついたDNAを修復するシステムを進化の上で獲得してきた．すなわち，細胞のDNAに傷がつくと，細胞は一時的に増殖を停止し，その間にDNA修復酵素群でその傷を除去修復してDNAを元どおりにするように働くのである（Q12参照）．一方，その傷が修復不能の場合には，細胞は速やかにアポトーシスという細胞死を誘導する機構を活性化することにより，自らその存在を消去してしまう（Q21参照）．これらの防御システムをたまたまくぐり抜けて，自律的増殖能をもってしまったものが「がん」である．したがって，増殖関連遺伝子，DNA修復関連遺伝子，アポトーシス関連遺伝子の異常はがんの原因となる．増殖関連遺伝子は車にたとえると，細胞増殖に対してアクセル役の働きをする遺伝子群（がんから同定されたのでがん遺伝子と呼ばれる）とブレーキ役の働きをする遺伝子群（がん抑制遺伝子）があり，細胞が増殖するか増殖を停止するかの決定は，これらの遺伝子産物の巧妙なバランスの上に制御されている．代表的ながん遺伝子としては，*c-myc* や *ras* 遺伝子などがあり，代表的ながん抑制遺伝子としては *p53* や *Rb* 遺伝子などがある．これらのがん遺伝子・がん抑制遺伝子の遺伝子産物は，正常では外界からの刺激を細胞膜上の受容体を介してリン酸のエネルギーの信号に変え，細胞質，さらには核の転写因子へとその信号を伝

```
発がん物質          がん遺伝子の活性化
X線, 紫外線        がん抑制遺伝子の不活性化
がんウイルス        DNA修復関連遺伝子の異常
活性酸素など        アポトーシス関連遺伝子の変化
                  分化関連遺伝子の異常
      ↓               ↓   ↓   ↓
                    変異の集積                        増殖促進, 分化阻害
   正常細胞  ───→   (多段階発がん)  ───→  がん細胞      薬物・放射線耐性
                       ↓                            転移性獲得など
                   アポトーシス
                    (細胞死)
```

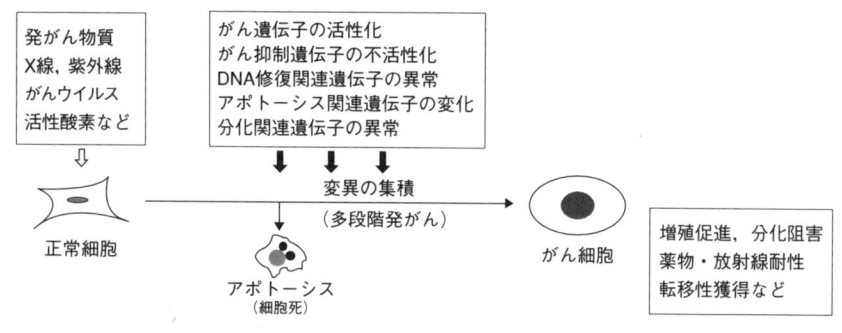

図 細胞がん化における遺伝子の変化と形質の変化

え, 遺伝子の発現を変える一連の経路のどこかに関わる分子である(Q17, 18参照). がん細胞では上記遺伝子に変異が生じ, その発現や機能が異常になっている. すなわち, こうした変異が集積されることによって, 細胞は次第にがん化に関連した形質を獲得し, 最終的に臨床的に見られる悪性のがんになるものと考えられている(図).

　がんが多発する家系があることは昔から知られているが, がんは遺伝するのだろうか. 結論から先にいうと, がんは遺伝子の病気ではあるが通常は生殖細胞以外の体細胞に起こる病気であるので, 大多数のがんは遺伝病とは異なり基本的には遺伝しないといってよい. しかし, 一部のがん, 特に小児がんでは明らかに遺伝が証明されているものもある. 小児の眼に生じるがんである網膜芽細胞腫(Rb: retinoblastoma)はその代表例であり, その両眼性のものは遺伝することが知られている. この疾患の原因となる遺伝子は Rb 遺伝子という前に述べた細胞増殖に抑制的に働くがん抑制遺伝子であり, 患者のがんでない場所から採取した細胞の遺伝子を調べると, 両親から来た Rb 遺伝子の一方にすでに傷が入っており, がん細胞では両方の Rb 遺伝子が異常になり完全に機能しなくなっている. こうした例は, Rb 遺伝子だけではなく, がん多発家系における $p53$ 遺伝子や $p16$ 遺伝子, 乳がん多発家系における $BRCA1$ 遺伝子, 家族性大腸ポリープ症における APC 遺伝子などでも見つかっている. したがって, 胚(生殖)細胞において, がん化に関与する遺伝子に変異が起こった場合には, がんは遺伝することになる.

[及川　恒之]

文献
1) 豊島久真男編 (1994). 新バイオサイエンスシリーズ「がんと遺伝子」, 化学同人, 京都.
2) 及川恒之(1994). 染色体異常とがん関連遺伝子. 21世紀への遺伝学III. 細胞遺伝学 (佐々木本道編) p.156-219, 裳華房, 東京.
3) 小林博 (1999). がんの予防　新版, 岩波書店, 東京.

Q26 遺伝病の原因遺伝子はどこまで明らかになったのか？

A 最新の遺伝病カタログによれば，遺伝病を含む遺伝形質の数は近年の分子遺伝学の進歩と相まって年々増加し現在 11,823（2000 年 7 月末）となり[1]，6,294 の遺伝形質については染色体上の座位も明らかにされた[1]．このうちそれぞれの座位において原因遺伝子が確定した遺伝形質（遺伝病）は 775 となっている．

原因遺伝子として確定した疾患には，常染色体優性遺伝病の神経線維腫症，常染色体劣性遺伝病の嚢胞性線維症，X 連鎖遺伝病の血友病などがあり，いずれも Positional cloning 法という新しい手法で同定された．この方法は，患者家系において罹患者と非罹患者を区別したうえで，罹患者のみに共通する染色体変化領域を染色体上の多数の DNA マーカーを用いて特定し，遺伝子の存在する領域を全染色体領域から絞り込み，絞り込んだ領域を DNA クローンでつなぎ，遺伝子を有するクローンを同定するという方法である．同定された遺伝子内に正常者には見られず患者のみに見られる変化（遺伝子変異）が見つかれば，その遺伝子が疾患と関連した遺伝子とみなせることになる．

この手法が用いられる以前は，遺伝子が同定された疾患は遺伝子が作る産物である酵素が判明している疾患（肝酵素異常に起因する先天代謝異常症など）に限られていたが，この方法の登場により，これまで酵素が不明でかつ生体からの組織採取が困難であった疾患，たとえば脳組織に病変を有する各種神経疾患の遺伝子解明への道が開かれた．成人発症性の神経変性症の 1 つ，ハンチントン病は，遺伝子座位が特定されてから 10 年におよぶ研究ののち原因遺伝子が同定されたが，この遺伝子の異常はそれまで判明していた遺伝子内の欠失，挿入，塩基置換といった遺伝子変異と異なり，正常でもみられる遺伝子内の DNA 繰り返し配列が異常に延びている変異であった[2]．この後，同様な変化がさまざまな神経変性疾患の原因遺伝子においても同定され，神経疾患の新奇な原因として遺伝子変異と病態との解明が進んでいる．

ゲノム，すなわち 23 本の染色体上には 30 億の塩基が並んでいるといわれている．10 年程前から 30 億の塩基のシークエンス（並び順）をすべて決めてしまうというプロジェクトが欧米諸国を中心にわが国も参加して進んできた．その結果 2000 年になりそのほとんどが決定されたという発表がなされ，ドラフトシークエンス

が公表された.この一貫として日本が中心となって行われた21番染色体の塩基配列決定プロジェクトから21番染色体上に200を超える遺伝子が[3]、また22番では500を超える遺伝子が一気に同定された.これによりPositional cloning 法などで遺伝子を探す時代から,判明している遺伝子情報をもとに遺伝子と疾患との関係を明らかにする新しい時代に突入した.遺伝子を同定するほかに,ゲノムプロジェクトの一貫としてゲノム上に10万ケ所以上存在すると予想されている遺伝子多型(個人差がみられる遺伝子の部位)を同定し,がんや糖尿病,高血圧など遺伝要因が関係する生活習慣病も遺伝子異常に起因する広い意味での遺伝病として,疾患感受性(疾患へのなりやすさ)に関係する多型を見つけようというプロジェクトも進行中である.

以上述べてきたように,疾患に関係する遺伝子の同定はヒトゲノムのシークエンスが公表されたことにより加速度を増し,メンデル遺伝病にとどまらず,これまで原因解明が遅れていた精神神経疾患や生活習慣病においても同定されつつある.さらに疾患に限らず,肥満や運動能力といった体質の判定も遺伝子でできる可能性が示唆されている.

一方で,遺伝子情報に基づくさまざまな倫理的問題も発生している.遺伝子が判明してもただちに病態が明らかにされるわけではない.すなわち疾患遺伝子が判明しても,その機能が未知なものも少なくない.たとえば前述のハンチントン病では,遺伝子の変異がなぜ神経症状を引き起こすかは今のところ明らかになっておらずそれに応じた治療法の開発がまだなされていない.このような場合,遺伝子異常の同定により正確な診断ができても,治療法がないという状況が生じ,倫理的に問題になる.今後は未知の疾患遺伝子の同定とともに,治療法確立を目指した遺伝子機能を解明する研究がより一層重要になると思われる.

[久保田　健夫・福嶋　義光]

文献
1) McKusick VA(1998). Mendelian Inheritance in Man (12th ed). The Johns Hopkins University Press. Baltimore.
　(ホームページアドレス http://www.ncbi.nlm.nih.gov/Omim/Stats/mimstats.html)
2) Snell RG, MacMillan JC, et al (1993). Relationship between trinucleotiderepeat expansion and phenotypic variation in Huntington's disease. Nat Genet 4：393-397.
3) Hattori M, Fujiyama A, et al (2000). The DNA sequence of human chromosome 21. Nature 405：311-319.

Q27 『遺伝子診断』とはどういうものか？

A 遺伝子診断のための代表的な遺伝子解析法
　染色体 DNA の制限酵素による切断部位は多型性を示すことがあり，この多型性はサザン法（Q23 参照）により DNA 断片の長さの違い（RFLP：Restriction Fragment Length Polymorphism）として検出され（図 1），染色体上の有用なマーカーとなりうる．がんや遺伝病では特定の遺伝子が不活化されていることがあり，特に対立遺伝子の 1 つが欠失している場合（LOH：Loss of Heterozygosity）は，RFLP を指標としてサザンブロット法により DNA 断片の消失として検出することができる（図 1）．

　Comparative Genomic Hybridization（CGH）法は，染色体特定領域上の遺伝子のコピー数の増加ないし減少を，すべての染色体上で同時に検出できる分子細胞遺伝学的手法である[1,2]．

　たとえば，腫瘍組織由来の DNA 断片を FITC（緑色蛍光色素）で，正常組織由来の DNA 断片を Texas Red（赤色蛍光色素）で標識して，その等モル濃度を正常細胞の分裂期染色体上で競合的に相補鎖形成（ハイブリダイズ）させることで，がんにおける遺伝子の増減を色の変化として捉えることができる．すなわち，遺伝子量に変化がない染色体領域は緑色と赤色が重なり黄色となるが，遺伝子増幅の見られる領域では緑色が増加し，欠失の見られる領域では赤色が増加することになる．この蛍光パターンの変化を画像解析装置を用いて解析することにより，腫瘍

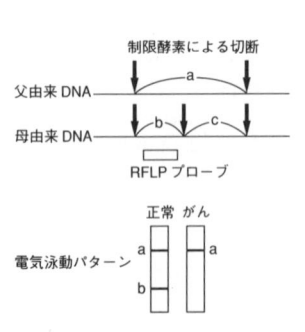

図1　RFLP 法による LOH の検出

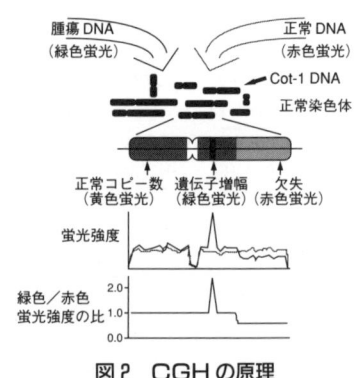

図2　CGH の原理

組織中のDNAコピー数の変化を全染色体領域において検出できるわけである(図2).この解析法は病理診断やその他の検査とともにがんの病型判定や薬物感受性の予知や予後判定などの一助として用いられている[3].

以上の方法のほかに,PCR法あるいはマイクロアレイ法(Q24参照)なども遺伝子診断にとって有効な手法として用いられている.

遺伝子診断の臨床応用

● 遺伝病の出生前診断:重い遺伝病をもつ子供の誕生を防ぐために,出生前に受精卵や胎児の段階でその遺伝子を調べ,遺伝病の有無を診断することができる.診断対象は完治が不可能なデュシャンヌ型筋ジストロフィーなどの重篤な遺伝病に限定される.ジストロフィン遺伝子の異常が約半数で欠失あるいは重複という変異で発見される.

● がんの発症前診断:乳がんや大腸がんの一部には遺伝性のものがあり,発病のリスクを原因遺伝子(*BRCA-1*や*APC*など)の変異の有無で調べる発症前診断が普及しつつある.遺伝性のがんについてはこの数年間で20以上の原因遺伝子が発見されている.乳がんでは*BRCA-1*遺伝子に異常があると80歳までの発症確率は80%とされる.

● がんの鑑別・存在診断:病理学的に診断が困難ながんと良性疾患との鑑別,あるいはがんの悪性度をCGH法などを用いることで診断することができるようになってきた.一方,固形がんのリンパ節転移や白血病治療後の骨髄中の残存がん細胞の存在の有無をPCR法を使うことにより検出することができる場合があり,予後判定や再発診断に利用されている.

● 遺伝病・がんの診断以外の分野への応用:サザンブロット法によるRFLPの検出は親子鑑定などの法医学的手法として,PCR法は感染症における細菌やウイルスなどの病原体の同定などの細菌学的手法や,犯行現場に残された毛髪や血痕からのDNA鑑定などの法医学的手法として幅広く使われるようになってきた.

以上のように,遺伝子診断は,ゲノム研究の進歩とともに,今後さらに多様化しながら急速に発展していくことが期待されている.　　　　　　　　　　[坂本　優]

文献
1) Kallioniemi, A., et al. (1992): Comparative genomic hybridization for molecular-cytogenetic analysis of solid tumors. Science, 258: 818-821.
2) Comparative Genomic Hybridization (CGH). U.S.Patents No.5,856,097, No.5,965,362 and No.5,976,790. 発明者:Dan Pinkel, Joe Gray, Anne Kallioniemi, Olli Kallioniemi, Fred Waldman, and Masaru Sakamoto.
3) Iwabuchi, H., Sakamoto, M., et al. (1995): Genetic analysis in benign, low grade and high grade ovarian tumor. Cancer Res., 55: 6172-6180.

Q28 ヒトゲノムプロジェクトとは何か？

A 1970年代に開発された遺伝子組み換え技術とDNA塩基配列決定技術は次々と新しい遺伝子を発見し，生物学，生命科学に革命的な変化を起こした．その中でも医学へのインパクトは特に大きなものであった．一方，1980年アメリカの遺伝学者ディヴィッド・ボッツシュタインらは，ヒトゲノム中に見られるDNA配列の個人差(DNA多型)を遺伝的なマーカーとして連鎖解析を行えば，マーカーと病気の原因遺伝子が染色体上で互いにどれくらい近く（あるいは遠く）にあるかを示せることを理論的に示した．この理論をもとに，1983年，ハンチントン病が第4染色体短腕部に位置づけられた．また，遺伝子の病気であり，先進諸国を中心に国民保健の重要課題でもあるがんの研究がオンコジーン（がん遺伝子）の研究を中心に遺伝子解析を強力に牽制してきたが，1980年代の中頃になると，がんのような複雑な病気の解明には，個々の遺伝子の研究だけでは不十分で，ヒトのもつ遺伝情報の全体，すなわちゲノムの研究が，必須であるという考えが出てきた．塩基配列決定の自動化や巨大DNA解析やクローニングといった技術の大きな進展を背景に1990年より欧，米，日を中心とした「ヒトゲノム計画」が公式に開始された．

ヒトゲノム計画はヒトの全遺伝子情報の解読を目指しているが，特に病気の遺伝子の解析を重要目標としている．そこでヒトゲノム計画では多数のDNA多型を見出し，それを遺伝的にマップ（位置づけ）したヒトゲノム遺伝子地図の作成を第一の目標とした．ゲノム上には種々の反復配列が存在するが，フランスとアメリカを中心とするチームは，1994年にはマイクロサテライトと呼ばれる2塩基や3塩基の反復度の違う多型マーカーを中心に約6,000のマーカーを位置づけたヒトの遺伝地図を完成させた．このような地図をもとにすでに7,000〜8,000種の遺伝的形質がゲノム上にマップされている．

一方でゲノムの部分塩基配列をマーカー（STS：Sequence-taged site）として用いる方法が提案され，広く採用されることによって，より精緻なマップづくりが進められた．マッピングは多型マーカーの場合と同様に，おもに，フランスのCEPH/genetonで作成された1Mb（100万塩基対）にもおよぶ大きな挿入断片をもつ酵母人工染色体（YAC）で作られた整列マップを用いてなされ，2万5千個のSTSが

ゲノム上にマップされた．その後，他の物理地図との比較から，STS マップには染色体領域によりマーカー密度にムラがあることが明らかになった．そのおもな理由は，染色体上では GC 含有量や遺伝子の分布は一様でなく，遺伝子密度の高い領域由来のゲノム断片を含む YAC クローンは不安定で，クローン化されにくいという問題を反映していた．EST (expressed sequence tag) マーカーとは，cDNA の部分塩基配列をマーカー化したものであるが，STS マーカーのマッピングがほぼ飽和状態に達した段階で EST のマッピングが開始された．この場合 YAC コンティグに対してでなく γ 線照射により細断片化されたヒト染色体の一部をもつヒトマウス雑種細胞株パネルへのはりつけを通して EST マーカーはマップされた．NIH 主導のもとでの国際協力によりマッピングが精力的に進められ約 3 万のマーカーがマップされた．その後も数は増加している．EST マップはゲノム上の遺伝子密度を反映することから，STS マップを相補するものとなっている．両者を合わせると平均で約 40 kb に 1 個の割合でマーカーが配位されている．YAC コンティグはゲノムの全体像を示す上で大きな貢献をした．しかしキメラや部分欠失が多いことや，クローン化した DNA の調整が極めて難しいことからシークエンスの材料としては難点があった．一方大腸菌由来の F 因子や P1 ファージをベクターとして用いている BAC や PAC クローンは挿入 DNA 断片のサイズは YAC より小さいもののシークエンスを決める材料としては適していた．また STS, EST の密度は BAC や PAC クローンでもコンティグ作製が可能なまでになっていった．

　1998 年に DNA シークエンスシングがゲル板でなくキャピラリーで，しかも多検体が同時に行えるようになった．これによりシークエンス解析は飛躍的に効率が上がるようになった．このような情勢をもとに日，米，英，仏，独の各国はヒトゲノムシークエンス決定の体制を整え，2003 年をメドにゲノムの解読を完了するという計画を立て，2000 年 6 月には全ゲノムシークエンスの草稿を公表した．

　一方，アメリカの Celera 社はシークエンサーを多数揃え，全ゲノムショットガン方式でデータを産生し 2001 年までに全シークエンスを決定し公開すると発表し，同社と公的機関の激しい競争が始まり，現在も続いている．ヒトゲノム計画の現状はアメリカの National Center for Biotechnology Information (NCBI) のホームページから見ることができる (http://www.ncbi.nlm.nih.gov/)．　　　［大木　操］

Q29 ヒト遺伝子治療の現状と問題点は何か？

A 遺伝子治療の現状
遺伝子治療とは病気の治療を目的として，遺伝子そのもの，もしくは遺伝子をあらかじめ導入した細胞を患者に投与することをいう．遺伝子治療は現在，次世代の医療としてアメリカならびにヨーロッパを中心に研究が進んでいる．アメリカならびに日本での遺伝子治療の現状を表1，2に示す．

表1 アメリカにおける遺伝子治療臨床研究内容（2000.6現在）[1)2)]

遺伝子標識	37
遺伝子治療	363
感染症	33
単一遺伝性疾患	49
慢性疾患	36
悪性腫瘍	245
アンチセンス法	7
化学的保護法	11
免疫治療法（*in vitro* 法）	74
免疫治療法（*in vivo* 法）	80
プロドラッグ法	35
がん抑制遺伝子法	27
単鎖抗体法	2
がん遺伝子発現抑制法	4
ベクターによる細胞融解法	5
	計 402

表2 日本における遺伝子治療の現状　　　　　（厚生省，文部省提供資料より）

1993&1994：	厚生省（1993）／文部省（1994）遺伝子治療臨床研究ガイドラインの作成
1995.2：	ADA欠損による重症免疫複合不全症（北海道大）
1997.5：	HIV感染症（熊本大）（1998.2に取り下げ）
1998.8：	Stage IV 腎がんに対する免疫遺伝子治療（東大医科研）
1998.10：	肺非小細胞がんに対するp53遺伝子治療（岡山大）
1999.5：	食道がんに対するTK遺伝子治療（千葉大）
2000：	脳腫瘍に対するインターフェロン β 遺伝子治療（名古屋大）
	肺非小細胞がんに対するp53遺伝子治療（慈恵医大，東北大，東京医大）
	乳がんにおけるMDRI遺伝子導入自家造血幹細胞移植（癌研究所）
	前立腺がんに対するHSV-TK遺伝子治療（岡山大）

現在の遺伝子治療の問題点

　2000年には，伴性重症複合免疫不全症に対するγ鎖遺伝子による治療の成功例がフランスより，血友病Bに対する第IX遺伝子による治療の成功例がアメリカよりなされた．他方で1999年9月，米国ペンシルベニア大学においてオルニチントランスカルボミラーゼ（OTC）欠損症に対する遺伝子治療臨床研究中，17歳の患者さんが肝動脈中に投与された大量のアデノウイルスベクターに起因する副作用のために亡くなり，いくつかの重要な問題が明らかにされた．すなわち体内に直接遺伝子を導入する際の遺伝子導入効率を上げるために，大量のアデノウイルスベクターを用いなくてはならなかったという，現段階での $in\ vivo$ 用ベクターの能力的限界が改めて浮き彫りにされた．ただし今回の最大の問題点は，対象となった患者さんが本臨床研究の適応基準を満たしていなかったこと，副作用出現の報告が適切になされていなかったことなど臨床研究を実施していく上での基本的事項が遵守されなかった点にある．本件に関してアメリカではNIHならびにFDAによる徹底的な検証が行われ，遺伝子治療臨床研究は新規薬剤治験の1つとしてその安全性検定に重点を置き，今後も着実に発展させていくべきであるという，遺伝子治療開始当初の姿勢が再確認されてきている．

　今後さらに遺伝子治療がベッドサイドでより簡便かつ安全に実施されていくためには，ベクターについていくつかの技術的障壁を克服していく必要がある．すなわち，1) 患者体内で目的とする遺伝子を目的とする組織細胞内に高い効率で導入できる，2) 導入した遺伝子の長期的発現が可能であり，必要に応じて発現量の調節ができる，3) 目的とする病的細胞内で異常遺伝子を正常な遺伝子に置換できる，といった事項が挙げられよう．また新開発技術の臨床への円滑な導入のためには，的確な臨床研究が円滑に行われる必要があり，日本では特にこの面での進歩も重要である．　　　　　　　　　　　　　　　　　　　　　　　　［谷　憲三朗］

文献
1) インターネット資料（http://www4.od.nih.gov/oba/より）
2) Cavazzana-Calvo, M., Hacein-Bey, S., et al., (2000) Gene therapy of human severe combined immunodeficiency (SCID)-X1 disease. Science 288：669-672. Blood 96：590a.

Q30 トランスジェニック／ノックアウト／クローン動物とは何か？

A 受精卵から，どのようにして個体が形成されるかを研究するのが発生学である．胚細胞を操作することによって動物個体の発生過程などを研究する，発生工学，という学問領域があり，トランスジェニック／ノックアウト／クローン動物は，いずれも発生工学的な手法を用いて作成される動物である．

トランスジェニック動物とは，遺伝子染色体に外来の遺伝子が組み込まれた動物である．受精卵の核に微細なガラス管を用いてDNAを注入すると，染色体に一定の頻度で外来DNAが取り込まれる．ある遺伝子が，ある細胞・組織でのみ発現するようにしたDNA断片を用いてトランスジェニック動物を作ることにより，生物個体における特定の遺伝子の機能を解析することができる．成長ホルモンを過剰に分泌させ，その個体サイズが巨大になったトランスジェニックマウスなどが有名である．基礎研究としてスタートした方法であるが，羊の乳に凝固因子などの有用なタンパクを分泌させて，精製して治療に利用する，などといった応用的研究も試みられている．

マウス胚性幹細胞（ES細胞）は，マウスの受精後3.5日目といった初期胚（胚盤胞）から樹立された細胞株である．ES細胞は，胚盤胞に戻してやると正常な発生過程に取り込まれて，生殖細胞（精子，卵子）を含むすべての細胞に分化することができる．また，相同遺伝子組み換えと呼ばれる技術を用いて，ES細胞において特定の遺伝子を破壊することができる（＝遺伝子破壊，遺伝子ターゲティング）．遺伝子ターゲティングを行ったES細胞を胚盤胞に注入し，キメラマウスを作成すると，注入したES細胞が生殖細胞（通常は精子）にも分化したマウス（生殖細胞キメラ）が誕生する．この生殖細胞キメラマウスを交配することにより，特定の遺伝子が破壊されたマウス（＝ノックアウトマウス）を作成することができる．トランスジェニックマウスが外来の遺伝子を導入する「足し算」により成立するマウスであるのに対し，ノックアウトマウスはすでに存在する遺伝子を破壊する「引き算」によって作成されるマウスであり，ノックアウトマウスは，トランスジェニックマウス以上に遺伝子の機能を解析する手段として有効である．

人為的な操作により作成された，まったく同じ遺伝子をもつ個体を「クローン動物」という．クローン動物は，生殖細胞クローンと体細胞クローンに分けられ

図 トランスジェニック／ノックアウト／クローン動物

る．生殖細胞クローンとは，初期胚の細胞あるいはその核に由来するクローン動物であり，体細胞クローンはそれ以外の細胞核に由来するクローン動物である．生殖細胞クローンは，高品位の家畜を多数産出する目的で，受精卵の分裂が1～3回起こった2～8細胞期にある胚の細胞をばらばらにして，1つずつの細胞から完全な個体を作出することから始まった．現在では，もう少し発生が進んだ段階の胚の核を受精卵に核移植することによって，生殖細胞クローンを作成することも可能となっている．核移植による体細胞クローン動物は，哺乳類では1970年代に報告されたが，その研究成果は非常に疑わしいとされていた．しかし，1997年にクローン羊ドリーが報告された後，哺乳類においても体細胞クローンが可能であるということがウシ，マウスにおいても次々と報告されてきた．ただし，核移植による体細胞クローンの成功率は非常に低く，「可能」ではあることは間違いないが「実用」のレベルには達していない．実験動物や家畜を用いた体細胞クローン動物の開発・利用は，科学的な興味，医学的な応用，畜産的な利用，などの面から非常に有用であることは間違いない．その一方で，ヒトのクローンも技術的には可能であると考えられており，倫理的な側面から，いろいろな問題点が指摘されている． ［仲野 徹］

文献
1) Brigid Hogan ら (1997)．マウス胚の操作マニュアル第二版．近代出版，東京．
2) ジーナ・コラーダ (1998)．クローン羊ドリー．アスキー，東京．

Q31 バイオテクノロジーの再生医学への応用は何か？

A 細胞・組織・臓器の再生能力を利用して行う治療が再生医学である．移植医療におけるドナー不足などの問題を克服する次世代の医療として脚光を浴びている．再生医学には，移植が可能な程度にまで細胞あるいは組織を試験管内において増やす必要がある．プラナリアやイモリといった下等な生物では，大きな再生能のあることが知られているが，ヒトなどの哺乳類では再生能はあまり大きくない．にもかかわらず，再生医学が脚光を浴びるようになった背景には，この10～20年の間に爆発的に進展した，移植する組織・細胞の素になる「幹細胞」と，それらの細胞を増やす「成長因子」の研究成果がある．

幹細胞とは，自分自身と同じ性質の細胞を作り出す能力「自己複製能」と，機能する細胞に変身する能力「分化能」の両者をあわせもった未分化な細胞である．たとえば，寿命の短い血液細胞などが我々の一生の間枯渇しないのは，血液細胞の幹細胞＝造血幹細胞が存在するからである．血液細胞や皮膚上皮，消化管粘膜には幹細胞が存在することが以前からわかっていた．しかし，近年になって神経細胞や肝臓の細胞など，他の多くの組織にも幹細胞が存在することが明らかにされつつある．幹細胞より少し分化しており，自己複製能はないが，機能する細胞に分化する能力のある未分化な細胞を前駆細胞という．自己あるいは他者からこのような幹細胞あるいは前駆細胞を採取し，成長因子が存在する条件において試験管内で増やし，得られた細胞あるいは組織を移植する．それが再生医学の基本である．皮膚や血管，骨，軟骨など比較的単純な構造をもった組織の「組織工学＝ティッシュエンジニアリング」による医療はすでに実際に行われている．血管，骨，軟骨に関しては，自己の血管内皮細胞や骨芽細胞などを採取し，それぞれの形をもったバイオポリマー内で培養し，増殖・分化させた後，移植することが可能である．生体内で吸収されるバイオポリマーが利用され，最終的には自己の組織によって完全に置換される．また，皮膚については，割礼によって得られた細胞を培養したものが火傷の治療などに用いられている．

組織・臓器ではなく，細胞の移植により症状の改善が期待できる神経細胞や血液細胞の「細胞療法」は，再生医療の中で近い将来に実現の可能性がある．神経系では，重症のパーキンソン病の治療に胎児の神経細胞の移植が有効であった例

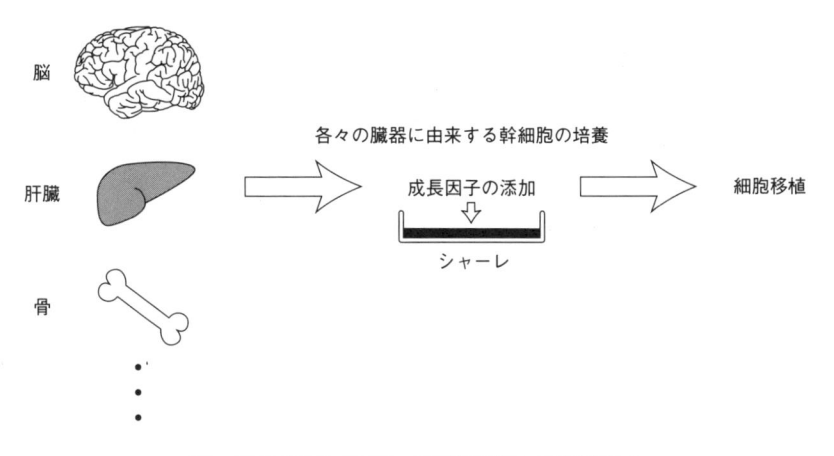

図　バイオテクノロジーの再生医学への応用は？

が報告されている．しかし，1人の患者の治療を行うために，数人分の中絶胎児の脳が必要であり，治療法としては非現実的である．そこで，神経幹細胞を試験管内で増殖させた後に細胞移植を行うという方法が検討されている．血液細胞に関しては，骨髄や末梢血の造血幹細胞移植が治療として確立されている．それ以外の造血幹細胞の供給源として臍帯血がある．しかし，臍帯血に含まれる造血幹細胞は比較的少数であるために，小児への移植には十分であっても，大人への移植には不十分であるとされている．そこで，臍帯血の造血幹細胞の体外増幅を行ってから移植する，といった，従来の移植に比べて，再生医学的な一段階を加えた療法が研究されている．

　もう1つは，ヒト胚性幹細胞を用いる可能性に，大きな期待が寄せられている．Q30にあるように，胚性幹細胞はすべての細胞に分化する能力をもった「万能」幹細胞である．このヒトES細胞を，試験管内において，神経細胞，筋細胞，血液細胞の幹細胞や前駆細胞に分化させた後，生体に移植する，という方法が検討されている．胚性幹細胞は基本的には未分化な性質を維持したまま増殖する細胞なので，胚性幹細胞「銀行」を作ることができれば，かなりの量の細胞を提供できると期待されている．ただ，ヒト胚性幹細胞からのクローン個体作成の可能性はほぼゼロであるが，ヒトの胚性幹細胞は受精卵あるいは胎児の生殖細胞から樹立される細胞なので，倫理的な制約が避けられないという問題点がある．

［仲野　徹］

文献　1）立花　隆（2000）．人体再生．中央公論社，東京．
　　　　2）筏　義人（1998）．再生医学―失った体は取り戻せるか．羊土社，東京．

COLUMN❶ 予想よりずっと少なかったヒトの遺伝子数！

　人類はついにヒトゲノムの全容を手に入れるという偉業を達成した．2001年2月, 国際科学誌の Nature および Science はそれぞれ, フランシス・コリンズ率いる国際ヒトゲノム解析協力組織とクレイグ・ベンター率いる民間ベンチャー企業セレラ・ジェノミックス社が熾烈な競争の末, 両者とも予定より2年程早くヒト全ゲノムの解読をほぼ完了したことを報告した(Nature 409 : 745-964, 2001 ; Science 291 : 1145-1434, 2001)．

　その結果, 意外だったのは, ヒトゲノムには繰り返し配列が非常に多く, 解読前まではおよそ10万個程度と推定されていたヒトの全遺伝子数が実際には予想よりずっと少ない3万個前後らしいということであった．ゲノムの大きさが2億塩基対であるショウジョウバエは約2万個の遺伝子をもっていることがわかっていたが, ゲノムの大きさが30億塩基対のヒトは, 意外にもショウジョウバエのたった1.5倍の遺伝子しかもっていなかったことになる．これまでも, ヒトとチンパンジー間のゲノムの塩基配列の違いは1〜2％にすぎないことが明らかになっていた．つまり, ヒトとサルの差はこの数％のわずかな違いに基づいているのである．現時点ではヒトの全ゲノムの塩基配列が判明しただけであり, 今後はこの3万個の遺伝子がどのようにしてヒトを作り上げているのかの解明, すなわち, 遺伝子の発現調節機構とその階層性, さらには遺伝子産物であるタンパク質の機能や相互作用の解明などが重要なポストゲノムの課題となろう．医学の分野においても, この情報を基盤にヒトの遺伝病やがんなど多くの病気の原因遺伝子のほとんどすべてが明らかにされ, 病気の診断のみならず, 患者個々人にあった治療法(オーダーメイド治療)の選択, 治療効果の有効性, さらには病気のなりやすさの推定やその予防なども遺伝子から予想できる時代がすぐそこまでやってきている．また, こうしたゲノム情報に基づきタンパク質の構造と機能を解明する中から, 薬の標的を探すというゲノム創薬ビジネスの動きも始まっている．ヒトゲノムの全容解明は21世紀の世界を大きく塗変えることになることは間違いない．

〔及川　恒之〕

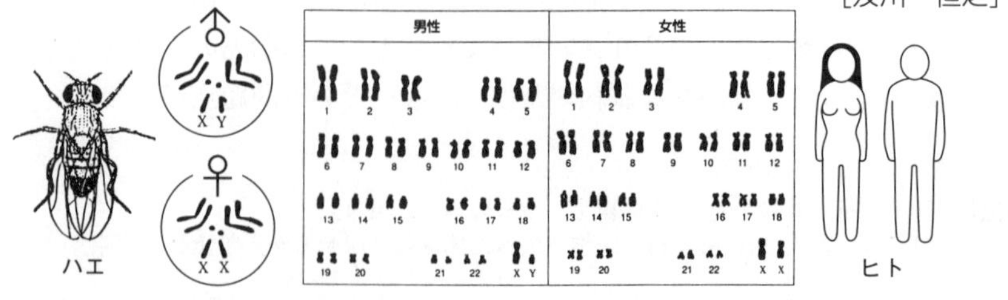

第 II 章
からだの構造との関連

Q32 細胞骨格はすべてを制御するのか？

A 細胞は脂質二重膜の「皮」でできた「水の詰まった風船」のようなものであるが，すべてが単一に球状をしているわけではなく，それぞれの特異な機能に見合った形や大きさをしている．電気的な信号を情報として伝えるために非常に長い突起をもつ神経細胞はその典型的な例である．

このように細胞の形を規定しているものは脂質二重膜の内側に張り巡らされた硬い構造物で，この線維状の物質を動物のからだにたとえて「細胞骨格(cytoskeleton)」という．細胞骨格は，マイクロフィラメント(アクチンフィラメント)，中間径フィラメント，微小管という太さの異なる3種類のタンパク質性線維から構成されていて，比較的低分子量のタンパク質が重合してできたものである．またこの線維に結合するタンパク質の働きにより，細胞骨格はさまざまな細胞活動に関与している．特に重要なのは「モータータンパク質」で，ATPをADPとリン酸に加水分解するときにできるエネルギーを使って，細胞骨格の線維上を移動する(図)．

マイクロフィラメントは分子量43 kDのアクチンというタンパク質が二重らせん状に重合してできた線維である．微絨毛(microvilli)などの細胞突起の芯部には互いに架橋したマイクロフィラメントがその支持体として働いていて，小腸の上皮細胞では物質の効率的な吸収に，内耳の有毛細胞では音の感知に重要な役割を果たしている．筋細胞ではマイクロフィラメントに結合したモータータンパク質であるミオシンが重合してフィラメント間の滑り運動を引き起こし，筋の収縮を行う．非筋細胞でも同様の機構によっていろいろな細胞運動の原動力となっている．

微小管は分子量57 kDと55 kDのαチューブリンとβチューブリンからなるヘテロダイマーを基本単位として，それが13本集まってできた筒状の構造をしている．細胞表面に生えている繊毛(cilia)は，気管上皮などで屈曲運動を行い表面の粘液や細胞などの粒を運搬している細胞器官であるが，その繊毛の芯を構成するのが微小管である．微小管上を走るモータータンパク質にはキネシンとダイニンがよく知られていて，細胞内輸送に重要な働きをしている．また，最近，微小管と発生における左右非対称性の形成とのかかわりが注目を集めている．

中間径フィラメントにはいろいろな種類があり，それぞれ細胞種によって異なったタンパク質から構成されている．上皮細胞ではケラチン，神経細胞ではニュ

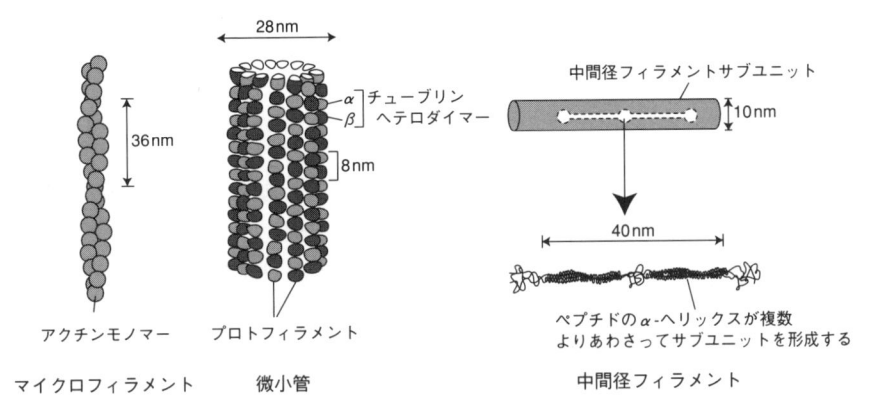

図中ラベル:
- 28nm
- 36nm
- 8nm
- 10nm
- 40nm
- α, β チューブリンヘテロダイマー
- 中間径フィラメントサブユニット
- ペプチドのα-ヘリックスが複数よりあわさってサブユニットを形成する
- アクチンモノマー
- プロトフィラメント
- マイクロフィラメント
- 微小管
- 中間径フィラメント

図　細胞骨格の基本構造（文献1より引用改変）

ーロフィラメントタンパク質，筋細胞ではデスミンなどである．中間径フィラメントはマイクロフィラメントや微小管と比べて安定な構造であるが，その調節機構についてはまだ不明の点が多い．

　細胞骨格は単に細胞の形を規定しているだけでなく，細胞内小器官の三次元的な配置や物質輸送，さらには細胞分裂と広範な細胞活動にかかわる極めて「動的な」構造体である．細胞の形態変化や偽足を伸ばしての移動などダイナミックな細胞機能には細胞骨格は欠かせない存在である．

［鈴木　健二・宮崎　裕美］

文献　1) Alberts B, et al (1983). Molecular Biology of THE CELL. Garland Publishing, New York.

Q33 からだの左右はどうして決まるのか？

A 生物の発生の初期過程に決定される体軸には，頭と尾を決める前後軸（頭尾軸），腹と背を決める背腹軸，それに左右軸の3つがある．3次元の世界にあっては前後軸と背腹軸が決定されれば左右軸は自動的に決定されてしまう．3つの座標軸のうち，動物の左右軸は他の2つのものに比べてユニークな特徴をもっている．すなわち，動物は，ヒラメのような少数の例外を除いて，外見的には左右対称（鏡像対称）である．これは地球上で自由生活を営むとき，特に運動を行うときにからだの左右のバランスを取ることが重要であることに起因するものと思われる．一方，からだの内部に目を向けると状況はまったく異なり，心臓や肺などの多くの臓器が形態的にも，また機能的にも左右非対称になっている（図）．

発生における左右非対称性形成の分子メカニズムを解く鍵は，自然が与えてくれた突然変異体の研究からもたらされた．すなわち，左右軸の反転がランダムにほぼ50％の確率で出現する突然変異マウス（iv）や，100％左右が反転する突然変異マウス（inv）が発見され，それに続いてそれらの原因遺伝子が同定されたのである[1]．

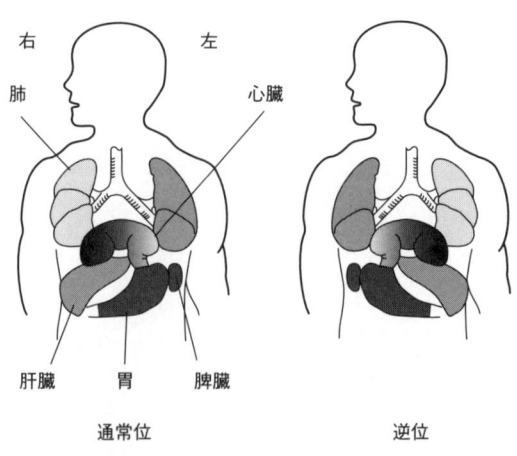

図　内蔵の左右非対称性（文献1より引用改変）

1997年に同定された *iv* はダイニンタンパク質の遺伝子であり，Lrd (left-right dynein)と名づけられた[2]．ダイニンは微小管に沿って動くモータータンパク質で，その機能欠損により繊毛の運動が障害されていることがわかった．同様にモータータンパク質であるキネシン (KIF3A, KIF3B) の欠損マウスでも左右軸の形成異常がみられることから，「繊毛によって引き起こされるノードの中の液体の流れが左右非対称性の成立に関係している」というモデル（仮説）が立てられた．一方，*inv* については，ほぼすべてのマウスに左右軸の反転がみられるにもかかわらず，ノードの流れが逆転しておらず，このモデルでは説明できない．1998年に同定された *inv* 遺伝子がどのような働きをしているか，解明が待たれるところである[3]．さらに，繊毛の回転によって拡散する（あるいは拡散が妨げられる）左右決定因子がどのような分子であるかも現在までわかっていない．

　1995年に初めてニワトリ胚において左右非対称に発現するシグナル分子 Shh(ソニックヘッジホッグ) が発見されて以来，Lefty や Nodal，FGF-8 など左右のどちらかに偏って発現し，左右軸形成に関与するシグナル分子が相次いで同定された．これらの分子は，FGF-8 がマウスでは左側に発現するがニワトリでは右側に発現するように，動物種によってまったく異なった発現パターンを示すものがあり，興味深い．

　左右非対称性にかかわる遺伝子産物として最近 Pitx 2 や Nkx 3.2 などの転写制御因子が同定されているが，それらの標的分子が何であるか，また誘導された標的分子がどのようにして左右非対称な形態形成の成立に寄与しているかなどまだ不明な点が多い．しかしここに述べた多くの分子が過去5年の間に発見されたことを考えれば，残された問題の解決にもそう時間はかからないであろう．

〔鈴木　健二・宮澤　伸子〕

文献
1) Capdevila J, et al (2000). Mechanism of left-right determination in vertebrates. Cell 101：9-21.
2) Supp DM, et al (1997). Mutation of an axonemal dynein affects left-right asymmetry in inversus viscerum mice. Nature 389：963-966.
3) Mochizuki T, et al (1998). Cloning of inv, a gene that controls left/right asymmetry and kidney development. Nature 395：177-181.

Q34 からだの前後はどうして決まるのか？

A 私たちのからだは非常にたくさんの形態的にも機能的にも特異に分化した細胞から成り立っているが、元をたどればすべての細胞はたった1つの受精卵に由来する。受精卵が核に含まれる遺伝情報にしたがって細胞分裂と分化を繰り返しながら、からだは形つくられる。この受精卵にはじまる生物の形つくりの過程を「発生」というが、その初期になされる重大なイベントの1つが前後軸（頭尾軸）、背腹軸、左右軸というからだの座標軸（体軸）の決定である。細胞は体軸に沿った位置情報をもとに、頭になる所に位置するものは頭を、足になる所に位置するものは足をつくるようになる。

では、それぞれの細胞はどのようして自分の位置を知ることができるのであろうか。発生生物学の分野で最も研究が進んでいるショウジョウバエを例にして話を進めよう。卵細胞は受精前に前後の方向性（極性という）がすでに決定されており、生物のパターンはそれにしたがって形成される。卵細胞がつくられるときに極性を決める遺伝子（母性効果遺伝子という）に由来するmRNAやタンパク質が空間的に偏って卵細胞中に配置されるのである。この母性効果遺伝子の代表的なものにbicoid (bcd) とnanos (nos) がある。bcdは卵細胞の前側（頭になる側）に局在する。受精後、卵は通常の細胞分裂と異なって核だけの分裂を数回行い、その後卵の表層に移動した核を仕切る細胞膜を形成して1つひとつの細胞となる。この細胞膜による仕切りができる前の段階で、細胞内には翻訳されたbcdタンパク質が拡散して、前端から後端に向かって濃度勾配を形成する。同様にしてnosは後端から前端に向かって（bcdとは反対向きの）濃度勾配をつくる。こうして卵の表層に並んだ細胞に卵極性遺伝子の濃度差という情報が細胞の位置情報として伝えられるのである。bcdとnosは遺伝子の発現を調節する転写調節因子であるので、受精卵から分裂してできた細胞の核に作用してhunchback(hb), Krüppelやknirpsといったいわゆるギャップ遺伝子の発現を制御する。たとえば細胞内のbcdタンパク質濃度がある一定濃度（閾値という）以上あれば（それはその細胞が将来頭になる部分に近いところに位置していることを意味している）、プロモーターのbcd結合部位に直接結合してhbの発現を引き起こす。またKrüppel遺伝子はbcdタンパク質による発現の活性化と、bcdタンパク質によって誘導される他の複数のギャップ遺

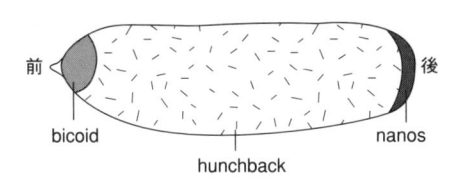

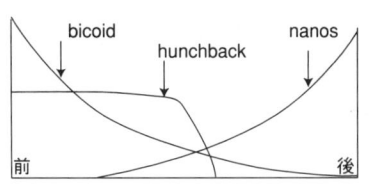

(a) 母性効果遺伝子mRNAの分布

(b) 受精後、母性効果遺伝子産物の分布

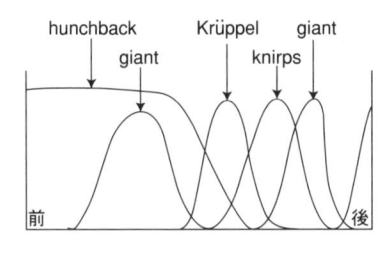

(c) ギャップ遺伝子群の発現領域

図 母性効果遺伝子の分布と下流のギャップ遺伝子群の領域特異的発現
（文献3より引用改変）

伝子産物による発現抑制の2重の調節を受ける．特にhbタンパク質はKrüppel遺伝子に対して低濃度では発現を誘導するのに対して，高濃度では逆に発現を抑制するという極めて特異な調節を行っている．このようにして母性効果遺伝子産物の濃度勾配にはじまる位置情報は，ギャップ遺伝子群やペア・ルール遺伝子群，さらにセグメント・ポラリティー遺伝子群，ホメオティック遺伝子群のそれぞれ限られた領域でのより複雑な発現パターンへと受け継がれながら，発生のプロセスは進んでいく（図）．

ショウジョウバエで明らかにされてきた遺伝子発現のカスケードによる体軸決定からパターン形成への分子メカニズムは，ヒトでも多くの遺伝子ホモログが同定されており，多くの生物種において共通のものであると思われる．

［鈴木　健二・木本　紀代子］

文献
1) 野地澄晴，上野直人 (1999)．新　形づくりの分子メカニズム．洋土社，東京．
2) 岡田益吉 (1996)．発生遺伝学．裳華房，東京．
3) 西田育巧 (1996)．昆虫［超能力の秘密］．共立出版，東京．

Q35 からだの各部分の形態的な特徴づけはどのように行われるのか？

　私たちの手や足は，物を摑んだり，パソコンのキーボードを叩いたり，あるいは地面を踏みしめて歩いたり，サッカーボールを蹴ったりとさまざまなことに役立っている．そうした機能を果たすために手や足は，それぞれ特徴的な形態をしている．一方，鳥の手(前肢)は空を飛ぶために翼になっているし，カエルの足には水の中で泳ぐときに便利な水かきが付いている．では，手や足が今あるような形にできあがるための発生生物学的な分子機構はどの程度わかっているのだろうか？

　肢芽と呼ばれる突起の形成にはじまる脊椎動物の四肢の形態形成プログラムは，座標軸として小指から親指への前後軸，背中から腹側への背腹軸，からだの中心から指先への遠近軸の3軸に基づいて進められる．古典的な移植や遺伝子の異所発現による「過剰肢」や「重複肢」の誘導実験などにより，線維芽細胞増殖因子(FGF)やソニックヘッジホッグなど多数のタンパク性因子が四肢の形つくりにかかわっていることが明らかになってきた．FGF-8による過剰肢の誘導や，FGF-10ノックアウトマウスにみられる四肢の欠失は，その重要性を物語る典型的な例である（FGF-10のノックアウトマウスは四肢とともに肺も欠失しており，肺の形成に必須の因子であることもわかっている）（図）．

　最近，T-Box遺伝子ファミリーに属する転写調節因子Tbx 5とTbx 4が，それぞれ前肢芽と後肢芽に特異的に発現していることが見出され，これにより前後肢の違いを分子レベルで説明することが可能となった[1]．さらに興味深いことに，Tbx 5やTbx 4を異所的に強制発現させることにより前後肢の形態が逆転されることが報告された[2]．すなわちニワトリの後肢芽ができるところにTbx 5を強制発現させると後肢が羽毛の生えた翼のような形態となり，一方，前肢芽ができるところにTbx 4を強制発現させると前肢が独立した指と爪をもつ後肢へと変化した．ただ1つの遺伝子の発現により引き起こされる，表皮から骨格に至るまでの劇的な形態変化は，これら転写調節因子が前後肢のidentityを規定していることを示唆している[3]．Tbx 4/5の発現を支配する機構や，その下流の遺伝子群の働きなどまだ解明されていない問題は多い．またTbx 5はHolt-Oram症候群の原因遺伝子であることがわかってきた．Holt-Oram症候群は心房中隔欠損と前腕の奇形を伴う遺伝

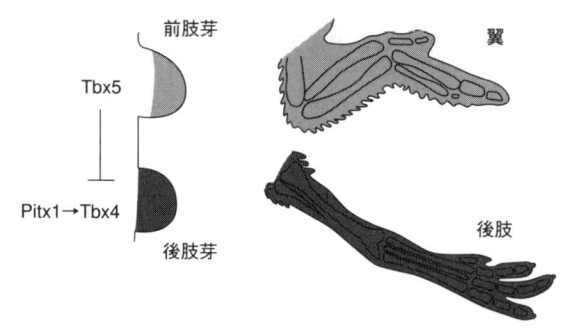

A) Tbx5とTbx4はそれぞれ前肢芽と後肢芽に特異的に発現している

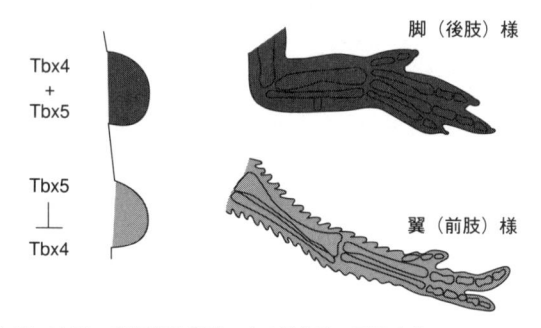

B) Tbx4とTbx5は異所的発現による前後肢の形態変化

図 Tbx4とTbx5は前後肢のidentityを規定する（文献3より引用改変）

性疾患であり，Tbx5は前後肢の決定因子としての役割のほかに，心臓の形成にも関与しているのかもしれない．

[鈴木 健二]

文献
1) Gibson-Brown JJ, et al (1996). Evidence of a role for T-box genes in the evolution of limb morphogenesis and the specification of forelimb/hindlimb identity. Mech Dev 56：93-101.
2) Takeuchi JK (1999). Tbx5 and Tbx4 genes determine the wing/leg identity of limb buds. Nature 398：810-814.
3) Niswander L (1999). Legs to wings and back again. Nature 398：751-752.

Q36 自己組織化とは何か？

A 音楽のコンサートや演劇の舞台が終わったとき，一斉に沸き起こる拍手喝采の中に，「ある一定のリズムが繰り返し現れては消えていく」不思議な現象に気づいたことはないだろうか．誰が指揮しているわけでもないのに，聴衆が突然リズムを合わせて手拍子を打ち鳴らしたかと思えば，次の瞬間には単なるバラバラの拍手へと変わっている．この不思議な現象を数学的に解析しようとしている研究者がいる．彼らはこの同期した拍手を「集団的な自己組織化の歓喜の表現」ととらえて，「夏の夜のホタルにみられる集団点滅」のような，自然界でよく起きている同期過程の一例であると分析している[1]．自己組織化とは「より複雑な構造へと自らを組織しようとする物質の法則」であり，雪のかけらが美しい正六角形の結晶をつくったり，水の中に垂らした油滴が球状になったりするように「簡単な物理系が自発的な秩序を示すこと」である（図）．これまで観測されなかった生物系で起こる同期化への新しいアプローチとして注目される．

もう1つ例を挙げよう．生命の起源に関して，一般的には，「原始地球の大気成分が海水に溶け出してできた『原始スープ』中に生成した単純な有機物が長い時間をかけて反応を繰り返し，遂に自己複製能を獲得したのが生命のはじまりである」と考えられている．そのため，私たちが今日ここにあるのは，Darwinがその著書「種の起源」で説くように，ランダムな突然変異と自然淘汰による行き当たりばったりの単なる「偶然」の結果であると信じられている．それに対してKauffmanは「生命は単純な形でなく，最初から複雑で全体的な形をもって現れた」と主張

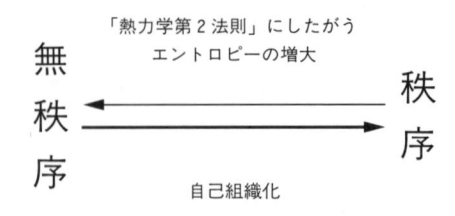

図　自己組織化とは非平衡状態における創発的な秩序の構築である

する[2]．一見唐突に思えるこの考えの背景にも，自己組織化の理論がある．生物のもつ複雑さには，ヒトの脳のようにまだすべてが解明されていないものから，細菌の代謝系や遺伝子発現調節のように比較的よく理解が進んでいるものまでさまざまである．しかし，生命が自己複製するためにはある一定以上の複雑さが必要であり，生命が誕生した時にすでに備わっていた複雑さは，単なる有機物の集合による「偶然」の結果ではなく，ある閾値を超えたときに自己組織化の力によって「必然」的に生まれたものであると考えるのである．これを立証する明確な証拠は今のところ得られていないが，それを支持する多くの理論的な仕事は蓄積されつつあるというのが現状である．

　自己組織化は，私たちの周りの多くの自然現象や社会現象，経済現象などに目に見えない形でかかわっていると思われる．秩序と混沌とが交錯する世界の謎を解き明かすためのキーワードが「自己組織化」である[3]．

[鈴木　健二・富澤　古志郎]

文献
1) Neda Z, et al (2000). The sound of many hands clapping. Nature 403：849-850.
2) Kauffman S：米沢富美子監訳(1999)．自己組織化と進化の理論．日本経済新聞社，東京．
3) Waldrop MM：田中三彦，遠山峻征訳（1996）．複雑系．新潮社，東京．

Q37 からだのサイズを決める遺伝子はあるのか？

A 地上には約800万種の生物がいるといわれている．ウイルスのような約50 nmのものから，単細胞生物の約50 μm，蟻などの約1 cm，ヒトの約150 cm，シロナガスクジラの10 m以上もあるものがいるように，各種類によって大きさは多種多様であるが，種（species）によっておおよその大きさは決まっている．からだの大きさを決めるものは大きく分けて，1) 1個の細胞の大きさ，2) 細胞の数の多さなどである．最近，それぞれの種においてからだの大きさを決める遺伝子がみつかってきている．たとえば，線虫の体長を決めている遺伝子はcet-1と呼ばれている．TGF（形質転換成長因子）-βファミリーのリガントをコードするcet-1の機能が働かなくなった突然変異体では，線虫の体長が短くなる表現型を示す．逆に，このcet-1の遺伝子を線虫の卵の中に多量に注入して強い表現を起こさせる状態をつくると明らかに体長は長くなる．そこで，なぜcet-1がこのようなからだのサイズを決めているのか，今そのメカニズムが調べられている．このようなことがわかってくることによって，ほかにもからだのサイズに関係している遺伝子がみつかってきた．

それらはcet-1/dbl-1，daf-4，sma-6およびsma-2，sma-3，sma-4などの遺伝子の突然変異体で，これらの遺伝子を欠損したときには野生の線虫（体長：1.28 mm）に対して，より小さなサイズ（約0.75 mm）となる．前に述べたように，cet-1/dbl-1の過剰発現したときにはからだの大きさは1.5 mmの大きさになる．このようなことから，cet-1/dbl-1の遺伝子量にしたがって，からだの大きさのサイズは決められていることが線虫の研究からわかってきた．このようなとき，なぜからだのサイズが大きくなったのであろうか．1つには細胞数の増加であるが，もう1つは細胞数には変化がなく細胞それ自体が大きくなっていることによっている．最近，森田らの研究によれば，それは後者の方であることが明らかになった．つまり，cet-1/dbl-1の遺伝子の発現量に応じて個々の細胞の大きさが大きくなるように調節されている．それでは，このcet-1/dbl-1の遺伝子はからだのどの部分で発現しているのか．それは線虫の中枢神経の一部である腹側神経索に分布しており，線虫のからだ全体に張りめぐらして，からだの大きさを制御していると考えられている．

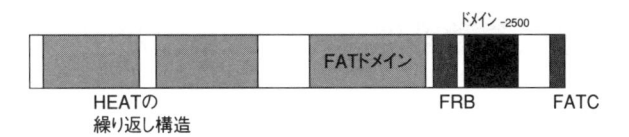

図1　TORタンパク質構造（文献2による）

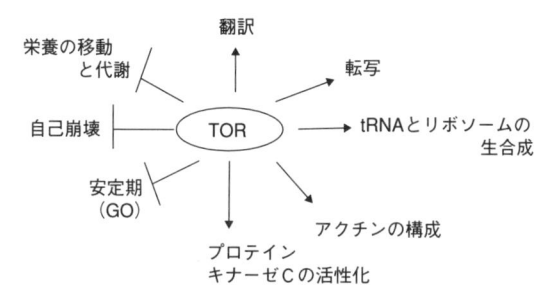

（HEATの繰り返し構造、FATドメイン、ドメイン-2500、FRB、FATC）

図2　TOR遺伝子が細胞成長に関係するもの（文献2による）

（翻訳、栄養の移動と代謝、転写、自己崩壊、TOR、tRNAとリボソームの生合成、安定期(GO)、アクチンの構成、プロテインキナーゼCの活性化）

　からだのサイズを決めるということは，細胞の成長（細胞自体が大きくなること）と細胞の増殖（細胞数を増殖させること）が深く関与しているとみることができる．細胞周期におけるサイクリン依存的キナーゼは，細胞増殖の鍵となる調節因子である．それでは，細胞の成長においてこれと同じような働きをする因子が存在するのであろうか．最近の研究では，ラパマイシン（rapamycin）の標的遺伝子であるTOR（target of rapamycin）が細胞成長の重要な働きをすることがわかってきた．このTOR遺伝子はいろいろな動物で細胞成長の中心的役割を担っているらしい．TOR遺伝子はもともとは酵母の突然変異体としてみつかった（TOR1-1とTOR2-1）．その後，哺乳動物でもみつかり，mTORはFRAP, RAFT, またはRAPTとも同じものであることがわかっている．これらのTOR遺伝子はハエや線虫のゲノムの中にも存在する．TORタンパク質の酵母（TOR1とTOR2）と哺乳動物のTOR（mTOR）との構造を比較したのが図1である．また，TOR遺伝子は細胞成長に関係したさまざまな現象や要因を制御していることもわかる（図2）．このようにして，最近，TOR遺伝子の働きに大きな注目が集まっている．　　　　　　　［浅島　誠］

文献
1) 森田清和，鈴木洋 (1999). TGF-β ファミリーのC.elegans形態形成における役割．実験医学 17：954-956．
2) Schmelzle T and Hall MN (2000). TOR, a central controller of cell growth. Cell 103：253-262.
3) Morita K, et al (1999). Regulation of body length and male tail ray pattern formation of Caenorhabditis elegants by a member of TGF-β family. Development 126：1337-1347.

Q38 大脳に運動野はいくつあるのか？

A 私たちが運動を行うとき，脳の中のどの部分がどのように働くだろうか．この疑問は長年人類にとっての謎であったが，近年の神経科学の進歩でその様子がかなり理解されるに至った．

　大脳に運動野はいくつあるのだろうか．以前は大脳皮質に運動野は1つだけがよく知られていたが，詳しく調べてみると多数存在することがわかった[1]．ヒトの大脳の中心溝のすぐ前方にある運動野は，正確には一次運動野(primary motor area)と呼ばれている．それより前方に，運動前野(premotor cortex)という領域があり，それは上・下2つの部分に分けることができる．それぞれ背側運動前野，腹側運動前野と呼ばれている．運動前野よりさらに前方に前頭眼野という領域があって，それは眼球運動をコントロールしている．以上の位置関係を図で確かめていただ

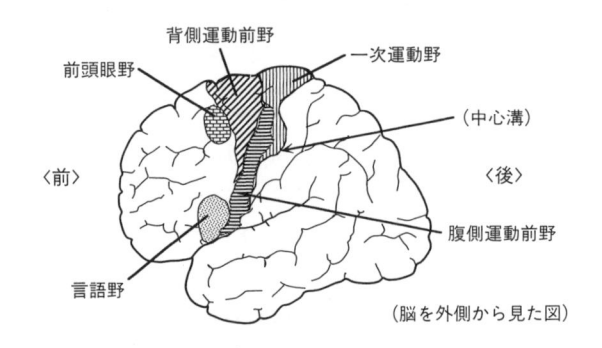

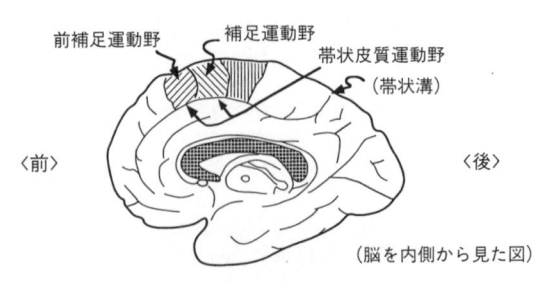

図　大脳皮質の運動関連領野

きたい．

　次に大脳半球を内側から覗いてみよう．図からわかるように，大脳の内側に面して，補足運動野（supplementary motor area）と前補足運動野という2つの運動野がある．さらに，大脳内側面には帯状溝という深い溝があり，その溝の内部に埋もれて運動野が存在する．それは帯状皮質運動野（cingulate motor area）と呼ばれており，前・後の2つの領域に分けることができる．

　こうしてみると，手足や体幹を動かすために使われる運動野は7つあることになる．その他に眼を動かすための領域として，前頭眼野と補足眼野（前補足運動野のすぐ外側にある）が存在するので，合計9つの運動野を数えることができる．

　このようにたくさんの運動野が存在するのはなぜだろうか．そこで，運動というものをよく考えていただきたい．私たちが行う運動には目的があり，目的を果たしてこそ，運動としての意味がある．やみくもに手足を動かしても運動として意味をなさない運動に目的性を与えるためには，まず個体を取り巻く周囲の状況を把握し，その中に存在する自己の状態を掌握して，何を行うべきかを決定しなくてはならない．そのうえで，行うべき運動の具体的な企画と構成を行い，準備ができてから実行に移すという手順となる．

　言い換えると，運動を適切に行って目的を達成するには，常に多くの認知情報を必要とする．多様な認知情報は大脳の連合野で処理されるので，それらを取り入れる機構として，多くの高次運動野が必要となる．高次運動野とは，一次運動野以外の運動野を総称するもので，連合野の情報を一次運動野へ受け渡すインターフェースの役割をする．

　一次運動野は多数の筋肉の中から運動に必要な筋群を選択し，その筋運動の大きさと時間経過を決める．一次運動野が壊れると，身体を動かせなくなり，マヒが生ずる．

　高次運動野の働きは多様で広範であるが，それらの働きを説明する現在の学説を紹介しよう．運動前野は，感覚情報に基づいて運動の選択を行ったり，視覚による運動の誘導を行ったりするときに重要な働きをする．補足運動野は記憶情報に依拠した運動の発現や，動作の時間パターンの制御に関して重要な働きをするときに，また前補足運動野は状況変化に対応して動作パターンの変更をするときに，それぞれ大切な働きをする．他方，帯状皮質運動野は情報や価値判断に基づいた運動や行動の選択をするときに大切な働きをする．

[丹治　順]

文献　1) 丹治　順 (1988)．随意運動と皮質運動野・補足運動野ニューロン活動．新生理科学体系10．運動の生理学（佐々木和夫，本郷利憲編）．72-84，医学書院，東京．

Q39 平衡機能に対する影響は？

A 平衡機能に対する運動の影響を理解するためには，平衡機能がどのような神経機構により維持されるかをまず理解しなければならない．平衡機能とは身体の平衡（バランス）を保ち姿勢を安定させる機能であり，姿勢とは私たちが運動をしているいないにかかわらず，からだの各部位がからだの他の部位に対して，あるいは外界に対してとる位置関係をいう．

姿勢の制御は感覚受容器からの信号による反射性制御と，中枢指令による制御の2つの基本的な制御様式によって行われる．前者は姿勢反射と呼ばれ，正常姿勢を維持するために働く静的および動的な種々の反射の総称である．姿勢情報を脳は，体性感覚，前庭（平衡）感覚と視覚情報により検出する．いずれもその基本的な制御様式として，現状からのズレの情報をそれぞれの受容器が検出し，その感覚信号は脊髄と脳幹にある反射中枢でズレを補正するのに適切な運動信号に変換され，効果器（筋）を介して反射運動が出力される[1]．

姿勢の反射性制御

● 視覚入力による反射：私たちが空間のどこかを見つめるとき，その点を中心にして左右上下にほぼ180度の視野の情報は網膜上に投影される．視野のどこかあるいはどれかの方向への視覚刺激が，視覚性反射の入力になる．視運動性眼球運動は視野の広い領域が動くときに，その方向へ眼球運動を起こして網膜ブレを防ぐ強力な反射である．たとえば電車に乗りながら外の景色を見ているヒトの眼には，視運動性眼振が頻発するのをみることができる．この眼振の緩徐相が視運動性眼球運動である．視覚入力による反射の場合，網膜での信号処理に30〜40 msを要するためその反応時間は一般に遅い．視野の広い領域に視覚パターンが呈示され，それが突然動く場合の視運動性眼球運動の反応時間は約100 msである．

● 前庭入力による反射：前庭受容器は頭部に加わる運動加速度を検出する．半規管は回転運動の加速度を，耳石器は直線運動の加速度を検出し，頭部運動の速度にほぼ対応する前庭情報を入力する．前庭入力は眼筋と軀幹筋・四肢筋に対し頭部回転の起こる前の空間内の位置を保って網膜ブレを防ぎ，全身の姿勢を保つように前庭眼反射と前庭脊髄反射を誘発する．前庭受容器の信号処理時間は速く，前庭眼反射の反応時間は約15 msである．この反射のおかげで私たちは歩きなが

らでも字を読むことができる．前庭情報は頭部がどのような運動をしているか，さらにその運動の速度情報を脳に伝えるので，私たちが3次元空間で適切に運動行動する場合に必須である．

●体性感覚入力による反射：体性感覚受容器の中で姿勢の制御に特に重要なのは筋紡錘の伸展受容器である．この受容器は単シナプス性の伸張反射にかかわり，その反応時間は約40 msである．筋紡錘は単に筋の長さの情報を検出するだけでなく，それに対応して関節角度の情報も検出する．頸筋からの伸展受容器による頸反射も前庭脊髄反射と同様，全身の筋に働く反射である[1]．

●姿勢の反射性制御における運動学習：反射中枢では関連する感覚信号が運動信号に変換されて効果器に出力されるが，この変換が適切であったかどうかを，脳はその後にズレがどの程度解消されたかで判断する．ズレが持続して繰り返されると，同一感覚入力に対してズレを補正する方向に変換率を変え，運動出力を調節するという適応学習が起こる．この学習に小脳がかかわる[2]．

中枢指令による姿勢調節

姿勢の予測的制御：反射による姿勢制御の欠点は反応時間の遅れである．これを補うため上位中枢による予測制御が必要になる．脳は，予測される身体平衡の崩れを補償するために必要な運動指令を，あらかじめ運動に先行させて対応する筋群に出力する[3]．この出力は姿勢反射の回路に対して行われるため，その姿勢反射でみられる場合と同様の姿勢が，その運動開始とほぼ同時にみられる．

上位中枢による姿勢の予測的制御は，どのような運動が実際に行われるかに依存する．これはやはり感覚情報を使うことにより，運動の繰り返しによる学習によって形成され，通常無意識のうちに行われる[2,3]．スポーツ選手によく見られる現象であり，反射に類似した運動パターンがとられる．このような予測制御にも小脳がかかわる[2]．つまり姿勢の制御は感覚情報による反射性制御と，中枢指令による予測制御が補い合って行われており，どちらの制御系にも適応学習が働く．最近の機能的磁気共鳴法による画像解析では，大脳皮質運動野あるいは小脳の運動関連領域が，運動を実際に行わずにそれを想像するだけでも，あるいはその運動領域とかかわる感覚刺激を与えることによっても活性化されることが報告されている[3]．実際の運動出力を伴わなくとも，メンタルトレーニングによる脳内回路の賦活により，運動学習を生じる可能性を示唆する[3]．　　　　　　　　　　　[福島　菊郎]

文献
1) 本間研一ら (1999). 小生理学. 第4版, 南山堂, 東京.
2) Ito M (1984). The Cerebellum and Neural Control. Raven Press, New York.
3) Kandel ER, et al (2000). Principles of Neural Science. 4th ed, McGraw-Hill, New York.

Q40 副腎皮質刺激ホルモン放出因子（CRF）の反応は？

A ストレスや運動時（>60％最大酸素摂取量）には下垂体前葉からの副腎皮質刺激ホルモン（ACTH）の分泌が増加する．この分泌を促進するポリペプチドが CRF で，下垂体―副腎軸にかかわる恒常性維持機構に重要な役割を果たしている[1]．CRF は中枢神経内に広く分布しているが，視床下部室傍核（PVN）にストレスなどの情報が伝わると，背内側部の CRF 産生ニューロンが活性化される．このニューロンは視床下部正中隆起部に投射しており，その神経終末から CRF が下垂体門脈に放出される．下垂体前葉に達した CRF は ACTH 産生細胞を刺激して ACTH の分泌を促す．CRF は 41 個のアミノ酸からなり，遺伝子構造もすでにクローニングされ，1 個のイントロンを挟む 2 個のエクソンからなる．第 2 エクソンに CRF 前駆ペプチドがコードされている．この CRF 遺伝子の発現は，1) cAMP/A-キナーゼ系，2) ホルボルエステル/C キナーゼ系，3) グルココルチコイド，4) エストロゲンなどの調節を受け，それぞれ 5' 上流域に位置している cAMP 応答配列，TPA 応答配列，グルココルチコイド応答配列，エストロゲン応答配列を介して遺伝子の転写活性が調節されている．ラットに拘束ストレスを与えると，ストレス開始数時間後には PVN の CRF mRNA 量が増加する．しかし，最初の遺伝子転写産物であるヘテロ核 RNA（hnRNA）の発現は CRF mRNA に比べて極めて鋭敏に反応し，ストレス開始とともに増加する．この発現変化と血中の ACTH やグルココルチコイドの濃度変化はほぼ並行して起こる．運動時では，ラット PVN の hnRNA 発現は急激に増加し，一方，CRF1 型受容体 mRNA の発現は運動後 120 分を経過すると顕著となる（図）[2]．

　CRF は ACTH の分泌を促進させる作用以外にも，生体のエネルギー平衡を調節する作用ももっている．たとえば，ラットの中枢に CRF を投与するとエネルギー摂取の低下と消費の亢進がみられ，体重が減少する．エネルギーとしての脂肪利用率も低下する．対照的に，CRF 阻害剤の投与は摂食を亢進させる．このような現象から，CRF の濃度や神経活動の低下が肥満の成因の 1 つとされ，特に PVN や腹内側核（VMH）の CRF 合成や CRF 受容体の変化と関係があるらしい[2]．実際，肥満動物（fa/fa ラット）では下垂体門脈の血漿 CRF 濃度が低く，CRF 投与による体重減少効果は対照ラットに比べて大きい．また，fa/fa ラットや ob/ob マウスで

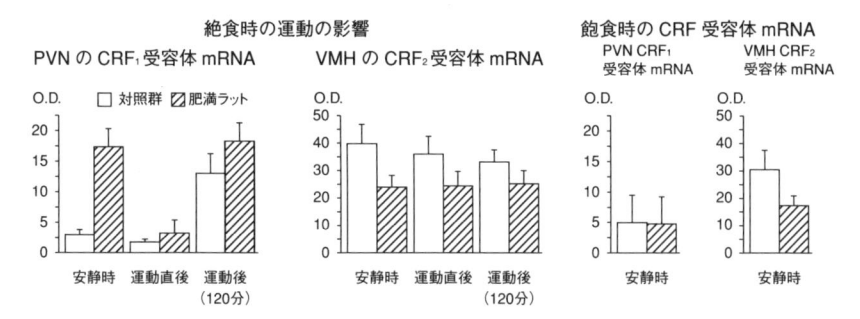

図 肥満ZuckerラットのPVNのCRF1型受容体mRNAとVMHのCRF2型受容体mRNAに及ぼす食事や運動の影響（文献2より改変）

はVMHのCRF2型受容体の遺伝子発現が低下している（図）．肥満動物で下垂体門脈のCRF濃度が低いのは，コルチコステロン濃度が高く，その負のフィードバック作用によると考えられる．グルココルチコイドはPVNのCRF mRNAとCRFタンパク量をともに低下させ，副腎を摘出するとCRF mRNAは増加する．ob/obマウスでは，絶食時にPVNのCRF mRNAやCRFタンパク合成，CRF1型受容体の発現が著しくなるが，これはレプチンによって抑制される．さらに，神経ペプチドYもエネルギー平衡の調節に関与し，摂食亢進とエネルギー消費の抑制を引き起こす[3]．これらの物質とCRFは相互に影響し合ってエネルギー平衡を調節しているのであろう．また，比較的激しい運動やエストロゲン，カフェイン，拘束ストレスなどによっても摂食が抑制されるが，この現象にもCRFが関与している．ラットでは，運動性の摂食抑制が運動終了後およそ12時間続く．この現象は，PVNのCRF1型受容体mRNAの発現増加が運動中よりもむしろ運動後により顕著となること[2]と関係しているのかもしれない．運動時にCRFニューロンが活発になると，交感神経刺激による熱産生も亢進する．ヒトでは，運動時に消費される全エネルギー量が運動そのものによって消費されるエネルギー量よりも大きい．これはおそらく交感神経刺激による褐色脂肪組織の熱産生亢進によると考えられているが，現時点では不明な点も多い．

[井澤　鉄也]

文献
1) 今城俊浩，出村博（1995）．副腎皮質刺激ホルモン放出因子（CRF）．ストレスとホルモン（日本比較内分泌学会編）．11-35，学会出版センター，東京．
2) Richard D, et al (1996). Expression of corticotropin-releasing factor and its receptors in the brain of lean and obese Zuker rats. Endocrinology 137：4786-4795.
3) Richard D (1995). Exercise and the neurobiological control of food intake and energy expenditure. Int J Obes 19 (Suppl 4)：S73-S79.

Q41 心筋細胞の反応は？

A 運動に伴う運動筋群の血流および酸素消費量増加に呼応し，心拍出量が増加する．正常若年男性の安静時心拍出量は約6ℓ/分であるが，運動時にはこれが20ℓ/分以上にも達する．一方，運動選手（たとえばマラソン走者）では，運動時心拍出量が最大40ℓ/分にも増加可能である．トレーニングの結果獲得される最大心拍出量の増加は，1回拍出量の増加および安静時心拍数の低下によって実現される．この事実は，トレーニングが心筋細胞の構造および機能に大きな変化をもたらすことを意味する．

その中で最も重要なものは心室筋細胞の肥大である．成人の心重量は200〜300gであるが，トレーニングにより500g以上まで増加することがある（スポーツ心臓）．運動およびそれに伴う心臓への圧負荷，あるいは容量負荷は，細胞の機械的伸長，細胞外液中の成長因子や神経伝達物質・ホルモン，さらには細胞内エネルギーレベルの低下など多様な刺激を介し，筋原線維の増加と筋細胞の肥大をもたらす．さらに，ミトコンドリアの容積も増加する．このような心室筋細胞では，病的な肥大心筋にみられる筋小胞体のカルシウムハンドリングの低下やミオシン重鎖のアイソフォームの転換（ラット心室筋）はみられない．

スポーツ心臓のもう1つの重要な特徴は，心室筋細胞の肥大に冠血管新生が同調し，その結果，毛細血管密度は正常心筋と同レベルに保たれることである．正常非トレーニング心筋では，心室筋細胞1個当たり毛細血管1本が配向するので，毛細血管から細胞中心部までの酸素拡散距離は，心室筋細胞短径の1/2である約10ミクロンである．単一分離心室筋細胞（ラット）を用い，細胞内ミトコンドリアへの酸素供給を，約0.2ミクロンの解像度で画像化したものが図である[1]．細胞の酸素消費量を増加させると，細胞の中心部に酸素欠乏領域が形成される．これは，心室筋細胞のような比較的大型で代謝の活発な細胞では，細胞内酸素拡散がミトコンドリアの好気的エネルギー産生を規定する重要な因子となることを示す．したがって，もしスポーツ心臓において，病的肥大心にみられるように筋細胞の肥大に毛細血管数増加が伴わず，さらに間質の増生が起こるならば，細胞内酸素拡散距離は大きく増加し，上記の単離心筋細胞モデルでみられるような細胞内の酸素不足領域がさらに拡大し，運動時に要求される十分なATP産生および筋収縮は

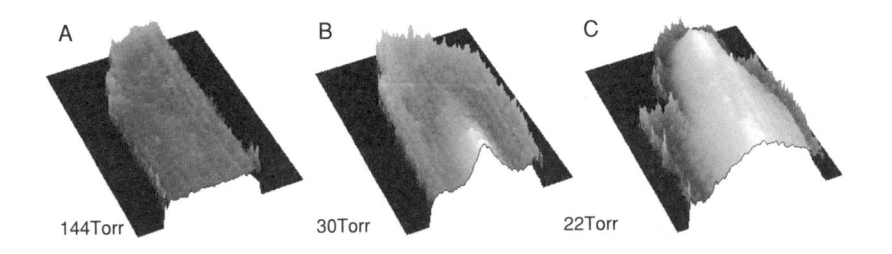

図 酸素消費量の増大に伴い単一心室筋細胞中心部に形成される酸素不足領域
ラットより単一分離した心室筋細胞のミトコンドリア NADH 蛍光を 3 次元グレースケールで表示した．細胞横断面の NADH 蛍光プロファイルもあわせて示した．NADH 蛍光の増加は，ミトコンドリアへの酸素供給の低下を意味する[1]．脱共役剤（1 μM CCCP）を用い酸素消費量を静止心筋の約 8 倍に増加させた．図中の数字は細胞外液の酸素分圧である．細胞外液の酸素分圧を生理的レベルに設定すると，細胞中心部に NADH 蛍光増加領域が出現し（B），それが酸素分圧の低下と共に形質膜に向かって拡大した（C）．これは，酸素消費増加時には，細胞内酸素拡散がミトコンドリアへの酸素供給を制限する要因となることを示唆する．

達成できないと予想される．トレーニングによる冠血管網リモデリングの分子メカニズムは明らかではないが，運動に伴う血流変化，組織温度，筋収縮，組織低酸素（Q47 を参照）などが，血管内皮細胞増殖因子（VEGF）のような増殖因子を誘導するものと思われる．

　心室筋細胞の肥大は，筋原線維当たりの筋張力を低下させ，エネルギー消費の低下をもたらす．すなわち，トレーニングによる生理的な心肥大反応は，心臓のエネルギー効率を改善させる重要な適応反応である．スポーツ心臓にみられる心室筋細胞の肥大は，冠血管網リモデリングによる酸素供給能力の増加を前提に，運動時の大きな心拍出量増加を可能とする．

[高橋　英嗣・土居　勝彦]

文献　1) Takahashi E, et al. (2000). Visualization of myoglobin-facilitated mitochondrial O_2 delivery in a single isolated cardiomyocyte. Biophys J 78：3252-3259.

Q42 最大酸素摂取量($\dot{V}O_2max$)への影響は？

A $\dot{V}O_2max$ は個体がもつ運動能力を示す指標として用いられている．また，個体の活動性によく相関することが知られている．数式で表現するとこの $\dot{V}O_2max$ の意味が非常に単純に示される．すなわち，

$$\dot{V}O_2max(最大酸素摂取量) = HR_{max}(最大心拍数) \times SV_{max}(心臓の最大1回拍出量) \times a\text{-}vO_2Diff_{max}(最大動静脈酸素含量較差)$$

最大心拍数は加齢に伴い低下するが同一年齢，同性の健常人において，その差は少ない．つまり $\dot{V}O_2max$ の個体差を決定づけるものは，年齢以外心臓の1回拍出量と動静脈酸素含量較差の2つである．では，これら2つの値を増加させる要因は何であろうか．まずはじめに，心臓への血液還流量の増加が考えられる[1]．これは Starling の心臓の法則により説明される．心臓への血液還流量の増加は心臓，特に左心室の拡張末期容量を増加させ，心筋線維を伸展し，その張力増加により血液の拍出駆動力を増加させる．次に心筋自体の収縮性の増加，心臓のサイズの変化が考えられる．さらに，心臓の後負荷である動脈血圧，血管抵抗の減少も心臓の1回拍出量を増加させる要因である．これらの変化は持久的な運動トレーニングに伴い同時に生じることが報告されている．

次に，動静脈酸素含量較差を増加させる要因を考えてみたい．激しい運動時においても，正常肺では血液酸素飽和能は維持される．このことは，筋における酸素摂取能の変化が $\dot{V}O_2max$ を変化させる1つの要因であることを示している[1,2]．筋における酸素摂取能は筋の微小循環と筋細胞自体の酸素取り込み能，あるいは代謝能の2つが関与していると考えられる．ところが，遊離筋組織を用いた実験では，筋の酸素取り込み能が生体で測定される場合に比べて非常に高いことが知られている．つまり，筋肉に対する酸素化血液の供給量が動静脈酸素含量較差を変化させる重要な要因であることが類推される．事実，$\dot{V}O_2max$ の測定は通常自転車エルゴメータを用いた下肢のみの運動で測定されるが，これに腕の運動を加えて筋全体の酸素需要を増加させても $\dot{V}O_2max$ の値にほとんど影響を与えない．つまり生体全体でみた場合，動静脈酸素含量較差を変化させる主要因は循環であり，筋肉中の毛細血管の密度，あるいは筋への栄養動脈の血管抵抗などが関与していると考えられる．

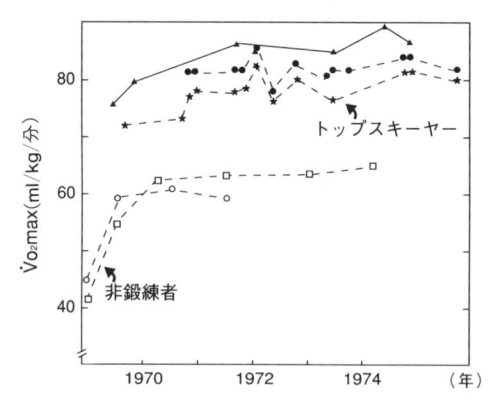

図 1969年より同様な運動トレーニングプロトコールを開始した3人の国際的に成功したクロスカントリースキーヤーと2人の非鍛錬者の$\dot{V}O_2max$の経年変化（著者により一部改変）

　$\dot{V}O_2max$は総合的な循環能力を反映する．有酸素的な運動トレーニングにより，若年者では前に述べた2つの値が平行して上昇する．$\dot{V}O_2max$を決定づける基本は先にも述べたように個体の活動性である．高い$\dot{V}O_2max$をもつ個体であっても，長期臥床あるいは物理的負荷の少ない宇宙滞在を行うと，短期間に$\dot{V}O_2max$は必ず低下する．加えて，加齢に伴い$\dot{V}O_2max$が低下していくが，日常の活動性を維持することによりその程度を小さくすることが可能である．では先天的要因は$\dot{V}O_2max$にまったく関与しないのだろうか．答えは否であろう．図は世界レベルのクロスカントリースキー選手と非鍛錬者が同様な激しい運動トレーニングプロトコールを開始した後の経年的な$\dot{V}O_2max$の変化を示している[3]．世界ランクの持久的運動の選手であるには$\dot{V}O_2max$で評価される高い循環能力をもっていることが最低条件と考えられる．しかしながら，この高い循環能力はすべての努力したヒトたちに与えられるものではないことはこの変化をみれば明白であり，遺伝的な要素の関与を強く示唆している．すなわち，$\dot{V}O_2max$は基本的に後天的な影響を強く受けるが，運動などの刺激に対する心血管系の順化の過程において何らかの遺伝的素因が大きく関与していると推測される．心筋，毛細血管などの器質的な要因，交感神経活動，カテコールアミンの分泌などの生理的な反応に対する影響がこれに含まれると考えられる．

[永島　計]

文献
1) Rowell LB (1986). Human Circulation Regulation during Physical Stress. Oxford University Press, New York.
2) Honig CR (1988). Modern Cardiovascular Physiology. Little, Brown and Co, Boston.
3) Åstrand P-O and Rodahl K (1970). Textbook of Work Physiology. McGraw-Hill Book Co, New York.

Q43 迷走神経の反応は？

A 迷走神経は，延髄から伸びる第10脳神経であり心肺領域・腹部臓器に分布する．遠心性線維（延髄にある副交感神経節前細胞の軸索）と求心性線維（気管，心肺，消化器にある内臓受容器）の両方を含むが，本項では運動との関連で重要な心臓迷走神経遠心性活動（CVNA：cardiac vagal efferent nerve activity）の反応を考える．CVNAは洞結節ペースメーカー細胞や房室結節細胞を支配し心拍数を減少させ房室伝導時間を延長させる働きをもつ．除脳動物を用いて記録したCVNAと心臓交感神経遠心性活動（CSNA：cardiac sympathetic efferent nerve activity）に基づき両神経活動の血圧反射や筋伸展に対する応答[1],[2]を説明する．

緊張性ならびに血圧反射性の迷走神経活動

CVNAは心拍および呼吸運動に同期した自発放電を示す（図A）．CVNA放電は収縮期血圧直後に出現し，次の洞結節細胞興奮に影響を与える．動脈血圧受容器－心拍数反射は血圧上昇時に心拍数や心拍出量を減少させ血圧を低下させるという負のフィードバック機構である．この心拍制御機構としてCVNAの増加またはCSNAの減少が考えられる．従来両者は相反的に働くとされてきたが，実際にはまったく異なる機能特性をもつ[1]．安静血圧域では，動脈血圧反射はおもにCSNAの増減を介して心拍数を調節する．120 mmHg以上の血圧範囲では，動脈血圧反射はおもにCVNA増加を介して心拍数にブレーキをかけ血圧を急激に低下させる（図B）．

筋ストレッチ時の迷走神経反応

筋伸展は筋紡錘Ia群受容器を刺激し伸張反射を起こすが，同時に細い有髄求心性神経（III群）や無髄求心性神経（IV群）を刺激し自律神経反射を介して心拍数および動脈血圧を増加させる．CVNAは徒手的な後肢伸展により持続的に抑制された[2]（図C）．下腿三頭筋のみを伸展した場合にもCVNAは強度依存的に抑制され，骨格筋ストレッチは心臓迷走神経活動を反射性に減少させ心拍数を増加させることが分かる．CSNAは筋伸展初期にのみ増加したので，筋ストレッチ時にも心臓交感神経系および迷走神経系は単純な相補的関係で働くのではなく異なった機能分担をもつだろう．

筋運動時の迷走神経反応

筋運動量に比例して，心拍数や心拍出量はおもに心臓自律神経活動による調節

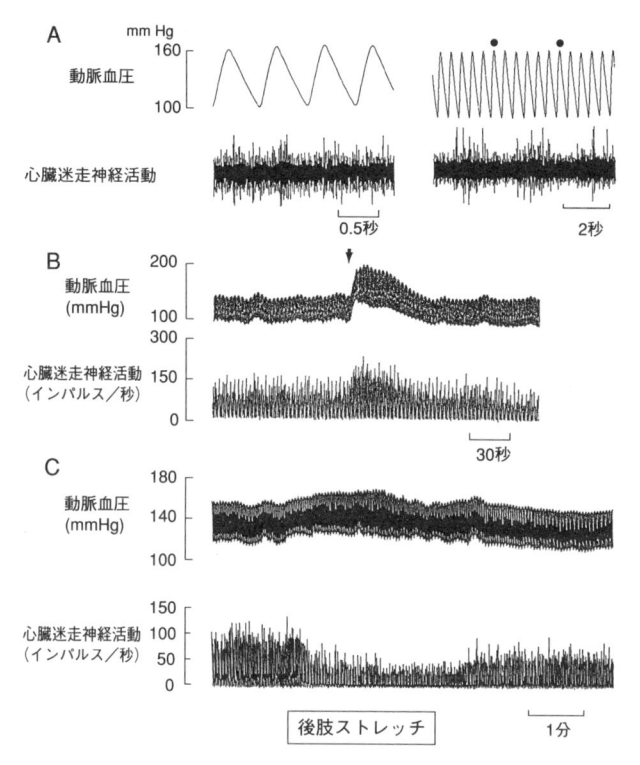

図　心臓迷走神経活動（CVNA）の直接記録（A）．●は呼吸性血圧変動のピークを表す．ノルアドレナリン静注（矢印）による動脈血圧上昇とCVNAの反射性増加（B）．後肢のストレッチによるCVNAの抑制（C）[2]．

を受け増加する．CSNAは運動強度依存的に増加することが報告されたが[3]，CVNA反応については未解決の課題である．呼吸性不整脈がCVNAの目安として利用され，運動中減少することから，CVNAは運動時に抑制されると一般に思われている．しかし，動的に変化するCVNAを呼吸性不整脈の大きさで判断することは難しく，その実測は残された重要テーマである．　　　　　　　　　　　　[松川　寛二]

文献
1) 松川寛二，二宮石雄(1993)．心臓迷走神経活動と動脈血圧反射特性．自律神経 30：519-523．
2) Murata J and Matsukawa K (2001). Cardiac vagal and sympathetic discharges are differentially modified by stretch of skeletal muscle. Am J Physiol 280：H237-H245.
3) Matsukawa K (2001). Central control of the cardiovascular system during exercise. In Exercise, Nutrition and Environmental Stress. Vol. 1 (Nose H, Gisolfi CV, and Imaizumi K eds). 39-64, Cooper Publishing Group, Carmel.

Q44 膵島ホルモンの反応は？

A 生体では血糖は常に一定範囲内に厳密に維持されている．その調節に重要な膵臓は消化酵素の合成・分泌にかかわる外分泌腺が大部分を占め，血糖の調節にかかわる内分泌腺の占める割合はわずかである．膵臓が産生する血糖調節ホルモンにはグルカゴンとインスリンがある．グルカゴンはランゲルハンス島のA細胞が合成・分泌するホルモンで，その作用は血糖値の上昇である．グルカゴンが肝臓に作用すると細胞内のcAMPが上昇し，活性化したA-キナーゼがリン酸化によりホスホリラーゼ活性を上昇させてグリコーゲンからグルコースへの動員を促進し，血糖値を高める．その他にも血糖の上昇をもたらすホルモンとして，膵臓以外でつくられるカテコールアミン，コルチゾール，成長ホルモンなどがある．一方，インスリンはランゲルハンス島のB細胞が合成・分泌するホルモンで，血糖値を低下させる唯一のホルモンである．その作用は細胞へのグルコースの取り込み，エネルギー産生，グリコーゲン合成，脂肪酸合成，タンパク質合成などの促進である[1]．

血糖すなわち血液中のグルコースが上昇すると糖輸送担体の1つであるGLUT-2の働きで膵B細胞に取り込まれる（図）[2]．グルコースはミトコンドリアにおけるATP産生を亢進させる．増加したATPによって細胞膜のATP感受性カリウムチャンネルが閉じ，その結果もたらされた脱分極が引き金となって電位依存性カルシウムチャンネルが開く．細胞外から流入したカルシウムによって分泌顆粒内に保存されていたインスリンの分泌が起こる．インスリンの作用機構はまだ完全には解明されていないが，概略は次のように考えられている．インスリンは細胞膜のαとβサブユニットよりなるインスリン受容体に結合し，βサブユニットのもつチロシンキナーゼ活性がインスリンのシグナルを細胞内に伝える．insulin receptor substrate (IRS)-1をはじめこのチロシンキナーゼ活性の基質がいくつか知られている．こうしたシグナル伝達分子を介して各種の機能分子が活性化を受ける結果，GLUT-4によるグルコース取り込みをはじめとする多岐にわたるインスリンの生理機能が発現される．

血液中のインスリン量の低下もしくはインスリンの情報を細胞内に伝える伝達系の異常はいずれも糖尿病の原因となる．膵臓がインスリンを産生できない場合

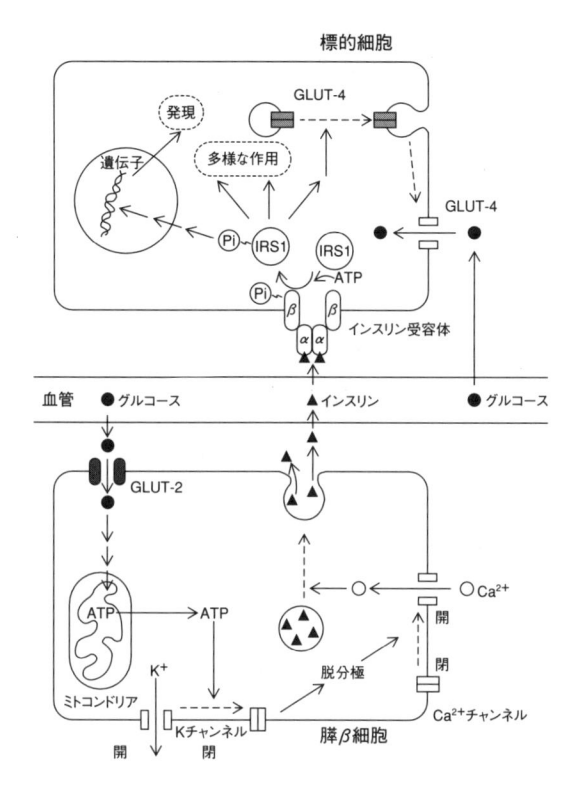

図 膵B細胞によるインスリンの産生と作用機序

をインスリン依存型糖尿病（IDDM）と呼び，国際的にみた場合日本人での発症率は低く，人口10万人当たり年間1～2人程度である．IDDMの発症には遺伝的ならびに環境因子がかかわる自己免疫機序による膵B細胞の破壊が関係する．インスリンの不足を補うため，患者は毎日インスリンの注射を受けなければならない．一方，インスリン非依存型糖尿病（NIDDM）はインスリンに対する反応性が低下していることが直接の原因であり，潜在的ケースも含めると全人口の1割以上にもなる．IDDMに比べて環境因子の関与が大きく，肥満，過食，運動不足，偏食，ストレスなどが挙げられ，それらは標的細胞のインスリン感受性を低下させる．感受性が下がってもそれを補うだけのインスリンが分泌されているヒトは糖尿病を発症しないので，各種薬物の投与の他に，食事療法や運動療法でインスリン感受性を改善し正常値に保つための方策がとられる．　　　　　　　［藤井　順逸］

文献
1) 丸山工作（1992）．新インスリン物語．東京化学同人，東京．
2) 門脇孝編（1992）．糖尿病の分子医学，羊土社，東京．

Q45 レニン-アンギオテンシン-アルドステロン系の反応は？

A レニン-アンギオテンシン-アルドステロン系は体液量を調節するホルモンシステムである．体液・細胞外液量を感知する機構として，1) 圧受容系の頸動脈圧受容器と 2) 容量受容系の腎輸入細動脈壁の傍糸球体顆粒細胞がある．顆粒細胞は輸入細動脈の血流が低下すると顆粒中に蓄えたレニンを血中に放出する．

レニンとレニン分泌：レニン（分子量 40,000）は，傍糸球体細胞で産生・貯蔵され，体液量の減少に伴う腎血流の低下や腎神経活動（交感神経 β 受容体）に応答し，血中に分泌される．このほか，遠位尿細管（密集斑）の濾液流量が低下すると，分泌が促進される（尿細管-糸球体フィードバック）．レニンは，肝臓でつくられ血液中に存在するアンギオテンシノーゲン（α_2 グロブリン）をアンギオテンシンⅠに分解するペプチダーゼである（図）．

Na^+ 再吸収量と体液量の関係：体液量を維持するホルモンは副腎皮質から分泌されるアルドステロン（副腎皮質球状帯から分泌されるステロイドホルモン）である．アルドステロンは，腎集合管主細胞（principal cell）の細胞内受容体に結合し，遺伝子・タンパク質発現（AIP：aldosterone-induced protein）を介して Na^+ 再吸収量を増加させる（作用発現は数時間後）．血漿浸透圧はバソプレッシン（AVP：脳下垂体後葉から分泌されるペプチドホルモン）によりコントロールされる（並行して腎集合管における水の再吸収量が増加する）ので，アルドステロンは体液量を維持する（増加させる）ことができる．AVPは，腎集合管細胞の管腔膜の水透過性を増大（水チャネル AQP2 の活性化と膜への組み込みを増加）し，水の再吸収量を増加させるホルモン（尿を濃縮し，尿量を減少させるホルモン）である．

運動とレニン分泌亢進：多くの運動は交感神経系を興奮させ，血中カテコールア

アンギオテンシノーゲン	R-Ser-Tyr-Val-Leu-Leu-His-Phe-Pro-His-Ile-Tyr-Val-Arg-Asp
アンギオテンシンⅠ	レニン
アンギオテンシンⅡ	アンギオテンシン変換酵素（ACE）

図 アンギオテンシノーゲンとその分解産物（生理活性物質）
矢印は，酵素によるペプチド結合切断部位を示す．

ミン濃度を増加させる．さらに，運動時には腎血流が低下するので，レニン分泌は相乗的に亢進する．交感神経活動は運動の強弱に比例するので，運動強度に比例して血中アルドステロン濃度が増加する．興味深いことに，運動所要時間が短い場合でも血中アルドステロン濃度は増加する．強い運動でも短時間であれば体液量・浸透圧に大きな変化はないから，交感神経の興奮は血中レニン濃度同様アルドステロン放出の第一義的な刺激と考えられる．次に，運動が長時間に及ぶと(たとえば炎天下のマラソン)，脱水と体温増加が同時に進行する．上昇した体温を下げるために皮下の末梢血流が増加するので，中心部(主要臓器)を流れる血流は相対的に減少する．これも腎血流を低下させる要因になる．さらに，脱水による循環血液量の低下はますます腎血流を低下させ，血中レニン濃度を増加させる．炎天下を走るマラソンランナーは，血中アルドステロン濃度を増加させる前記のすべての要因が当てはまる．レース終了後の血中アルドステロン濃度は，平常時の5〜10倍に達し，高値は1週間ほど持続する．

腎血流量：安静時の腎血流量は組織重量当たり毎分 4 mℓ である．他の組織(たとえば筋肉)と比較すると，100 倍も大きい．しかし，運動時には筋肉を流れる血液量は 5〜8 mℓ/分に増加するのに対し，腎血流量は約 2.7 mℓ に低下する(心拍出量が 3〜4 倍増加することを考慮すると，低下率は 80〜90 ％といえる)．交感神経系の興奮により輸入・輸出細動脈は収縮するので腎血流は著しく減少するが，糸球体濾過量(GFR)の低下は予想されるより小さい．これは輸出細動脈の選択的収縮により糸球体濾過率(FF)が増加するからである．また，交感神経は腎におけるプロスタグランジンの産生を増加させ，腎髄質部の血流を確保する．運動時には代謝量が増大するので，タンパク質代謝の最終産物である尿素の産生量も増加する．しかし，腎血流は低下しているので，体外に排出しきれない尿素は蓄積することになる．長時間の運動中(後)の尿素排出については未解決の問題が多い．大事な試合直前・運動中の栄養補給は，糖質中心にせよ！

［河原　克雅・小久保　麻子］

文献
1) 坂井建雄，河原克雅 (1999)．人体の正常構造と機能：V 腎・泌尿器．日本医事新報社，東京．
2) Maugham RJ, et al (2000). Fluids and electrolytes during exercise. In Exercise and Sport Science (Garrett WE and Kirkendall DT eds), 413-424, Lippincott Williams & Wilkins, Philadelphia.
3) Jackson EK, et al (1985). Physiological functions of the renal prostaglandin, renin, and kallikrein systems. In The Kidney：Physiology and Pathophysiology (Seldin DW and Giebisch G eds), 613-644, Raven Press, New York.

Q46 一酸化窒素の反応は？

A 一酸化窒素（NO）は，L-アルギニンと酸素からNO合成酵素（NOS）により合成される．NOSには，酵素学的にもタンパク質分子としても異なる3種のアイソフォームが存在し，それぞれNOS I（神経型NOS, nNOS），NOS II（誘導型NOS, iNOS），NOS III（血管内皮型NOS, eNOS）と呼ばれている．NOS I はおもに中枢神経系に分布しているが，末梢のNANC（non-adrenergic non-cholinergic）神経，骨格筋，肺上皮細胞，膵臓 β 細胞にも分布し，Ca^{2+}/カルモジュリン依存性に活性化される．NANC神経では，神経刺激時に神経終末に存在するNOS I により合成されたNOが神経伝達物質として放出され，血管平滑筋をcGMPの上昇を介して弛緩させる．今話題のバイアグラは，cGMPの分解酵素を阻害することによりNANC神経に支配されている海綿体血管平滑筋の弛緩を増強する薬剤である．NOS II はマクロファージ，血管平滑筋細胞，中枢神経系グリア細胞などに広く分布している．他のアイソフォームと異なり Ca^{2+} 非依存性で通常は発現が認められないが，サイトカインや細菌のリポ多糖などの刺激によって誘導され，大量のNOが合成される．本来は，NOまたはNOとスーパーオキシドの反応生成物，ペルオキシナイトライト（PN：$ONOO^-$）のもつ細胞毒性により異物やがん細胞を排除する生体防御機構の1つとして発達したものと考えられる．NOS III は主として血管内皮細胞に局在し，NOS I と同様に Ca^{2+}/カルモジュリン依存性に活性化され，血管平滑筋を弛緩し血管を拡張することにより血圧の低下をもたらす．

このように，NOは生命維持活動にとって重要な働きをしているが，一方でこれとはまったく相反する機能である生命破壊の効果を併せもっている．たとえば，グルタミン酸の神経毒性はNOS I のつくる過剰のNOが引き起こし，PNはタンパク質のチロシン残基をニトロ化し，さまざまな細胞機能を阻害し病的状態をもたらす．実際，動脈硬化，虚血，肺血症などを起こした血管や炎症部位にニトロ化されたチロシン残基が観察されている．すなわちNOは非常に広範な組織において合成され，多彩な生理的・病態学的機能を有している（図）．各NOS遺伝子のプロモーター領域には，NFκB, C/EBP, AP-1など多数の転写因子結合部位が存在しNOSの発現調節に関与していることが明らかにされており，組織によって異なった多種多様な発現制御を受けていると考えられる．

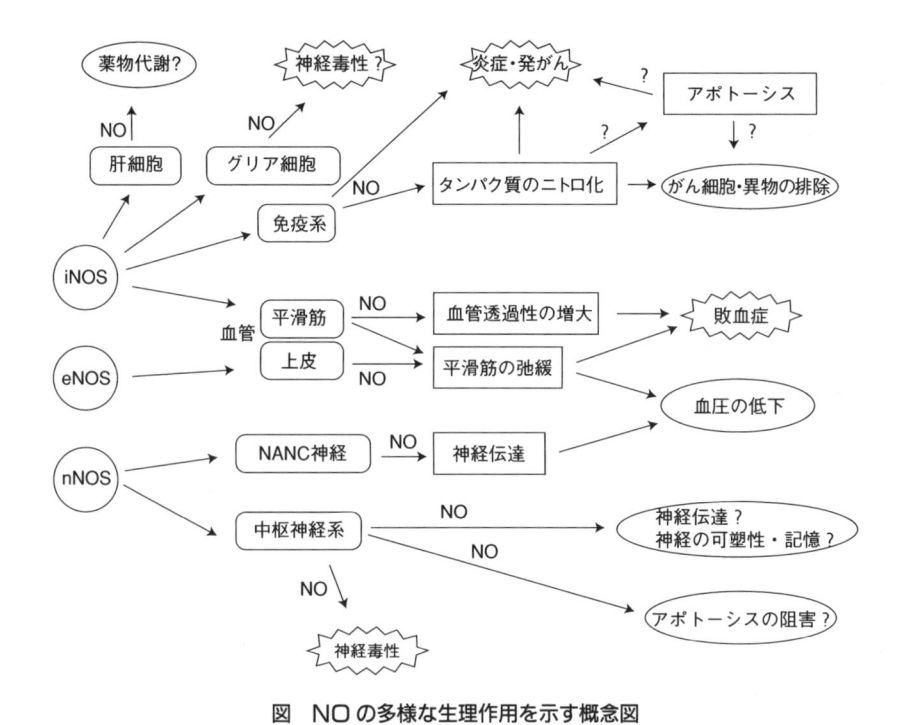

図 NO の多様な生理作用を示す概念図

　急性運動は骨格筋の NOS I および NOS III の発現を高め，合成された NO が運動に伴うグルコース輸送や骨格筋の血流量の増加に関与していることが示唆された[1]．運動トレーニングにおいても NOS III の発現を増大し，局所的に上昇した NO 依存性に血管機能を改善すると考えられている[2]．さらに最近，NO が細胞外型スーパーオキシドジスムターゼ（EC-SOD：extracellular superoxide dismutase）の発現を増強することが明らかにされた．これは，運動トレーニングが血管機能によい影響を与えるのは，増加した EC-SOD が身体運動によって発生する活性酸素を消去し，細胞障害作用の強い PN の生成を減少することによることを示唆している[3]．

[木﨑　節子]

文献
1) Roberts CK, et al (1999). Acute exercise increases nitric oxide synthase activity in skeletal muscle. Am J Physiol 277：E390-E394.
2) Hornig B, et al (1996). Physical training improves endothelial function in patients with chronic heart failure. Circulation 93：210-214.
3) Fukai T, et al (2000). Regulation of the vascular extracellular superoxide dismutase by nitric oxide and exercise training. J Clin Invest 105：1631-1639.

Q47 hypoxia inducible factor-1の反応は？

A hypoxia inducible factor-1（HIF-1）はSemenzaとWangらにより同定された転写因子である．HIF-1はDNAの低酸素応答領域（HRE：hypoxia response element）中の5'-RCGTG-3'というコンセンサス配列に結合し，遺伝子発現を調節する．HIF-1は，HIF-1αおよびHIF-1β（ARNTとして知られている核内タンパク）という2つのサブユニットからなるが，特に前者の細胞内レベルは酸素分圧によって調節される．その結果，生体内で可逆的に起こり得ると考えられる低酸素状態でHIF-1活性が増加し，種々の遺伝子発現が誘導される．HIF-1αおよびHIF-1βのmRNAはヒトやげっ歯類のほぼすべての細胞で発現していることから，HIF-1が重要な生理的役割を担っていることが想像される[1]．

それでは，どのような遺伝子がHIF-1により発現調節されるのだろう．表に示

表 HIF-1により発現が調節される遺伝子（Semenza[1]を改変）

機能	遺伝子産物
造血	エリスロポエチン
	トランスフェリン
	トランスフェリン受容体
解糖	ヘキソキナーゼ-1および2
	ホスホフルクトキナーゼ-L
	アルドラーゼ-AおよびC
	グリセルアルデヒド-3-リン酸デヒドロゲナーゼ
	ホスホグリセリン酸キナーゼ-1
	エノラーゼ-1
	ピルビン酸キナーゼ-M
	乳酸デヒドロゲナーゼ-A
糖輸送体	グルコース輸送体-1および3
エネルギー代謝	アデニル酸キナーゼ-3
成長因子	血管内皮細胞増殖因子（VEGF）
	VEGF受容体
	インスリン様増殖因子（IGF）-II
	IGF結合タンパク-1および3
血管緊張	一酸化窒素合成酵素-2
	ヘムオキシゲナーゼ-1
	アドレノメデュリン

すように，HIF-1で誘導される遺伝子は，血管新生，エネルギー代謝，造血，細胞増殖，血管緊張など，生体の低酸素適応に深く関与している．たとえば，HIF-1によるエリスロポエチン産生刺激に伴う赤血球数増加は，血液の酸素運搬能を増加させる．一方，血管内皮細胞増殖因子(VEGF：vascular endothelial growth factor)は組織の毛細血管密度を増加させる．両者の効果が相まって，血液中の酸素レベルが低下した場合も，末梢組織への酸素供給が維持される可能性がある．また，糖輸送体および解糖系酵素の誘導は，低酸素中のエネルギー維持に重要な嫌気的解糖によるATP産生を増強させることで低酸素耐性をもたらす可能性がある．事実，Co^{2+} をあらかじめ慢性的に投与し，正常酸素分圧下でHIF-1を誘導したラットから摘出した心臓は，その収縮機能が低酸素に対し顕著な抵抗性を示す[2]．すなわち，HIF-1を介した遺伝子レベルでの反応は，生体に低酸素適応をもたらす．

筋トレーニングにより，筋・呼吸・循環系をはじめとして生体機能のリモデリングが起こる．これらリモデリングには遺伝子レベルでの変化が不可欠であるが，それにHIF-1が関与している可能性は高い．なぜなら，筋運動時には末梢組織に程度の差こそあれ低酸素が招来されるからである．この仮説を裏付ける実験として，Gustafssonら[3] は，ヒトの膝屈伸運動後の外側広筋中のVEGF mRNA発現がHIF-1α のmRNAの増加と相関することを示した．しかし，現在まで，個人の運動能力やトレーニング効果をHIF-1による遺伝子発現調節の観点から定量的に検討した研究はなく，今後の展開が望まれる．

[高橋　英嗣・土居　勝彦]

文献
1) Semenza GL (2000). HIF-1：mediator of physiological and pathophysiological responses to hypoxia. J Appl Physiol 88：1474-1480.
2) Endoh H, et al (2000). Improved carciac contractile functions in hypoxia-reoxygenation in rats treated with a low concentration oral Co^{2+}. Am J Physiol 279：H2713-H2719.
3) Gustafsson T, et al (1999). Exercise-induced expression of angiogenesis-related transcription and growth factors in human skeletal muscle. Am J Physiol 276：H679-H685.

Q48 ビタミンDの反応は？

A ビタミンD（VD）が欠乏すると，新しい骨形成が遅れ（石灰化不全），成人では骨軟化症を呈し，幼児期ではくる病となる．VD には D_2 から D_7 の6種類があるが，生理的に重要なのは D_2 と D_3 である．D_3 は動物性食品に含まれるとともに，生体内では紫外線の照射により皮膚中のデヒドロコレステリンから生成される．VD_3 は VD 結合タンパク質によって皮膚や腸管から肝臓に運ばれ，25-水酸化反応によって 25-ヒドロキシコレカルシフェロール（25-OH-D_3：25-hydroxycholecalciferol）が生成される（図）．25-OH-D_3 は腎臓で1位が水酸化されて活性型 VD（$1\alpha, 25(OH)_2$-D_3）となる．活性型 VD はおもに 24 位が水酸化され，やがて尿中に排泄される．活性型 VD は Ca とリン酸の腸管吸収や腎尿細管からの Ca の再吸収を促進する．骨では骨芽細胞に働き，非コラーゲン性タンパク質のオステオポンチンの合成を促すとともに，マクロファージ系の造血細胞から破骨細胞の分化を誘導する．破骨細胞は骨表面の Ca と接着したオステオポンチンを介して骨表面に粘着し，リソソーム酵素などを放出して骨を分解して骨塩を溶出させる．このような生理作用によって活性型 VD は生体内の Ca ならびにリン酸の恒常性を維持するとともに，骨吸収や骨形成を促進する．活性型 VD の生理作用は細胞核の受容体と結合することによって起こる．その核内受容体は Zn フィンガー構造の DNA 結合部位をもつステロイド受容体ファミリーの1つで，リガンド誘導性転写制御因子である．活性型 VD と結合した受容体はホルモン応答エレメントの AGGTCANNNAGGTCA の配列を示す VD 反応性エレメントに結合する．その結果，遺伝子の転写が活発になり破骨細胞分化誘導因子（ODF：osteoclast differentiation factor）やカルシウム結合タンパク質をコードする特異的な mRNA が合成される．また，ビタミン A などの核内受容体は複数存在しているが，VD の受容体は1種類だけである[1]．そのため，VD 受容体の異常や欠損で VD の情報伝達は行われなくなる．たとえば，VD 依存性くる病 II 型では活性型 VD 受容体が変異，または欠損している．さらに，VD 受容体遺伝子のイントロン内に存在する制限酵素断片長多型は骨粗鬆症と関連していることが示唆されている．一方，VD 依存性くる病 I 型では 25-OH-D_3 の活性型 VD への変換ができない．このように，VD の代謝経路に異常が起きても骨代謝は正常に行われない．活性型 VD の生成は血中の

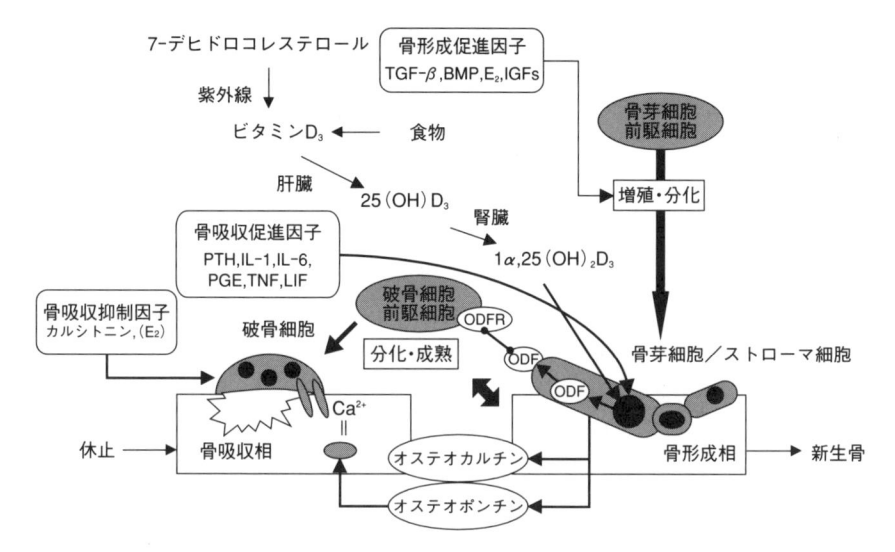

図　ビタミンDと骨形成と骨吸収
ODF：破骨細胞分化誘導因子，ODFR：ODF受容体，BMP：骨形成因子，
LIF：白血球遊走阻止因子

Caや上皮小体ホルモン，成長ホルモン，性ホルモンなどの調節を受け，加齢に伴って減少していく．運動は活性型VDの血漿濃度を上昇させるようである．運動による骨量の増加は多くの因子が相互に絡み合った結果起こると考えられるが，活性型VDの増加もその一因となっているのであろう．一方，VD受容体は，その制限酵素断片の長さが異なっていても運動による骨塩量の増加率に差がみられないことが閉経前の女性で報告されている[2]．しかし，エストロゲンが欠乏する閉経後の女性では，運動に対する骨の感受性はVD受容体の遺伝子多型によって差があるらしい[3]．

[井澤　鉄也]

文献
1) 吉沢達也ら(1998)．24-hydroxylase遺伝子，VDR遺伝子異常と骨粗鬆症．骨形成・骨吸収のメカニズムと骨粗鬆症．実験医学 16（増刊）：143-148．
2) Jarvinen TL, et al (1998). Vitamin D receptor alleles and bone's response to physical activity. Calcif Tissue Int 62：413-417.
3) Tsuritani I, et al (1998). Does vitamin D receptor polymorphism influence the response of bone to brisk walking in postmenopausal women? Horm Res 50：315-319.

Q49 脱共役タンパク質の反応は？

A 脱共役タンパク質（UCP：uncoupling protein）は褐色脂肪組織（BAT）に存在し、ミトコンドリアでの酸化的リン酸化を脱共役させて酸化エネルギーを熱として散逸させる熱産生分子として知られていた。最近、これと相同なタンパク質、UCP-2、UCP-3およびUCP-4（brain mitochondrial carrier protein）が同定され、従来の分子UCP-1とともにUCPファミリーをなしていることが明らかとなった。UCP-1はBATにほぼ特異的に存在し、約300個のアミノ酸よりなるタンパク質で6個の膜貫通部位を有する。通常、電子伝達系とATP合成はミトコンドリア内膜のプロトンの電気化学的勾配を介して密に共役している。UCP-1はこのプロトン濃度勾配を短絡的に解消するチャンネルであり、活性化されると酸化基質の化学エネルギーはATP合成に利用されず熱へと変換され（図）、生下時、寒冷暴露時、冬眠からの覚醒時に生体の加温装置として働く。BATのUCP-1による熱産生は、この組織に豊富に分布する交感神経により直接調節されてい

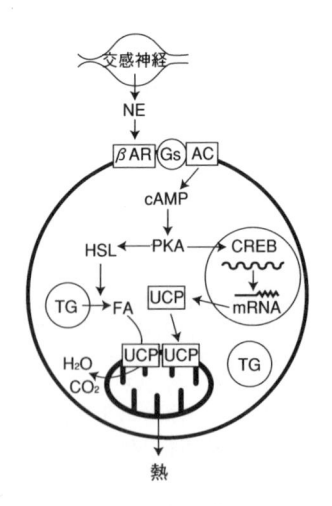

図 ノルエピネフリンによるUCP-1の活性化機構
AC：アデニル酸シクラーゼ、CREB：cAMP応答配列結合タンパク質、FA：遊離脂肪酸、Gs：Gs型Gタンパク質、HSL：ホルモン感受性リパーゼ、NE：ノルエピネフリン、PKA：プロテインキナーゼA、TG：中性脂肪．

る. すなわち, 交感神経の活動亢進によって神経終末より分泌されたノルエピネフリンが β レセプター(特に β_3)を介して UCP-1 を活性化し熱産生能力を高める. BAT は, 肥満の発症, 進展, 維持に関与していることが示唆されており, β レセプターに特異的な作動薬は, 新しい抗肥満薬として期待されている. 一方, UCP-2 は白色脂肪, 肺, 脾, 胸腺, 心臓, 腎, 肝など広範に発現している. 脾での発現が高いことから, 免疫系の細胞における役割が注目される. UCP-3 は骨格筋と BAT に強く発現している. UCP-2 と UCP-3 も UCP-1 と同様に脱共役能を有し, エネルギー消費や肥満と関連した分子であることが示唆されている. たとえば, UCP-2 は高脂肪食を摂取させたマウスの脂肪組織では顕著に増加するが, その程度は肥満を誘発しにくい系統でより大きい. 骨格筋に発現する UCP-3 も, 高脂肪食により増加する. UCP-1 ノックアウトマウスは肥満を発現しなかったが, このマウスでは UCP-2 が増加していたことから, UCP-2 が UCP-1 欠損を代償していると推測されている[1]. 運動トレーニング(ランニング)は, BAT の UCP-1 mRNA の発現は低下するが, タンパクレベルでの変化は認められない[2]. 一方, 骨格筋における UCP-2, UCP-3 の発現に対する運動の影響についてはまだ一定の結論は得られておらず, 今後の検討が必要である[3].

ごく最近, UCP-1 を発現している BAT と UCP-2 を発現している脾臓および胸腺のミトコンドリア画分に UCP 阻害剤である guanosine diphosphate を添加すると, H_2O_2 の産生が上昇することが示された[4]. さらに, UCP-3 ノックアウトマウスは, UCP-1 と UCP-2 の発現の増強が認められないにもかかわらず, 肥満の発現と寒冷刺激感受性の亢進を伴わず, ミトコンドリアの活性酸素の上昇が観察された[5]. 活性酸素はさまざまな情報伝達系の活性化に関与していることから, UCP の新しい機能として活性酸素の調節作用が注目される. 今後, UCP ダブルまたはトリプルノックアウトや UCP 過剰発現による UCP 機能の解明を期待したい.

[木﨑　節子・大野　秀樹]

文献

1) Enerback S, et al (1997). Mice lacking mitochondrial uncoupling protein are cold-sensitive but not obese. Nature 387：90-94.
2) Segawa M, et al (1998). Effect of running training on brown adipose tissue activity in rats：a reevaluation. Res Commun Mol Pathol Pharmacol 100：77-82.
3) Ohno H, et al (2001). Physical exercise and uncoupling protein family. Adv Exerc Sports Physiol 7：1-15.
4) Negre-Salvayre A, et al (1997). A role for uncoupling protein-2 as a regulator of mitochondrial hydrogen peroxide generation. FASEB J 11：809-815.
5) Vidal-Puig AJ, et al (2000). Energy metabolism in uncoupling protein 3 gene knockout mice. J Biol Chem 275：16258-16266.

COLUMN❷ 脂肪組織の反応は?

　従来,脂肪組織(WAT:white adipose tissue)は,単に受動的エネルギー貯蔵臓器として考えられていた.しかし,最近の分子生物学の進歩によって,活発に生理活性物質を分泌していることが明らかになり,WATは内分泌臓器のひとつとして認識されている.レプチン,TNF-α(tumor necrosis factor-α)などこれらの生理活性物質はadipocytokineと呼ばれている.肥満は,種々の生活習慣病の主要なリスクファクターの1つである.脂肪,特に内臓脂肪の蓄積は,インスリン抵抗性,高脂血症,高血圧と関連して動脈硬化につながり,「内臓脂肪型肥満」という概念が確立されている.内臓脂肪は,皮下脂肪と比べて代謝的に活発な組織である.つまり,運動トレーニングによって内臓脂肪は速やかに減少するが,皮下脂肪には変化がみられない.WATには多くの分泌タンパク遺伝子が発現しており,皮下脂肪では全遺伝子の約20%,内臓脂肪では約30%も占めている(図)[1].抗動脈硬化作用をもつ分泌タンパク遺伝子apM1(adipose most abundant gene transcript 1)などへの運動の影響に興味がもたれる.　　　　　　　　　　　　　　　　　　[大野　秀樹,松岡　健]

文献　1) Maeda K, et al (1997). Analysis of an expression profile of genes in the human adipose tissue. Gene 190:227-235.

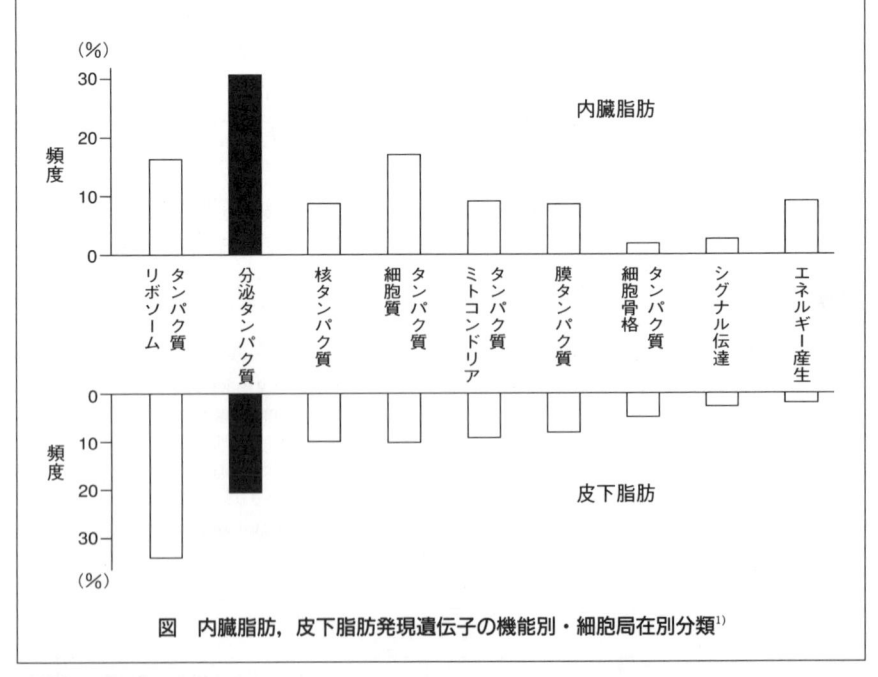

図　内臓脂肪,皮下脂肪発現遺伝子の機能別・細胞局在別分類[1]

第 III 章
骨格筋との関連

Q50 ミオシン分子はどのような構造をしているのか？

A 筋収縮はミオシン（myosin）とアクチン（actin）という2種のタンパク質の相互作用によって起こる．ミオシンはATPのもつ化学的エネルギーを力学的エネルギーに変換する主体であり，このような性質をもつタンパク質を総称してモータータンパク質と呼ぶ．ミオシンは，単独でもATPを基質として結合し，これをADPと無機リン酸（Pi）に分解する（ミオシンATPase）が，このATPase活性は低く，アクチンが加わることによって初めて上昇する（アクチン活性化ミオシンATPaseまたはアクトミオシンATPase）．すなわち，ミオシンには，ATPを結合する部分とアクチンを結合する部分がある．

真核生物のミオシンは，その構造の違いに基づき，ミオシンIからミオシンXVまで，少なくとも15のタイプに分類され，ミオシンファミリーと呼ばれるグループをつくる．このうち，骨格筋ミオシンはミオシンIIのグループに含まれる．骨格筋ミオシンは，洋梨型をした2つの頭部，1本の尾部，各頭部に2本ずつのミオシン軽鎖（MLC：myosin light chain）をもつ多量体である（図A）．頭部と尾部をつくるサブユニットをミオシン重鎖（MHC：myosin heavy chain）と呼ぶ．骨格筋ミオシン重鎖にもさまざまなアイソフォームがあり，哺乳類では速筋型（MHCIIa，MHCIIb，MHCIIx），遅筋型（MHCI）などに分類される（Q63）．筋線維内では，200〜300個のミオシン分子がそれぞれ尾部が平行になるように会合し，双極性をもつ長さ約1.6 μmの太いフィラメント（thick filament）をつくる．太いフィラメントからはミオシン頭部と頸部が突起していて，これらが力を発生する本体となる．

近年，X線構造解析やクライオ電子顕微鏡観察（急速凍結したタンパク質を氷中で染色しないで観察する）などの手法によって，ミオシン頭部の微細構造がほぼ完璧に解明されつつある．Raymentら[1]は，遺伝子工学的手法を用い，ミオシン分子としての機能を損なわずにそのアミノ酸配列の一部を置換して，結晶化しやすいミオシンを作成した．このようにすることで，たとえばATPを結合している状態と，していない状態で結晶をつくり，X線回折などでそれらの構造を詳細に調べることが可能となった．

こうした一連の研究により明らかとなったミオシン頭部の構造を図Bに示す．ATPを結合していない状態のミオシン頭部は「くの字」状に屈曲した構造をとっ

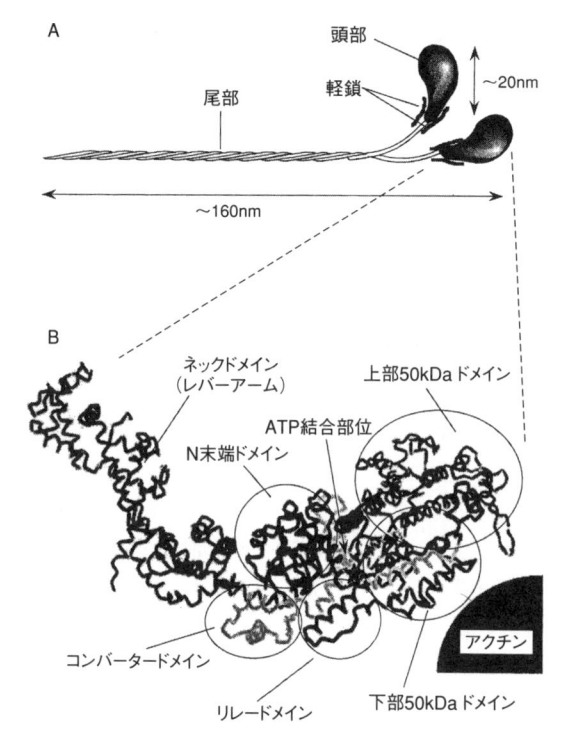

図 ミオシン分子(全体)の構造(A)とミオシン頭部の3次元リボンモデル(B)
(文献1, 2より引用改変)

ている．三次元的な構造特性から，この頭部はいくつかの機能領域(ドメイン)に分けることができる．N末端側から，N末端ドメイン，上部50 kDaドメイン，下部50 kDaドメイン，リレードメイン，20 kDaドメイン，コンバータードメインと続き，頸部のネックドメインにつながっている．ネックドメインを除いた部分をまとめて球状ドメインとも呼ぶ．上部50 kDaドメインと下部50 kDaドメインがアクチンと結合する．N末端ドメインと上部50 kDaドメインの間には深い凹みがありここにATPが結合する(図中星印)．ATPが結合したり，解離したりすると，ミオシン頭部の構造が著しく変化することがわかってきている(Q51)．

[石井　直方]

文献
1) Rayment I. et al. (1993). Three-dimensional structure of myosin subfragment-1：a molecular motor. Science 261：50-58.
2) 安永卓生，鈴木良和 (1999)．ミオシンの構造生物学：構造-機能連関の謎に迫る．細胞工学 18：1624-1630.

Q51 ミオシン分子が力を発生するメカニズムは？

A ミオシン頭部がATPの化学的エネルギーを用いて力を発生するメカニズムについては，ここ15年ほどの間に劇的な進展があった．古くは，A.F. Huxleyら (1971) によって，ミオシン頭部が「首を振る」ようにして力を発揮するモデル（首振りモデルまたは船漕ぎモデル）が提唱され，これが長い間支持されてきた．しかし，収縮中に急速凍結した試料を電子顕微鏡観察してもミオシン頭部が首を振っている様子が見られないことや，1分子のATPが分解されたときにアクチン繊維が滑る距離（ステップサイズ）をミオシン頭部の首振りからでは十分に説明できないことなどから，首振りモデルが疑問視され，これに代わるさまざまな仮説が現れた．

　一方，Q50で述べたように，ミオシン頭部の微細構造に関する理解が進み，より新しい理論として「レバーアーム仮説」が提唱された[1]．この仮説では，Q50の図Bで示したミオシン分子のネックドメインが，球状ドメインを中心として回転することにより力を発生する（図A）．さらに，水溶液中でこのようなネックドメインの回転が実際に起こること，この回転がATPの加水分解とカップルしていることなどが明らかになった[2]．ネックドメインにはミオシン軽鎖が寄り添うように結合していて，力学的に「固い」構造をつくると考えられるので，このドメインが微小な分子内変形を増幅するレバーアームとして機能している可能性が高い．

　他方で，ミオシン分子1個を操作することによって，力発生のメカニズムを探る研究も進展してきた．こうした研究により，ミオシン分子の頭部1個当たり，1〜2 pN（1 pN=10^{-12} N）の力を発生すること，この力発生はステップ状に起こり，そのステップサイズが5〜10 nm（1 nm=10^{-9} m）であることなどがわかった[3]．

　上記のレバーアーム仮説では，10〜20 nmのステップサイズを説明できるので，ATP1分子の分解と1ステップがカップルしていると仮定すれば，筋収縮に伴うさまざまな現象をよく説明できるモデルを立てることができる．多数の生化学的研究から，ミオシンは，①ATPを結合してアクチンから離れている状態，②ATPを加水分解し，ADPとPi（無機リン酸）を結合している状態，③ADPとPiを結合しアクチンと結合している状態，④ADPとPiを放出しアクチンと結合している状態（rigor状態）の4つに大別される状態をとる．この①から④への状態に移行

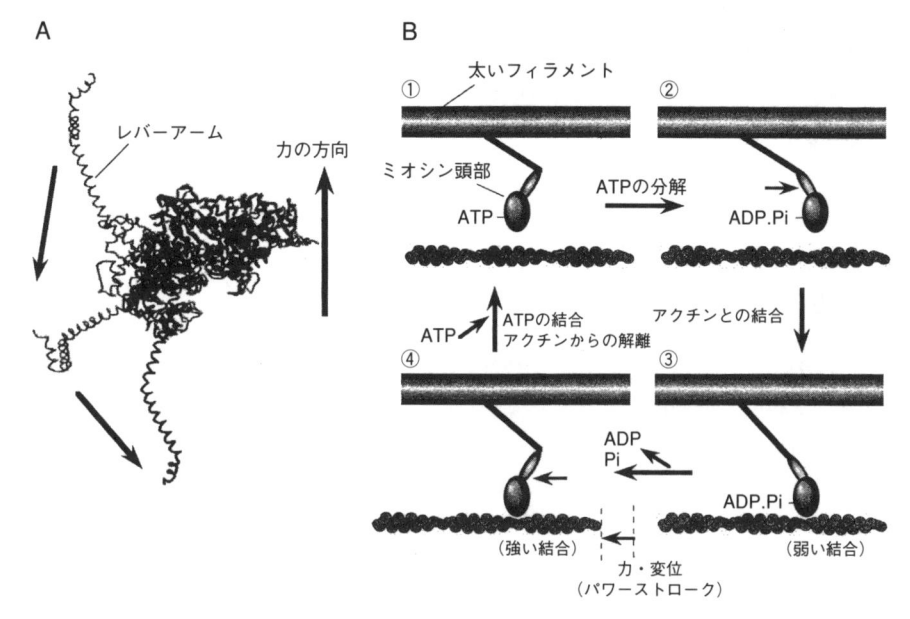

図 ミオシン頭部のネックドメイン(レバーアーム)の回転(A)と
レバーアームの回転に基づく筋収縮のモデル(B)
(文献1より引用改変)

する反応がサイクリックに起こることによって，ATPの分解が進行する．力を発生する反応は③から④への過程である．こうした生化学的な反応過程とレバーアーム仮説を組み合わせると図のようになる．

現在のところ，このレバーアーム仮説に基づくモデルが最も信頼性の高いモデルとして受け入れられている．しかし，ATP1分子の分解で力発生のステップが複数回(1～5回)起こることも示唆されており(ルースカップリング説)，完全に決着がついたわけではない．

[石井　直方]

文献
・安永卓生，鈴木良和 (1999). ミオシンの構造生物学：構造-機能連関の謎に迫る細胞工学 18, 1624-1630.
1) Holmes, K.C. (1997). The swinging lever-arm hypothesis of muscle contraction. Current Biol. 7：R112-118.
2) Suzuki Y. et al. (1998). Swing of the lever arm of a myosin motor at the isomerization and phosphate-release steps. Nature 386：380-383.
3) Kitamura K. et al. (1999). A single myosin head moves along actin filament with regular steps of 5.3 nanometres. Nature 397：129-134.

Q52 骨格筋の収縮・弛緩のスイッチは何か？
——興奮収縮連関

A 骨格筋の収縮制御は運動神経によって支配されている．この支配のセカンドメッセンジャーとして，筋細胞内で収縮・弛緩のスイッチの役割を担うのがカルシウムイオン（Ca^{2+}）である．細胞質 Ca^{2+} は，弛緩時には約 $0.1\,\mu M$ というきわめて低い濃度に保たれているのに対し，収縮時には細胞内 Ca^{2+} ストアである筋小胞体（図1）から細胞質に Ca^{2+} が放出されて約 $10\,\mu M$ にまで上昇する．

収縮のスイッチはどのようにして on になるか？

T 管とそれを挟む小胞体は三連（三つ組）構造（図1）を形成し，T 管膜上に存在するタンパク DHPR（ジヒドロピリジン受容体）と小胞体膜上のタンパク RyR（リアノジン受容体）が相互作用している[1]．神経刺激によって筋細胞膜が興奮して脱分極が起こると，電位センサーである DHPR を介して Ca^{2+} チャネルである RyR が活性化され（すなわち Ca^{2+} チャネルが開口して），Ca^{2+} は小胞体内腔から細胞質に放出される．細胞質 Ca^{2+} 濃度が上昇すると，筋原線維中のアクチンフィラメント上に存在するトロポニン C が Ca^{2+} を結合し，その結果，収縮タンパクであるミオシンとアクチンの相互作用が活性化され，筋は収縮することになる．

スイッチはどのようにして off になり，弛緩するか？

神経刺激が終了すると，Ca^{2+} は小胞体内腔に回収され筋は弛緩する．この Ca^{2+} 回収は，小胞体膜に存在する Ca^{2+} ポンプ[2]（図2）によってなされる．Ca^{2+} ポンプの実体は，Ca^{2+} 依存性 ATP 分解酵素（Ca^{2+}-ATPase）であり，ATP の加水分解によって得られるエネルギーを用いて Ca^{2+} を小胞体内腔へ汲み上げ，弛緩時の低い細胞質 Ca^{2+} 濃度を設定する．小胞体内腔の Ca^{2+} 濃度は数〜数十 mM であるので，Ca^{2+} ポンプは1千倍から1万倍もの Ca^{2+} 濃度勾配を作り出している．Ca^{2+} ポンプ分子は小胞体膜を 10 回貫通（M1〜M10）し，Ca^{2+} は M4，M5，M6，および M8 から形成される特異的結合部位（輸送部位）に結合する[3]．細胞質部分の N ドメインは ATP を結合し，P ドメインの Asp 351 は ATP 分解に直接関与する．ATP からどのようにエネルギーが取り出され，それはどのように輸送部位に伝えられて Ca^{2+} が輸送されるのであろうか．細胞質の3ドメインの立体構造が ATP 分解の過程で大きく変化し，それが M4，M5，M6，および M8 の配向性を変化させて Ca^{2+} を内腔へ遊離させるというように考えられている．Ca^{2+} が遊離される際，A，

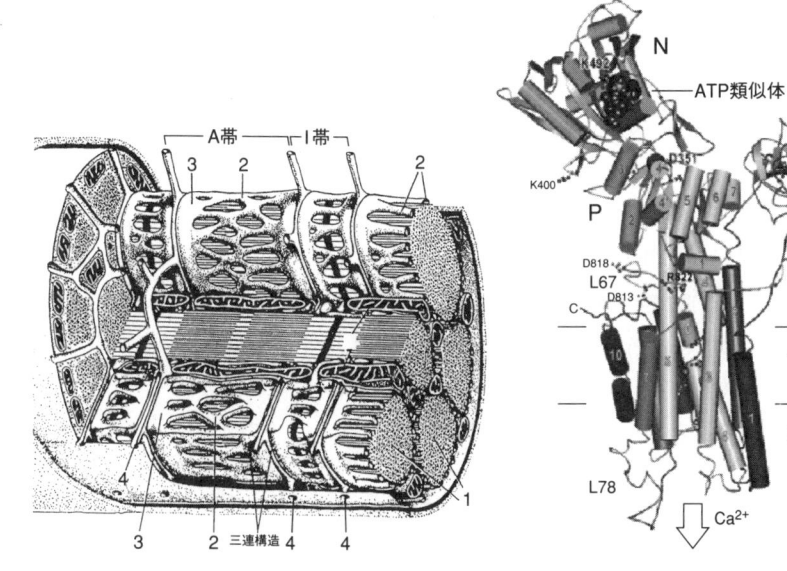

図1 T管（横行小管）と筋小胞体によって囲まれた筋原線維
筋原線維(1)，筋小胞体(2)とその終末槽(3)，T管(4)．(Krstic RV (1979). Ultrastructure of the Mammalian Cell. Springer-Verlag：Berlin.より改変)

図2 筋小胞体 Ca^{2+} ポンプの結晶構造（文献3より引用改変）

P，およびNドメインが集合したコンパクトな分子形態になることを示唆する結果が蓄積してきている．人体の運動を司る骨格筋の収縮・弛緩の制御もまた，それに関与する分子の大きな動き（高次構造変化）によってもたらされている．

[鈴木　裕]

文献
1) 竹島浩（2001）．リアノジン受容体と細胞内 Ca^{2+} ストア．生化学 73 (1)：5-14．
2) 鈴木裕（1998）．Ca^{2+} ポンプ—形質膜と小胞体．カルシウムイオンとシグナル伝達．蛋白質核酸酵素 43 (12)：1610-1621．
3) Toyoshima C, et al (2000). Crystal structure of the calcium pump of sarcoplasmic reticulum at 2.6 A resolution. Nature 405 (6787)：647-655

Q53 エキセントリック収縮ではなぜ大きな力が出るのか？

A 筋はモーターとしての機能に加え、ブレーキとしての機能も併せもつ。これは、筋が収縮張力を発揮しながら外力によって伸張される状況に相当する。こうした収縮を伸張性収縮（エキセントリック収縮：eccentric contraction）と呼ぶ。これに対し、筋が能動的に短縮し、外界に対して仕事を発揮するような収縮を短縮性収縮（コンセントリック収縮：concentric contraction）と呼ぶ。たとえば、バーベルを上げる動作では短縮性収縮が使われ、ブレーキをかけながらこれを下ろす動作では伸張性収縮が使われる。人工の動力機械では、安全のためにブレーキ機能をモーター機能に優先させるのが一般的である。筋の場合にも、伸張性筋力は短縮性筋力より大きく、さらに等尺性最大筋力（P_0）を上回ることがよく知られる。たとえば、ヒト肘屈筋では、P_0 を超える荷重領域を含む力—速度関係は図Aのようになる。荷重が P_0 の1.4〜1.5倍までは、筋はその荷重に応じた伸張性筋力を発揮しながら伸張される。これを超えると「ギブ」が起こり、急速な伸張が起こってしまう。すなわち、伸張性最大筋力は P_0 の約1.5倍と推定される。

単一のミオシンフィラメントからなる再構成運動系（Q54の図A）を用い、ランプ状に荷重を増大したときの滑り速度を測定したところ、図Bのような力—速度関係が得られた[1]。伸張性張力は〜$1.4P_0$ に達し、大きな伸張性張力の発揮は、ミオシン分子そのものの特性によるものであることがわかる。それでは、このように大きな伸張性筋力はどのようなメカニズムで発生するのであろうか。

筋収縮のモデル（Q51の図B）を用いて考える。筋収縮中にミオシン分子がアクチンに結合している状態には、③と④の2つがある。このうち、③の状態にあるものは、逆向きの変位、たとえば微小な伸張を与えると容易に外れることがわかっていて、「弱い結合状態」と呼ばれる。一方、④の状態での結合はきわめて強く、伸張を与えても容易に外れないため、「強い結合状態」と呼ばれる。筋線維内のATPが枯渇すると、すべてのミオシン分子はこの状態にとどまり、筋は硬直（rigor）する。死後硬直はこの状態である。筋収縮中には、ミオシン分子の多くは、アクチンから離れた状態と、アクチンに弱く結合した状態（図中②と③）にある。これは、力発揮の過程（③から④）が反応全体の律速過程となっているからである。一方、ミオシン分子がアクチンに強く結合した状態にとどまる時間は短く、ATPを結合

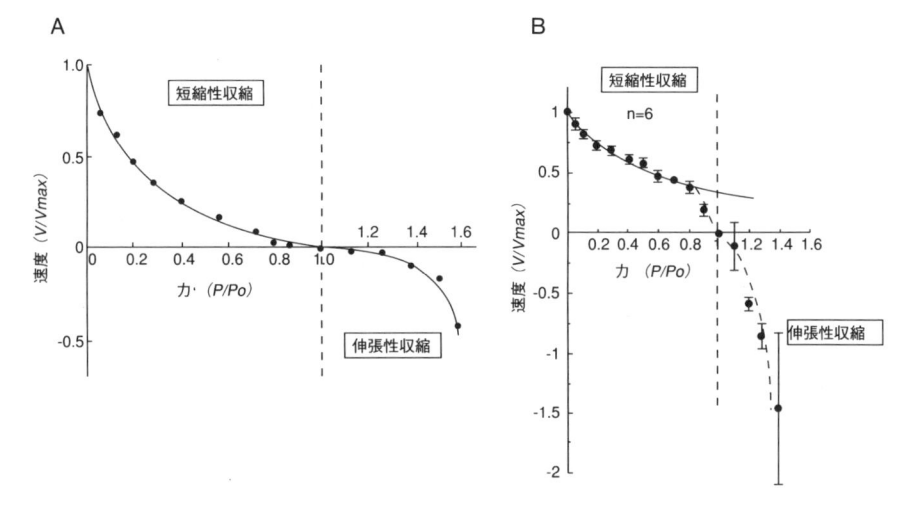

図 伸張性領域（$P > P_0$）を含む力—速度関係
ヒト肘屈筋（A）．筋より単離した単一のミオシンフィラメント（Q 54 図 B 参照）（B）．短縮性領域（$P < P_0$）における実線は，Hill の式（双曲線）への非線型回帰．負の速度は伸張速度を示す．（文献 1, 2 より引用改変）

してすぐにアクチンから離れるが，この間にたまたま伸張にさらされたミオシン分子は，自らが強制的に変形を受けながら，受動的にきわめて大きな力を発揮することになる．この力は，強い結合が離れるか，ミオシン分子が壊れるまで増大する．伸張性収縮は特異的に筋内に微小な損傷を生じ，強い筋疲労と浮腫を伴う遅発性筋痛を誘発する．たとえ負荷が軽い場合にも，伸張性収縮では，力発揮に参加している筋線維は過大な伸張性張力を発揮しながら強制的に伸張されていることになるので，こうした局所的なメカニカルストレスが筋損傷の要因になるものと考えられる[2]．

[石井　直方]

文献
1) Ishii, N., Tsuchiya, T. and Sugi, H. (1997). An in vitro motility assay system retaining the steady state force-velocity characteristics of muscle fibers under positive and negative loads. Biochim. Biophys. Acta 1319：155-162.
2) 石井直方（2000）．筋収縮と筋損傷のメカニズム．臨床スポーツ医学 17：649-653.

Q54 筋の力学的性質はミオシン分子の力学的性質で決まるのか？

A 生体内の骨格筋はそれぞれが異なる性質をもつが，大別すると大きな力をすばやく発揮するもの（速筋）と，小さな力を持続的に発揮するもの（遅筋）に分けることができる．しかし，「速い」と「遅い」という分類には，「力の立ち上がりと弛緩の速さ」と「短縮速度」という2つの指標があり，それぞれに異なるメカニズムが関与していると考えられる．

力―速度関係を決めるミオシン分子

摘出筋や単一筋線維をさまざまな荷重のもとに短縮（等張力性収縮）させると，直角双曲線で近似される関係が得られ，これを力―速度関係と呼ぶ．ヒト生体内でも，摘出筋や単一筋線維の場合とほぼ同様の力―速度関係が得られる（図A）．力―速度関係は，動力機械などの性能を示す上でも一般的に最も重要な関係であり，力（P_0：等尺性最大筋力）と，無負荷最大短縮速度（Vmax）を規定する．筆者らは，筋から単離した太いフィラメントに合成樹脂のビーズを貼り付け，シャジクモのアクチン繊維上をATP存在下で滑らせるという人工運動系を用い，分子レベルでの力―速度関係を調べた（図B）．この系を遠心顕微鏡という装置にのせ，さまざまな大きさの荷重をかけて滑り速度を測定したところ，図Cに示すように，生体内の筋収縮の場合と同様の力―速度関係が得られた[1]．この系では，同時に力発揮をしているミオシン分子の数は10個程度と推測され，これが筋の力―速度関係を決める最小の機能単位であると考えられる．特に，最大速度（Vmax）は，ミオシン分子種の違いによって大きく変わり，アクトミオシンがATPを分解する速度（アクトミオシンATPase活性：Q50）に強く依存する[2]．したがって，生体内の筋収縮の場合にも，短縮速度（筋線維の長さに対する相対値）を決める第一の要因は，速筋型，遅筋型などのミオシン分子種の違いであるといえる．一方，ミオシン分子の発生する力については，速筋型，遅筋型で大差はない．単収縮（twitch）で遅筋の発揮張力が速筋に比べて小さいのは，力の立ち上がりが遅く，ピークに達する前に興奮が終了してしまうためであろう．

力の立ち上がりと弛緩の速度

張力の立ち上がりと弛緩の速度に関しては，ミオシン分子種の違い以上に，筋収縮の調節をつかさどるタンパク質の違いが関与している可能性が高い．これま

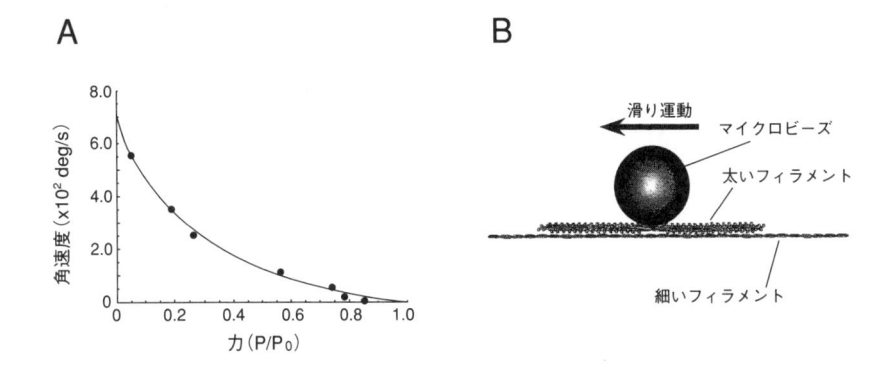

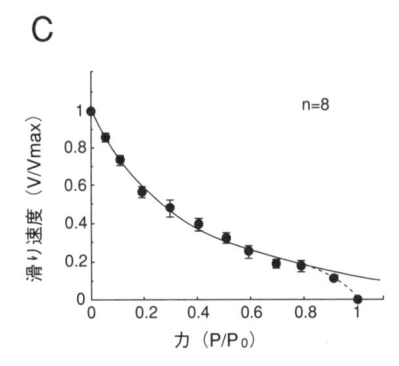

図 ヒト肘屈筋の力—速度関係（A），筋から単離した太いフィラメントを用いた再構成系の運動．ATP を加えると，一定方向，一定速度（2〜5 μm/s）の滑り運動が観察される（B），この運動系に微小荷重を加えて滑り速度を測定することにより得られた力—速度関係．グラフ中実線は Hill の式による非線形回帰を示す（C）［文献 1 より引用改変］

でのところ，トロポニン（troponin），筋小胞体膜上のカルシウムチャネル（RYR），カルシウムポンプ（Ca^{2+}-ATPase）にそれぞれ速筋型と遅筋型のアイソフォームがあることがわかっている（Q64）．これらのことから，速筋線維と遅筋線維では，刺激に対してほぼ同一の電気的興奮（活動電位）の発生とその消失が起こるものの，それに引き続く細胞内 Ca^{2+} 濃度の上昇速度と低下速度，トロポニンと Ca^{2+} の結合・解離速度などに差が生じるものと考えられる． ［石井　直方］

文献
1) Ishii N., Tsuchiya T. and Sugi H. (1997). An in vitro motility assay system retaining the steady state force-velocity characteristics of muscle fibers under positive and negative loads. Biochim. Biophys. Acta 1319：155-162.
2) 石井直方（1994）．生きものはどのようにして動くか：生体運動のしくみ．基礎生物学講座第 4 巻—動物の行動（太田次郎他編），朝倉書店．

Q55 ストレッチはミオシン分子にどのような効果を及ぼすのか？
―強制伸張による張力増強のメカニズム

A 静止状態の筋を伸張（ストレッチング）することは，筋の緊張を緩め，関節の柔軟性を増す目的でよく用いられる．一方，収縮中の筋をいったん伸張し（伸張性収縮），切り返すようにして短縮させると，運動のパフォーマンスが増強されることが知られていて，実際の運動でも反動動作としてよく用いられる．Edmanら[1]は，等尺性収縮中のカエル骨格筋単一筋線維にランプ状の微小な伸張（ストレッチ）を与え，伸張した長さに保持すると，伸張前の張力より大きな張力が維持されることを示した（図A）．これを，伸張による収縮増強効果（stretch potentiationまたはstretch activation）と呼ぶ．一方，収縮中の筋に短縮を許すと，まったく逆のことが起こり，短縮後には張力が元のレベルより低下する．これを短縮による収縮抑制効果（release deactivation）と呼ぶ．

図Aのように，伸張による増強効果がある時間持続することは，この間に筋に短縮を許したときに，短縮による仕事やパワーの発揮もまた増強されることを示唆する．筆者ら[2]は，カエル骨格筋単一筋線維を用い，等尺性収縮中の筋をさまざまな速度で伸張した後，切り返して短縮させたときに筋線維が外界に対してなす力学的仕事を測定した．短縮時の仕事は，あらかじめ伸張を与えたときの方が，伸張を与えずに短縮のみをさせたときよりも大きくなった（伸張による増強）．この仕事の増加の程度は，伸張の速度に依存したが，一定の伸張速度までは増大し，それ以降は減少に転ずることがわかった（図B）．すなわち，仕事の増強効果には至適伸張速度が存在することになる．これに対し，伸張中に発揮される伸張性筋力は，伸張速度とともに単調に増大した．したがって，至適伸張速度があるのと同様に至適伸張性筋力があることになる．同様の現象は，ヒトの肘屈曲，膝・股関節伸展動作（スクワット動作）でもみられ，最大の増強作用を示す至適伸張性張力は，肘屈曲では$1.2〜1.3 P_0$，膝・股関節伸展では$1.3〜1.4 P_0$（P_0は等尺性最大筋力）であった[3]．これらの結果は，ジャンプ系の動作などで反動を利用する場合には，最大のパフォーマンスを生み出すために最適の減速タイミングや減速速度があることを示唆する．

伸張による収縮増強効果は単一筋線維でもみられるので，ミオシン分子とアクチン分子の相互作用のレベルで起こっていると考えられる．そのメカニズムにつ

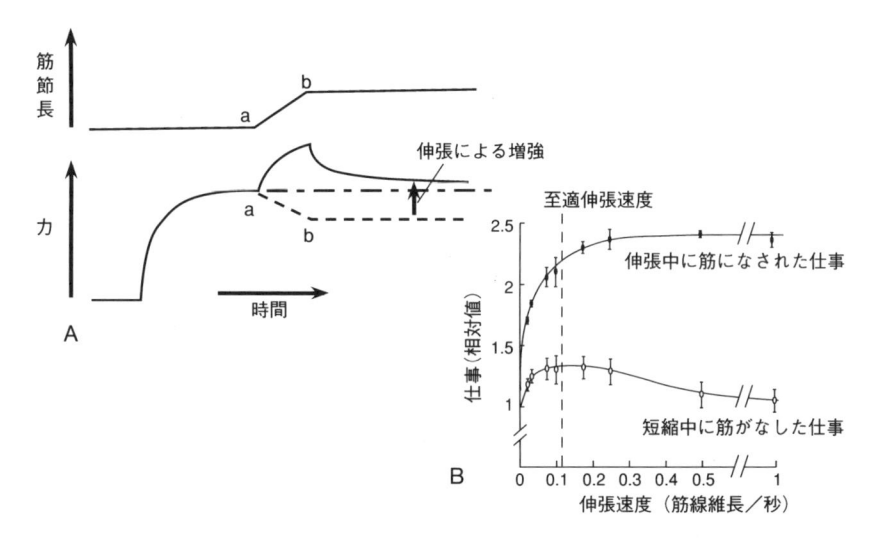

図 伸張による筋出力の増強効果
等尺性収縮中の筋（単一筋線維）を伸張後その長さに保持すると（a → b），張力が高いレベルで保持される（A）．（文献1より引用改変）
さまざまな速度で伸張後，短縮を許した場合，伸張時に筋になされた仕事（上）と，短縮時に筋がなした仕事（下）を示す．筋が最大のパフォーマンスを発揮するために至適伸張速度があることがわかる（B）．（文献2より引用改変）

いてはいまだに謎であるが，これまでのところ次の仮説が提唱されている：
① 伸張性張力発揮によって，アクチンとミオシンの六角格子状の配列が乱れ，静電気ポテンシャルが増大する．これが短縮時のエネルギー発生に付加される．
② 大きな伸張性張力はアクチンフィラメントを伸張し，そのらせんピッチ（弛緩時には約37 nm）を増大させる．その結果，太いフィラメント上のミオシンのらせんピッチ（43.5 nm）に近づくので，より多くのミオシン分子がアクチンと相互作用できるようになる．
③ アクチンフィラメントの伸張によってトロポニン分子も変形し，その Ca^{2+} に対する親和性が増す． ［石井　直方］

文献
1) Edman K.A.P., Elzinga G. and Noble M. I. M (1978). Enhancement of mechanical performance by stretch during tetanic contractions of vertebrate skeletal muscle fibres. J. Physiol. (Lond.) 281：139-155.
2) Takarada Y. et al. (1997a). Stretch-induced enhancement of mechanical work production in frog single fibers and human muscle. J. Appl. Physiol. 83：1741-1748
3) Takarada Y. et al. (1997b). Stretch-induced enhancement of mechanical power output in human multijoint exercise with countermovement. J. Appl. Physiol. 83：1749-1755.

Q56 筋線維の由来は何か？

A 筋線維（muscle fiber）とは動物の筋肉ないし筋組織を構成している繊維状の単位構造である．この繊維状の構造はその構成要素である筋細胞の細長い形態による．骨格筋の場合，この細長い形態をもつ筋細胞は他の体細胞に比べ著しく大きく，また集積されているので肉眼でも繊維状の構造が観察される．この筋細胞は収縮する方向に長く，内部に筋原線維と呼ばれる構造をもっている．この筋原線維は直径 $1\,\mu$m 程度の円筒状の微細構造でアクチンやミオシンなどの筋タンパクが規則正しく配列されている．

　分子生物学学的にはアクチンやミオシンといった筋タンパクをコードする遺伝子の重複およびスプライシングによる多様化が挙げられる．元来，これらの筋タンパクは筋細胞に特殊化していない細胞において細胞の形態を維持したり，変化させる役割を担う細胞骨格系のタンパク質であった．この細胞骨格系のシステムにはアクチンフィラメント，微小管，中間系フィラメントがある．その中のアクチンフィラメントが進化の過程で細胞自身の特殊化において拡大され，細胞外の結合組織や神経系と協調して細胞自身の移動，運動だけではなく多細胞化が進んだ大きな体をもつ個体全体の運動をつかさどるようになった．この際に，すべての細胞骨格で発現している細胞骨格用のアクチン以外に，骨格筋特異的に大量に発現し骨格筋の筋細胞だけで働くアクチンが遺伝子の重複（増加）によって生み出されている．他の筋タンパクにおいても同様の増加がみられる．またメッセンジャーRNAの時点でタンパク質に翻訳される前にスプライシングにより異なるタイプの筋タンパクが生みだされている．同様に心筋特異的な筋タンパク，平滑筋筋特異的な筋タンパクも存在する．

　筋原線維をもつ筋細胞の系統発生学的な起源は腔腸動物において認められる．ヒドラ類では上皮構造をもち，その基部（基底層側）に筋原線維がみられる．腔腸動物以前の海綿動物の一部には収縮性を示す細胞をもつものもみられるがはっきりとした筋原線維はみられない．扁形動物になるとそれぞれの細胞の機能分担がはっきりし，個体の運動性を担う筋細胞もはっきりその機能に専門化し，特殊化した形態がみられる．一方向に収縮し巨大な運動エネルギーを生み出す筋線維状の構造は，筋細胞の獲得に引き続く生物の進化の段階において，多細胞化と巨大

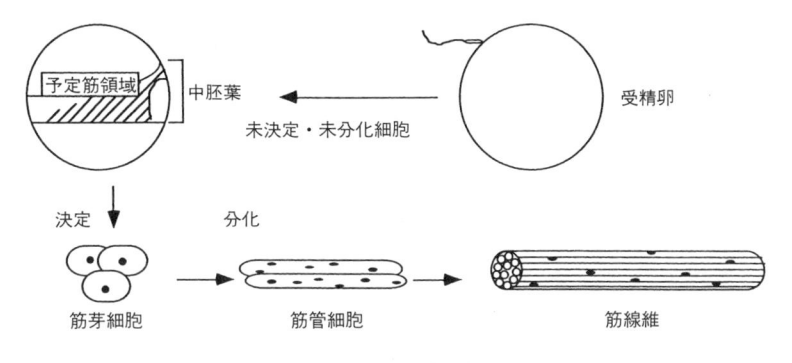

図 筋線維の由来は何か

化の過程でより大きなエネルギーを得るために獲得されたと考えられる．

　筋細胞の中にはこの筋原線維が骨格筋の場合，個体発生学的起源は脊椎動物では初期胚の背側中胚葉領域にもとめられる（図）．受精した卵は卵割を繰り返し，外胚葉性，中胚葉性，内胚葉性の3つの細胞群になる．そのうちの中胚葉の部分に内胚葉からの誘導物質により筋細胞が脊索，間充織，腎管，体腔上皮，血球などとともに誘導される．誘導され細胞の運命が決定された筋細胞は，この時点ではまだ分裂を繰り返している．細胞の数が十分に増加する頃になると，細胞質の部分にアクチンやミオシンといった筋タンパクが蓄積されていく．動物種によってはこの時点で収縮能をもつものもある．一般的には細胞は単核であるが脊椎動物の骨格筋の場合，発生初期に多くの筋細胞が融合し，多核化する．このため，成熟した筋細胞では直径が $50\,\mu m$，長端の長さが数 cm にもおよぶ巨大な細胞となっている．多核化はその機能として大きな運動エネルギーを生み出すために，多くのタンパク質や生化学的なエネルギーを必要とする骨格筋において重要であると考えられているが，近年になって多核化するための細胞融合をになう分子，メルトリンが報告されている．

［高橋　秀治・浅島　誠］

文献　1) 高橋秀治, 浅島誠 (1996) 中胚葉と胚軸の形成メカニズム―背側中胚葉の誘導因子. 実験医学　第14巻第8号：22-41, 1014-1028.

Q57 筋への分化を制御する遺伝子は何か？

A 多細胞生物の受精卵は分裂を繰り返し，機能の異なる細胞を生み出す．この過程における，多能性をもつ細胞から特殊化した細胞への変化を細胞の分化と呼んでいる．この細胞の分化は骨格筋の場合，大きく分けて2つの段階に分けられる．まず，胚の中に形成される中胚葉の一部に筋芽細胞が生じる．この段階は細胞の運命が方向づけられるステップであり，「決定（デターミネション）」と呼ばれている．この時点では運命が決定された状態であって，まだ機能的な変化を起こっておらず，細胞はまだ分裂を繰り返している．この筋芽細胞が増殖したのちに筋特異的な機能を担うタンパク質が集積され，筋芽細胞同士が融合し多核の筋管細胞になる．この時点では細胞は分裂をやめている．この変化を狭義の「分化（ディファレンシエーション）」と呼んでいる．現在ではこれらの過程を担っている遺伝子，筋分化制御因子（マイオジェニックファクター）が発見されている．

この発見の引き金になったのはマウスの培養細胞の線維芽様細胞 C3H10T1/2 細胞に対して DNA のメチル化阻害剤である 5-アザシチジンで処理することにより3つのタイプの異なる細胞（筋芽細胞，軟骨芽細胞，脂肪芽細胞）が生じることを示す実験であった．この実験系から分化させた筋芽細胞でのみ発現している cDNA クローンである，MyoD が単離された．この遺伝子は非筋培養細胞に導入し，発現させることによりこの細胞を筋芽細胞に分化させる能力をもっていた．たった1つの遺伝子が筋細胞分化を運命づけることが示されたわけである．この MyoD タンパク質は DNA 結合モチーフであるベーシック・ヘリックス・ループ・ヘリックス（bHLH）をもち，筋特異的遺伝子の調節領域にある E-box と呼ばれる DNA 配列（CANNTG）に特異的に結合し，それらの遺伝子の発現を制御する転写制御因子として機能している．さらにマウスでは MyoD と同じ DNA 結合モチーフであるベーシック・ヘリックス・ループ・ヘリックスをもつ筋分化制御因子として myogenin, myf-5, MRF4 が発見されている．これらの遺伝子も非筋培養細胞を筋芽細胞に分化させる能力がある．これら4つの遺伝子は筋分化においてそれぞれ異なった役割を担っていることがわかってきている．マウスの初期発生において体幹部の骨格筋では myf-5 が体節の背側部分で発現を開始する．その後，MyoD が体節の腹側で発現を始める．これらの細胞は筋芽細胞であり分裂を繰り返し増殖している．

それらに引き続き,背側ではmyogeninとMRF4の両方が,腹側ではまずmyogeninが発現を始め,多核の筋管細胞,最終的な分化形態である筋線維へと分化する.またこれらのタンパク質は非特異的に発現しているE12タンパク質やIdタンパク質とヘテロダイマーを形成しパートナーがE12タンパク質の場合は筋分化促進に,Idタンパク質の場合は抑制に働いていることも示されている.また,MADSドメインを持つMEF2タンパク質がこれらMyoDファミリーと協調して働いていることも報告されている.

心筋分化の場合,これらのMyoDファミリーとは異なる転写因子が分化をコントロールしていることが知られている.赤血球に特異的に発現している遺伝子の調節領域に共通して存在するGATA配列が発見され,この配列に特異的に結合する転写因子としてGATA-1が同定された.この遺伝子はファミリーを形成しており,そのDNA結合ドメインの配列は非常によく保存されている.現在見つかっている6種類のGATA遺伝子のうち,GATA-1,GATA-2,GATA-3は予定血球細胞で,GATA-4,GATA-5,GATA-6が予定心筋領域の細胞で発現している.このGATA-4,GATA-5,GATA-6の過剰発現は心筋特異的なアクチンやミオシン重鎖遺伝子の発現を引き起こすことがわかっている.これとは別に心筋分化に働く転写制御因子,Nkx-2-5(ホメオドメイン),eHand,dHand(ベーシックヘリックスループヘリックス),MEF2C(MADSボックス)が同定され,それぞれの役割や相互作用が現在研究されている.

[高橋 秀治・浅島 誠]

文献
1) Davis RW, et al (1987). Expression of a single transfected cDNA converts fibrobraststo myobrast. Cell 51:987-1000.
2) 鍋島陽一(1997)筋細胞分化の遺伝子制御ネットワーク.転写因子-生物機能調節の要.(藤井義明ら編)58-67,共立出版,東京.

Q58 遅筋と速筋はどのように決まるのか？

A 発生の過程で骨格筋の形成をたどってみよう．まず，体節の中に筋細胞の前駆細胞が出現する．その一部は四肢を形成する肢芽領域に移動，残りは体側の筋領域に移動し，そこで増殖，融合し，分化を起こす．分化した多核筋管細胞に付随して増殖能をもち，未分化な筋芽細胞（サテライト細胞：satellite cell）が生じ，それらが多核筋管細胞の崩壊に伴って増殖，融合，分化し，新たな多核筋管細胞を形成する．発生が進むと多核筋管細胞は運動神経の支配下に入る．一方，骨格筋はその生理学的特性から遅筋と速筋に分類されるが，筋発生の過程で筋ファイバータイプの決定はどのようにして起きるかについては解明されていない．今のところ，大きく分けて，2つの立場がある．それは，1) ファイバータイプが筋芽細胞レベルですでに決定されているとする立場と，2) 神経などの環境刺激によりファイバータイプが決定されるとする立場である．

1) 成体ニワトリのほぼ純粋な遅筋ファイバーからなる前広背筋（ALD）と，ほぼ純粋な速筋ファイバーからなる大胸筋（PM）から，それぞれ衛星細胞を分離し，培養条件下で筋分化を起こさせ，そのミオシン軽鎖の発現を調べると，ALD由来のものは遅筋型と速筋型の2種類の軽鎖を発現し，PM由来のものは速筋型の軽鎖のみを発現していた[1]．マウスやラットにおいても同様に衛星細胞の由来により，培養系で発現するミオシンの重鎖のタイプが決まっていることが示されている[2),3)]．したがって，筋衛星細胞に内在する初期条件レベルで，遅筋と速筋には差異があるといえる．

2) 一方，ニワトリにおいて，ほぼ純粋な速筋ファイバーからなる後広背筋（PLD）とALDをそれぞれ支配している運動神経を交換する手術（cross innervation）を施したり，本来とは異なったタイプの電気刺激（遅筋タイプの10 Hzの刺激を速筋に与え，遅筋には速筋タイプの40 Hzの刺激）を与えることにより，遅筋であったALDは速筋型の筋タンパク質を発現し，PLDは遅筋型の筋タンパク質を発現することが知られている[4]．したがって，この実験からは遅筋と速筋のファイバータイプには可塑性があり，それは神経刺激のパターンに影響されるといえる．

骨格筋のファイバータイプは筋分化制御遺伝子MyoDファミリーの強い影響下にある．特に，myogeninは遅筋において強く発現しており，MyoD1は速筋にお

いて発現が強い．したがって，筋細胞は内在する初期条件によってその由来する筋のファイバータイプ，特異的遺伝子発現パターンをとる．しかし，MyoD ファミリーの発現パターンは，神経刺激，物理的刺激，ホルモンなどの環境因子により影響を受けており，環境因子が変化すると，MyoD ファミリーの発現パターンが変化し，それに支配されるファイバータイプの変化が起きることもある[5]．このようにして，骨格筋ファイバータイプの可塑性が生じると考えられるが，これらの環境因子がいかにして MyoD ファミリーの発現パターンの変化をもたらすか，その分子レベルでのしくみはまったくわかっていない．

[松田　良一]

文献
1) Matsuda, R. Et al. (1983) Regenerating adult chicken skeletal muscle and satellite cell cultures express embryonic patterns of myosin and tropomyosin isoforms. Dev. Biol. 100：478-488.
2) Dusterhoft, S. And Pette, D. (1993) Satellite cells from slow rat muscle express slow myosin under appropriate culture conditions. Differentiation 53：25-33.
3) Rosenblatt, J.D. Et al (1996) phenotype of adult mouse myoblasts reflectsthier fiber type of origin. Differentiation 60：39-45.
4) Pette, D. And Vrbova, G. (1985) Neural control of phenotyipic expressionin mammalian muscle fibers. Muscle Nerve 8：676-689.
5) Hughes, S. M. Et al (1993) Selective accumulation of MyoD and myogenin mRNAs in fast and slow adult skeletal muscle is controlled by innervation and hormones. Development 118：1137-1147.

Q59 筋ジストロフィーはどのようにして起こるのか？

A 筋ジストロフィーとは，筋線維の変性，壊死をおもな病変とし，臨床学的には，進行性の筋力低下をみる遺伝性疾患の総称である．現在では，30種類以上もの筋ジストロフィーの病態が報告されている．

X連鎖劣性遺伝型

デュシャンヌ型/ベッカー型筋ジストロフィー（DMD/BMD）

　新生男児約3,000人に1人の割合で出現するデュシャンヌ型筋ジストロフィー（DMD）は，筋特異的クレアチンキナーゼが血中に漏出するため，筋細胞膜に異常があると考えられてきた．1980年代において，X染色体DNAのクローニングが進み，1987年，KunkelらはついにDMD原因遺伝子のクローン化に成功し，その遺伝子産物のタンパク質をジストロフィンと命名した．cDNA塩基配列から予想されるアミノ酸配列により，ジストロフィンは427 kDaの巨大な棒状分子であることがわかった．ジストロフィン抗体による免疫組織化学的研究から，ジストロフィンは骨格筋や心筋細胞の細胞膜裏打ちタンパク質であることが示され，DMDにおける膜異常説を立証する形となった．また，発症年齢がDMDより遅く，予後は軽症であり，歩行可能な場合もあるベッカー型筋ジストロフィー（BMD）においてはジストロフィンタンパク質が不完全ながらも存在することが示された[1]．

常染色体遺伝型

●サルコグリカノパチー：4つのジストロフィン結合タンパク質（サルコグリカン）をコードする遺伝子が関与するデュシャンヌ様筋ジストロフィーの総称である．かつて，Severe childfood autosomal resessive muscular dystrophy（SCARMD）と呼ばれた病気もサルコグリカノパシーの1つであることがわかった．
●福山型先天性筋ジストロフィー（FCMD）：先天性筋ジストロフィーに脳症状を伴う常染色体劣性遺伝疾患であり，日本人に特異的である．戸田らは，ポジショナルクローニング法により，第9染色体長腕9q31領域からFCMD原因遺伝子を同定し，原因タンパク質をフクチンと命名した．FCMDは，胎児脳の病理検索によってグリア基底膜複合体に損傷があり，かつ骨格筋の基底膜異常も見出されて

いる.
●ラミニン2欠損先天性筋ジストロフィー：福山型筋ジストロフィーと異なり,ヨーロッパ人に多い古典型先天性筋ジストロフィーである.本疾患は,筋細胞を取り巻く基底膜に存在している巨大サブユニットからなるラミニンのラミニン$\alpha2$が特異的に欠損していることが特徴である.
●遠位型筋ジストロフィー（三好型）：常染色体劣性遺伝形式をとる青年期発症の筋ジストロフィーであり,わが国の三好らによってその臨床型が確立された.最近,ポジショナルクローニングにより,その原因遺伝子が同定され,ジスフェリンと命名された.ジスフェリンタンパク質は,筋細胞膜に存在することも明らかにされた.

これらの他にも肢帯型筋ジストロフィーや眼咽頭筋ジストロフィーなどがある.

最新の治療研究

目下,世界中で筋ジストロフィーの治療法の確立を目指して,遺伝子治療,細胞移植治療,薬物治療の研究が盛んに行われている.遺伝子治療としてはDMDの場合,1)ジストロフィンの遺伝子サイズが大きいこと,2)遺伝子を運搬するベクターとなるウイルスの抗原性や病原性,などの問題がある.細胞移植治療法は組織適合性のある筋芽細胞の入手法や免疫抑制剤の副作用などの問題がある.化学療法としては,最近,Lee Sweeneyら(1999)がDMDのモデルマウスであるmdxマウス（ジストロフィン遺伝子中にナンセンス突然変異がありジストロフィンを欠失している）にアミノグリコシド系抗生物質のゲンタマイシン（終止コドンの読み越え作用がある）を投与したところ,ジストロフィンの発現を認めた[2].この報告は,筋ジストロフィーの薬物治療の可能性を初めて示した画期的なものである.現在,我々は,ゲンタマイシンと同様にストップコドン読み越え作用をもつジペプチド系抗生物質ネガマイシンをmdxマウスに投与し,同様なジストロフィンタンパク質の発現を認めている[3].このように,筋ジス治療薬の研究を契機にして,ナンセンス突然変異型の遺伝子病の治療には化学療法の道が拓けつつある.

[荒川　正行・松田　良一]

文献　1)　埜中征哉・他（2000）.ミオパチー研究最前線.神経研究の進歩44.No2
2)　Barton-Davis ER et al (1999). Aminoglycoside antibiotics restoredystrophin function to skeletal muscles of mdx mice. J. Clin.Invest.104：375-381
3)　Arakawa,M. et al（2001）投稿中

Q60 成長した筋でのサテライト細胞の役割は？

A　サテライト細胞数と加齢，筋線維タイプ

骨格筋肥大や再生にサテライト細胞が重要な役割をしている．その際，サテライト細胞の分裂能やその数が，骨格筋再生・肥大の重要な要因になってくる．48週齢のラットヒラメ筋でサテライト細胞核は筋線維内の核（筋核とサテライト細胞核の合計）の9.6％，長指伸筋は7.0％を占める．サテライト細胞数はヒラメ筋で$7.3×10^5$，長指伸筋で$1.5×10^5$存在する．遅筋線維の多いヒラメ筋において年齢を重ねるにしたがいサテライト細胞核の骨格筋総核数に対する割合（相対数）は減少傾向にあるが，絶対数は一定に保たれる傾向にある．一方，速筋線維の多い長指伸筋のサテライト細胞の相対数，絶対数ともに顕著な減少傾向をたどる．

サテライト細胞数に筋線維タイプ特異性がある．ラットヒラメ筋の方が前脛骨筋よりも3倍ほどサテライト細胞が多い．また，slowタイプもしくはfastタイプの特徴をもつサテライト細胞の存在に関する研究によると筋線維タイプ特異的なサテライト細胞の存在する可能性が示唆されているが，否定的な見解もある．

筋線維タイプの違いは，収縮タンパク質のアイソフォームの違いによって区別される．そのなかでもミオシン重鎖アイソフォームの発現量によって区別することが一般化されている．たとえばマウス骨格筋のミオシン重鎖アイソフォームは，はっきりしているものだけで，発育期には胚型のMHCembyo，新生児型のMHCneoの2種類と成熟筋には，ATPase活性の遅い順に並べるとMHC I＜MHC IIa＜MHC IIx＜MHC IIbの4種類が存在する．Rosenblattら[1]は，成熟したマウスヒラメ筋（slowタイプ）と長指伸筋（fastタイプ）からそれぞれ単一筋線維を作製し，サテライト細胞を採取して筋管細胞になるまで培養し，ミオシン重鎖アイソフォームの発現を免疫組織化学的に調べた．その結果，ヒラメ筋および長指伸筋由来の筋管細胞からも胚型のMHCembyoと新生児型のMHCneoが検出され，MHC IIaとMHC IIbは検出されなかった．slowタイプのMHC Iの発現は，長指伸筋由来の筋管細胞（31％）にも見られるが，ヒラメ筋由来の筋管細胞（81％）が多く発現したことを報告している．一方，Dusterhoftら[2]は，ラット横隔膜，ヒラメ筋，前脛骨筋からサテライト細胞を採取し，ミオシン重鎖，ミオシン軽鎖およびアイソミオシンを調べた結果，サテライト細胞の多様性は認められなかったとしている．

これらの結果で注意しなくてはいけないことは，サテライト細胞の採取方法および培養方法である．成熟筋からサテライト細胞を採取する時には通常，筋をコラーゲナーゼやトリプシンなどの酵素処理と遠心分離によって細胞を得る．この採取過程の段階でサテライト細胞のもつ性質が変化してしまう可能性がある．

サテライト細胞はどのような時に活動を開始するか

骨格筋はきわめて優れた組織修復および再生能力をもつ．

古い研究では，除神経後1週間で筋核への ^{3}H-チミジンの取り込み増加を観察している．Viguie ら[3]はラットに2～18ヶ月間除神経を行い，長指伸筋のサテライト細胞数について調べている．2ヶ月後には，全筋核数に占めるサテライト細胞核数は9.1％(コントロール：2.8％)の増加傾向を示したが，さらに長期間除神経を継続し，18ヶ月後には1.1％に低下することを報告している．このような除神経に伴うサテライト細胞数の増加も成長因子に制御されていると考えられる．これまでの研究よると，除神経によってIGF-I, TGF-β2 の発現が高まることが報告されている．Krishan らはラット後肢を除神経したときのIGF-Iの発現を調べている．手術後10～14日までヒラメ筋，腓腹筋，足底筋のIGF-Iの発現はコントロールレベルを大きく上回り(およそ150～300％)，その後，低下傾向を示す．同様にSakumaらは，除神経後，1日から4週間後まで，ラットヒラメ筋や足底筋でTGF-β2 の発現が増大していることを示した．したがって，IGF-IおよびTGF-β2 の発現増大が除神経初期段階のサテライト細胞の分裂を刺激していると考えられる．除神経を行うと筋は顕著に萎縮し，筋関連の遺伝子発現のパターンも変化する．たとえば，ラットヒラメ筋は通常 slow タイプのミオシン重鎖MHC I をほとんど発現しているが，除神経によりFast タイプのミオシン重鎖アイソフォームであるMHC IIa, IIx, IIb 遺伝子の発現が見られるようになる．また，筋特異的転写因子であるMyoD および myogenin 遺伝子の発現も高まる．さらに MyoD および myogenin の発現はサテライト細胞と筋線維の両方に認められる．　　　　　　　　　　[山田　茂]

文献
1) Rosenblatt JD. Parry DJ. Partridge TA. Phenotype of adult mouse muscle myoblasts reflects their fiber type of origin. Differentiation 60(1)：39-45, 1996.
2) Dusterhoft S. Yablonka-Reuveni Z. Pette D. Characterization of myosin isoforms in satellite cell cultures from adult rat diaphragm, soleus and tibialis anterior muscles. Differentiation 45(3)：185-91, 1990.
3) Viguie CA. Lu DX. Huang SK. Rengen H. Carlson BM. Quantitative study of the effects of long-term denervation on the extensor digitorum longus muscle of the rat. Anat Rec 248(3)：346-54, 1997.

Q61 ミオシン遺伝子のプロモーターはどこまでわかっているのか？

A ミオシン重鎖（MHC）

哺乳類の骨格筋におけるミオシン重鎖（MHC）は，5種類のfastタイプ（HCⅡa, HCⅡd/x, HCⅡb, HCeom, HCⅡm），4種類のslowタイプ（HCⅠP, HCⅠa, HCⅠα, HCfon），2種類の発育期タイプ（HCemb, HCneo）の計11種類の存在が現在までに知られている．一方，心筋では，HCαとHCβの2種類のミオシン重鎖が発現している．ミオシン重鎖は成体では特定のタイプの骨格筋に発現しているが，筋線維のタイプがfastからslowへ変化する移行過程や発育段階の骨格筋に特異的に発現するものもある．各種筋線維タイプ特異的なタンパク質発現はおもに転写レベルで調節されている．したがって，遺伝子の転写レベルの発現調節領域を調べることが重要となってくる．収縮タンパク質の転写調節に関しては，中胚葉細胞から筋芽細胞を経て筋管細胞へ変化する筋分化過程についてよく調べられている．これまでは成熟骨格筋については詳細に調べられていなかったが，1992年，成体マウスの骨格筋の速筋線維fastタイプで発現しているHCⅡb遺伝子がクローン化され，プロモーター領域が同定された．そのプロモーターのMEF 1（Myocyte enhancing factor-1）領域において，筋分化制御因子の1つであるMyoDと結合するE-boxの存在が証明された[1]．さらに，このプロモーター領域にあるAT-richモチーフ（アデニンAまたはチミンTの多いDNA配列）にするMEF 2（myocyte enhancer factor-2）とするMHoxDNA結合因子が結合することが示された[2]．

ミオシン軽鎖（MLC）

哺乳類の骨格筋におけるミオシン軽鎖（MLC）は，4種類のアルカリ軽鎖（LC 1a, LC 1sb, LC 1f, LC 3f）と2種類のDTNB（5, 5-dithionitrobenzen）軽鎖（LC 2s, LC 2f）が同定されている．アルカリ軽鎖では，LC 1fとLC 3fがfastタイプで，LC 1a, LC 1sbはslowタイプである．Nabeshima. Y. らは，LC 1fとLC 3fが18 kbの単一の遺伝子から選択的スプライシングを受け，発現していることを見出した．LC 1f/LC 3f遺伝子は9個のエクソンからなり，転写開始位置であるTATAboxと数個のエクソンの選択的スプライシングによって各々のmRNAが形成される．LC 1fとLC 3fはC末端側の141個のアミノ酸配列は同一であるが，N末端側のcDNA

塩基配列は，LC 1f で 108 個，LC 3f で 78 個異なっている．最近，Esser, K らにより 800 bp のミオシン軽鎖 2 slow (LC 2s) プロモーターの活性が，神経刺激したヒラメ筋では神経刺激していないヒラメ筋と比較して 75 倍の高さになることが示された．さらに LC 2s プロモーター内の隣接したプロモーターである CACCbox や MEF 2（myocyte enhancer factor-2）結合領域は，骨格筋において，神経特異的な転写制御に関係があることも示されている[3]．

[荒川　正行・松田　良一]

文献
1) Takeda. S et al (1992). A possible regulatory role for conserved promotermotifs in an Adult-specific muscle myosin gene from mouse. J. Biol. Chem. 267. No24：16957-16967
2) Takeda. S et al (1995). Myogenic regulatory factors can acitivate TATA-containing promoter elements via an E-box independent mechanism. J. Biol. Chem. 270. No26：15664-15670
3) Esser .K et al (1999) The CACC box and Myocyte enhancer factor-2 siteswithin the myosin light chain 2 slow promoter cooperate in regulating nerve-specific transcription in skeletal muscle.

Q62 細胞外マトリクスの役割は？

A 細胞外マトリクス（ECM：extracellular matrix）は，筋肉や血管，骨，腱，靱帯，軟骨などあらゆる臓器組織において細胞の外に存在し，組織の骨組みをつくっている．主成分は，タンパク質（糖鎖をもつものが多い）である．ヒトの細胞外マトリクスの主成分はコラーゲンタンパク質であり，体重の約15分の1，水を除いた体重にすると，約4分の1もの量を占める．細胞外マトリクスは，様々な性質を有する細胞の集合である細胞社会が円滑に機能するために多彩かつ重要な役割を果たしている．ここでは主要な3点について触れる．右ページにECMの機能の概略をまとめた．

組織構造の構築

からだ全体，あるいは器官や組織が大きくなる際には，単に細胞の数が増えたり肥大したりするだけではない．細胞外マトリクスも組織サイズの増大に合わせて，スクラップアンドビルドされる．中身が大きくなるには器も大きくなる必要がある．細胞に合成された細胞外マトリクス成分は，集まって不溶性の超分子構造体を構築する．細胞外マトリクスの存在によって，組織や器官の形態が定まる．

細胞機能制御

ほとんどすべての細胞は，接している細胞外マトリクスの分子や，その集合体によって，タンパク質合成や増殖活性などを制御されている．

インスリンやTGF-β，FGFなどサイトカインやホルモンは，細胞外マトリクスに結合することによって，局所濃度を調節されている．

力学的支持

大きな内力あるいは外力が発生したとき，その力を伝達あるいは支持する役割を持つ．たとえば，筋骨格系の組織である骨，軟骨あるいは腱はコラーゲンを主体とした細胞外マトリクスが大部分を占める組織である．さらに関節硝子軟骨における衝撃吸収，半月板における膝中心→遠心方向への応力抵抗，腱における引っ張り強度などはそれぞれの組織に存在する細胞外マトリクスの構成分子や構造に強く依存している．

［水野　一乗・中里　浩一］

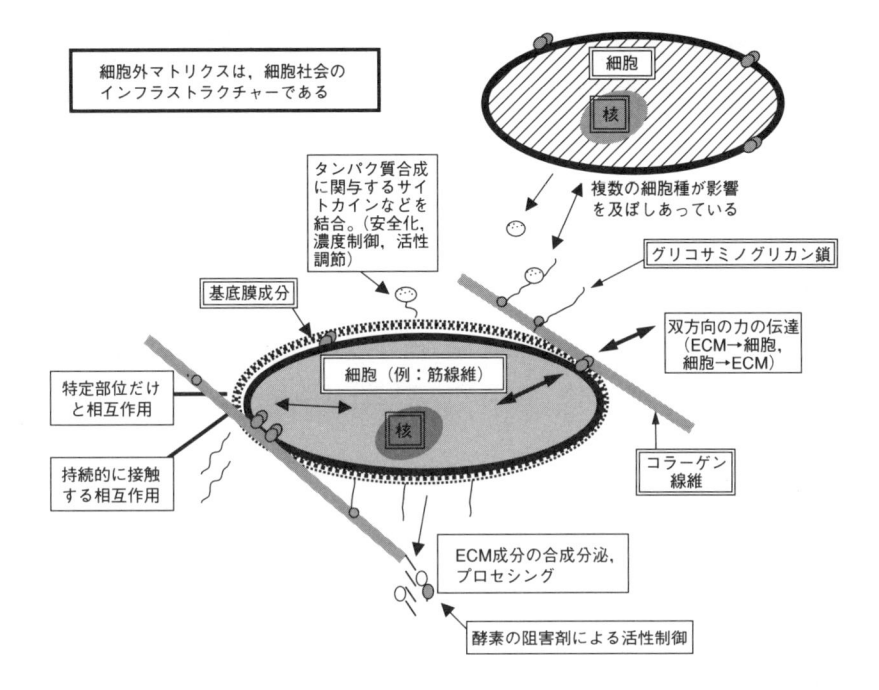

細胞外マトリクスは，細胞社会の
インフラストラクチャーである

細胞
核

複数の細胞種が影響
を及ぼしあっている

タンパク質合成
に関与するサイ
トカインなどを
結合。(安定化,
濃度制御，活性
調節)

グリコサミノグリカン鎖

基底膜成分

双方向の力の伝達
(ECM→細胞,
細胞→ECM)

特定部位だけ
と相互作用

細胞（例：筋線維）

核

持続的に接触
する相互作用

コラーゲン
線維

ECM成分の合成分泌，
プロセシング

酵素の阻害剤による活性制御

細胞外マトリクスの役割
  (1)細胞の分化形質を制御（増殖，タンパク質合成など）する．
  (2)細胞のある部位（例：シナプス，基底膜側）と特異的に直接接触できる．
  (3)固相であるので，持続的なシグナルとなる．
  (4)液性因子（サイトカインやホルモン）のリザーバーとなる．
    (a)標的細胞に対するサイトカイン濃度を高められる．
    (b)サイトカインのコンホメーションを変化させて活性を制御できる．
    (c)コンホメーション依存的なサイトカインとその受容体との複合体生成を促
       してシグナル伝達に適した分子複合体の形成を容易にする．
    (d)サイトカインの分解を防ぐ．
  (5)細胞の足場となる．細胞や組織の形態を制御する．
  (6)力学的情報を直接，細胞骨格，核マトリクスにまで伝達する．

図　細胞とECMとの相互作用

文献
1) 水野一乗，中里浩一ほか：腱のマトリクス生物学：構造，機能，およびその変化．体育の科学，50，165-173（2000）
2) 水野一乗，吉川究：細胞外マトリックス．運動分子生物学，大日方昻監修，山田茂，後藤勝正編，ナップ社，東京，pp.105-124，(2000)
3) 林利彦，水野一乗，中里浩一ほか：コラーゲンスーパーファミリー．細胞外マトリクス―基礎と臨床―．林利彦，小出輝　編．愛智出版．pp.94-138（2000）

Q63 ミオシンアイソフォームにはどのようなものがあるか？

A ミオシンアイソフォーム

基本的に骨格筋の収縮力は収縮装置を作り上げている物質の構造に依存している．その収縮装置のおもな物質がミオシンやアクチンなどと呼ばれるタンパク質である．これらのタンパク質が整然と配列し収縮装置を作り上げている．

ここでは，収縮装置の太いフィラメントを構築する主成分でミオシンのアイソフォームについて述べる．ミオシンは速筋細胞と遅筋細胞で，収縮装置の部品として同じ機能をもっているにもかかわらず，構造やその分子量は異なる．その原因はミオシン分子を作り上げるミオシン重鎖とミオシン軽鎖の違いによる．ミオシンは基本的に分子量22万のミオシン重鎖と分子量1.5～2.6万のミオシン軽鎖4本から成り立っている．したがってミオシン分子の違いはこのミオシン重鎖とミオシン軽鎖にアイソフォームがあることによってその違いが出てくる．すなわち，ミオシン重鎖アイソフォームとミオシン軽鎖アイソフォームの組み合わせの違いがミオシンアイソフォームの違いということになる．アイソフォームとは同一場所において機能的にほぼ同じような働きをもつにもかかわらず，化学的な組成が異なるものを呼んでいる．したがって，ミオシン重鎖アイソフォームとミオシン軽鎖アイソフォームの違いはそれらを作り上げるそのアミノ酸の組成や配列が異なることを意味している．

各筋線維のミオシンアイソフォーム

一般的に電気泳動法によって幾種類ものミオシンの存在が確認されている．ミオシンは表に示すようにミオシン重鎖とミオシン軽鎖から構成されている．このミオシン重鎖とミオシン軽鎖には数種類のものがあり，それぞれの組み合わせで

表 ミオシンアイソフォームとミオシン構成成分

ミオシンアイソフォーム	筋線維タイプ	I	IIC	IIA	IIAB	IIB
ミオシン重鎖		HC I	HC IIA HC I	HC IIA	HC IIA HC IIB	HC IIB
ミオシン軽鎖		LC 1s LC 2s	LC f LC s	LC 1f LC 2f LC 3f	LC 1f LC 2f LC 3f	LC 1f LC 2f LC 3f

いくつものミオシンが作り上げられる（表）．

　筋線維タイプⅠは一般に遅筋細胞と呼ばれるものである．この収縮装置を作り上げるミオシンはミオシン重鎖は HCI と呼ばれるものと，ミオシン軽鎖は LC1s, LC2 と呼ばれるものから作られている．また，筋線維タイプⅡは一般に速筋細胞と呼ばれるものである．その速筋細胞には表に示すように 4 種類存在する．筋線維タイプ IIA のミオシンはミオシン重鎖 HCIIA とミオシン軽鎖，LC1f，LC2f，LC3f から成り立っている．筋線維タイプ IIB のミオシンはミオシン重鎖 HCIIB とミオシン軽鎖，LC1f，LC2f，LC3f から成り立っている．すなわち筋線維タイプ IIA と筋線維 IIB のミオシンの違いはミオシン重鎖の違いによる．また不思議なことに同じ 1 本の筋線維の中にミオシン重鎖 HCIIA とミオシン重鎖 HCIIB をもち合わせたものが存在し，これを筋線維タイプ IIAB と呼んでいる．さらにもっと不思議なのは速筋細胞の性質と遅筋細胞の性質をもちあわせた細胞がある．それが筋線維タイプ IIC である．この筋線維のミオシンの重鎖は HCII と HCI をもち，さらに軽鎖は LCf，LCs でできている．前に述べたようにミオシンアイソフォームはミオシン重鎖とミオシン軽鎖アイソフォームの組み合わせの違いにより，速筋型ミオシンあるいは遅筋ミオシンなどと呼ばれる．したがって，このミオシンの構造上に速度を調節する領域が存在することが理解される．

運動とミオシンアイソフォーム

　運動によるアイソフォームの変換を観察するには，全身運動による場合と局所的な筋収縮活動の影響をみる場合がある．全身運動の場合は内分泌系や神経系の活動などの複数の要因がアイソフォーム変換に影響を及ぼすことが考えられる．骨格筋自体がアイソフォームの変化に与える影響をみる場合は，骨格筋自体や培養筋細胞に電気刺激あるいは機械的刺激を加え，できるだけ簡素化した実験で行われなければならない．低頻度の電気刺激で収縮活動を行わせた場合，電気刺激を負荷した期間が長くなるほどミオシン重鎖のアイソフォームは HCIIa あるいは HCI の割合が増加し，HC IIb の割合は減少してくる．このような変化は運動学的視点では，運動刺激に筋が適応し，合目的的であると結論される場合が多い．これらの変化は可逆的であり，電気刺激がなくなればもとのアイソフォームに戻る．

[山田　茂]

文献
1) Pette, D. et al. Altered gene exprression in fast-twitch muscle induced by chronic low-frequency stimulation. Am J Physiol 262 R333-338, 1992
2) Termin A. et al Changes in myosain heavy chain isoforms during chronic low-frequency stimulation of rat fast hindlimb muscle：a single-fiber study. Eur J Biochem 186, 749-754, 1989
3) Dirk Pette edited The Dynamic State of Muscle Fibers Walter de Gruyter New York 1990

Q64 ミオシン以外の筋タンパク質のアイソフォームにはどのようなものがあるか？

A ミオシンアイソフォームの個所で述べたように，速筋細胞と遅筋細胞の生理機能は収縮装置やエネルギー産生装置の違いによる．収縮装置は表に示すように数多くの部品（タンパク質）から作り上げられている．それら部品の生理的役割についてはほぼ明らかにされているが，いまだその働きについて十分に解明されていないものもある．ここではミオシン以外のアイソフォームについて述べてみたい．表には細いフィラメントを構築するアクチン，トロポミオシン，トロポニンのアイソフォームについて示した．収縮タンパク質であるアクチンは筋線維タイプによって異なることはなく，すべて α-アクチンである．調節タンパク質であるトロポニンやトロポミオシンは筋線維タイプによってそのアイソフォームが存在している．トロポミオシンは基本的に2量体で成り立っている．筋線維タイプ I のトロポミオシンは α-TMs と β-TM で構成されている．筋線維タイプ IIA のトロポミオシンは α-TMf と β-TM，筋線維タイプ IIB のトロポミオシンは同じく α-TMf と β-TM で，筋線維タイプ IIAB も α-TMf と β-TM で構成されている．ちょっと複雑なのが筋線維タイプ IIC でそれは α-TMf, α-TMs と β-TM で構成されている．

トロポニンはカルシウムと結合するトロポニン C, 収縮を抑制するトロポニン I, トロポミオシンと結合するトロポニン T の3種類のサブユニットから成り立っている．さらにこの3種類のトロポニンにはアイソフォームが存在している．筋線

表　筋線維タイプとアクチン，トロポミオシンおよびトロポニンのアイソフォーム

筋線維タイプ	I	IIC	IIA	IIAB	IIB
アクチン	α-ACT	α-ACT	α-ACT	α-ACT	α-ACT
トロポミオシン	α-TMs	α-TMf α-TMs	α-TMf	α-TMf	α-TMf
	β-TM	β-TM	β-TM	β-TM	β-TM
トロポニン T	TNT1s TNT2s	TNTf TNTs	TNT1f TNT2f TNT3f TNT4f	TNT1f TNT2f TNT3f TNT4f	TNT1f TNT2f TNT3f TNT4f
トロポニン C	TNCf	TNCf TNCs	TNCf	TNCf	TNCf
トロポニン I	TNIs	TNIf TNIs	TNIf	TNIf	TNIf

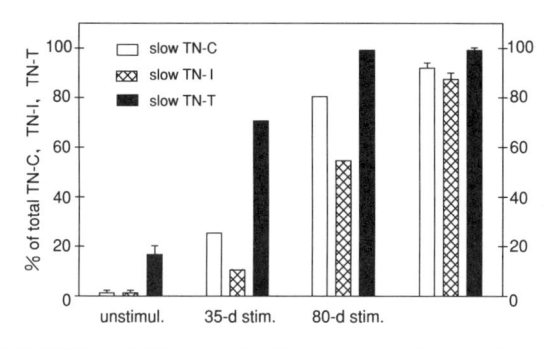

図 速筋（長指伸筋）への継続した電気刺激によるトロポニンサブユニットの変化[2]

維タイプ I のトロポニンは Slow タイプのサブユニットで構成されている．トロポニン T は Slow タイプアイソフォームの 1, 2 で成り立っている．筋線維タイプ IIA，IIAB，IIB はすべて共通でトロポニン T は TNT1f, TNT2f, TNT3f, TNT4f からなり，トロポニン C は TNCf，トロポニン I は TNIf から成り立っている．しかしながら，同じ速筋型の線維でも IIC でのサブユニットは他は異なっている．トロポニン C のアイソフォームは TNCf と TNCs の混在型である．トロポニン T も TNTf と TNTs の混在型である．トロポニン I も同じく速筋型と遅筋型の混在型である(表)．

運動とミオシン以外の筋タンパク質のアイソフォーム

収縮タンパク質であるアクチンにはアイソフォームがないため，収縮力はミオシンの構造に基本的に依存することになる．したがってミオシン以外のタンパク質はミオシンとアクチンの出会いを調節するタンパク質にほかならない．その調節タンパク質のアイソフォームの存在が筋収縮の微妙な出会いの調節を行っていることが想像される．

低頻度の電気刺激を加えてトロポニンのアイソフォームを観察すると図に示すように長期間の電気刺激によって，トロポニンは遅筋型に変化していく．しかしながらその変換はトロポニンのサブタイプによって異なる．すなわちサブタイプを構成するアイソフォームの変換が異なっていることを示唆するものである．事実，トロポニン T のアイソフォームの変換をみると図のように変化していくのがわかる．しかしながら，このようなサブタイプのアイソフォーム変化がもたらす収縮調節機構については未知なる部分が多い． ［山田　茂］

文献
1) 山田茂，後藤勝正編 (2000)．運動分子生物学．ナップ社，東京．
2) Pette, D. et al (1992). Altered gene exprression in fast-twitch muscle induced by chronic low-frequency stimulation. Am J Physiol 262 R333-338.
3) 山田茂，福永哲夫 (1999)．骨格筋に対するトレーニング効果．ナップ社，東京．

Q65 分子生物学的筋線維タイプと組織化学的筋線維タイプはどのように対応するのか？

A 異なる筋線維タイプ間での筋原線維のATPase活性の違いを利用するか，あるいはそこでの酸化系酵素・解糖系酵素の酵素活性の違いを利用することで，ある程度の筋線維のタイプ分けが可能である．これによって判別できるのが組織化学的筋線維タイプである．

ある特定の筋線維の収縮の速度はそこでのミオシン分子（ミオシン重鎖，MHC：myosin heavy chain）のATPase活性の特性に依存するので，ミオシン分子の特性（ここでは特にミオシン分子のpHによる安定性の違い）はその筋線維のタイプを反映する．速筋線維のミオシンはアルカリに対して安定であり，酸に対して不安定である．遅筋線維のミオシンはこの逆で酸に対して安定であり，アルカリに対して不安定である．したがって，pHの高い緩衝液で前処理した後にATPase活性を検出すると速筋だけが陽性になる．逆にpHの低い緩衝液で前処理した後にATPase活性を検出すると遅筋だけが陽性になる．速筋線維の分別において，前処理の緩衝液のpHをより細かく設定すると速筋線維はさらに2つに分けることができる．具体的には，Type I 線維はpH 4.3およびpH 4.6の前処理後にも高いATPase活性を示し，pH 10.4の前処理でATPase活性を失う．Type IIa 線維はpH 10.4の前処理後にも高いATPase活性を示し，pH 4.3およびpH 4.6の前処理でATPase活性を失う．TypeIIb 線維はpH10.4の前処理後にも高いATPase活性を示し，pH 4.3の前処理でATPase活性を失うが，pH 4.6の前処理では中間的なATPase活性を示す（表）．

表　おもな筋線維タイプの組織化学的な分類

筋線維の分類	前処理の緩衝液		
	pH 4.3	pH 4.6	pH 10.4
I	＋＋＋＋	＋＋＋＋	－
IIa	－	－	＋＋＋＋
IIb	－	＋	＋＋＋＋
IIx（IId）	－	＋＋	＋＋＋＋

この方法による筋線維の分類(ATPase活性の特性による分類)は，筋切片の特定の染色パターンがそれぞれミオシンアイソフォームと対応することを前提としている．このため，ATPase活性による染色にはいくつかの限界がある．1つは異なるミオシンアイソフォームが同一の(あるいは類似の)染色パターンを示す場合である．たとえば，Type IIx(IId)はType IIbとほとんど同一のpH感受性を示す(表)．このため，pH 4.6の前処理で中間的な染色の得られた線維は，どちらのタイプであるかは確定できない．ATPase活性による染色による限界のもう1つは，表に示したような典型的なpH感受性を示さない場合である．これは特に発生中の筋，再生中の筋，機能的な適応の途中の筋において顕著な問題であり，しばしば誤った解釈をもたらす．ATPase活性による染色の他に組織化学的に筋線維タイプを分類するには，酸化系代謝の酵素，解糖系代謝の酵素による染色がある．酸化系の酵素で強く染色されるのは遅筋，解糖系の酵素で強く染色されるのは速筋であると考えられるが，実際にはそれら酵素の量は大きなばらつきをもつものであるのでこの方法も単独では筋線維のタイプを確定できるものではない．

　分子生物学的には，骨格筋では7つのタイプのMHCが確認されている．MHC-embryonic(MYH3)，MHC-perinatal(MYH8)，MHC-IIa，MHC-IIb，MHC-IIx/d，MHC-β/slow(β-cardiac)，およびMHC-extraocularである．これらのうち，組織化学的分類との対応は，type IがMHC-β/slow(β-cardiac)，type IIaがMHC-IIa，type IIbがMHC-IIb，type IIx/dがMHC-IIx/dである．embryonicおよびperinatalは発生上のアイソフォームであり，extraocularは外眼筋におもに発現されるアイソフォームである．これらアイソフォームは，選択的スプライシングによって多様性が生み出されているのではなく，それぞれ個別の遺伝子によりコードされている．ヒトの場合，MHC-β/slow(β-cardiac)の遺伝子はα-cardiacの遺伝子とともに第14番染色体にクラスターとなって存在する．また，これ以外の6つのアイソフォームの遺伝子は，第17番染色体にembryonic-IIa-IIx/d-IIb-perinatal-extraocularの順で全部で350 kb以下のクラスターとなって存在する[1]．このクラスターおよびその遺伝子の順番はマウスとヒトで保存されており，何らかの機能的意味があるのかもしれない．

[新井　秀明]

文献
1) Weiss A, et al (1999). Organization of human and mouse skeletal myosin heavy chain gene cluster is highly conserved. Proc. Natl. Acad. Sci. USA. 96：2958-2963.

Q66 筋線維タイプは後天的にどこまで変わりうるのか？

A 筋組織は，環境要因に応じて，すばやい運動あるいは疲労に対しての抵抗性を獲得するために筋線維タイプを変化させることができる．筋線維タイプは大きく分けて遅筋線維（type I fiber：slow oxidative），速筋線維（type II fiber）に分けられ，速筋線維はさらに type IIa（fast, oxidative, glycolytic），type IIb（fast, glycolytic），type IIx（type IId：IIa と IIb の中間的な性質）に細かく分類できる．それぞれの筋線維のタイプではミオシン重鎖（MHC：myosin heavy chain）のタイプが少しずつ違っており（アイソフォーム），また，他の収縮関連タンパク質のタイプも MHC とは違った様式でアイソフォームが存在している．筋線維タイプを変化させる要因としては，筋の収縮様式（負荷），神経活動（電気刺激），ホルモンの状態（特に甲状腺ホルモン）が挙げられる．これらは，筋に何らかの方法で情報として伝えられ，各筋線維に特徴的なアイソフォームの遺伝子を活性化させると考えられる．ここでは，筋関連タンパク質の遺伝子の転写を行うことが知られている転写因子を中心として，筋関連タンパク質のアイソフォームの遺伝子を活性化させる機構に関していくつかとりあげる．

MyoD ファミリー

中胚葉由来の未分化細胞を筋（芽）細胞へと決定づける転写因子として MyoD ファミリーが知られている．このファミリーは，MyoD，myogenin，Myf-5，MRF4 の4つの遺伝子からなる．このファミリーの転写因子は，CANNTG からなる E-box と呼ばれる DNA 配列に結合する．MyoD あるいは Myf-5 それぞれ単独でのノックアウトマウスでは筋発生および筋分化は正常であるが，MyoD/Myf-5 のダブルノックアウトマウスでは骨格筋が形成されない．myogenin ノックアウトマウスでは筋の後期の分化が阻害される．MRF4 ノックアウトマウスでは外見上は大きな変化はみられない．これらは，筋の発生段階に応じて時間的に異なった発現の様式をみせる．

MyoD は速筋線維での発現が高く，myogenin は遅筋線維での発現が高い．また，この関係は，甲状腺ホルモンあるいは交感神経による線維タイプの変移においても保存される．ノックアウトマウスにより示された MyoD ファミリーの筋発生・分

化での重要性を考えると，MyoD は速筋線維，myogenin は遅筋線維の線維タイプ特異的なアイソフォームの遺伝子の転写を制御することが示唆される．実際に，myogenin を速筋で過剰発現させたトランスジェニックマウスでは，当該筋における酸化系酵素の発現の増加と解糖系酵素の発現の減少がみられる．また，甲状腺ホルモンの筋線維タイプ変換の作用上のターゲットの1つはこの MyoD ファミリーである．

MEF2 ファミリー

筋関連タンパク質の遺伝子の転写には，前に挙げた E-box に依存しない系も存在する．MEF2 ファミリーは A/T rich な配列に結合し，筋関連タンパク質の遺伝子の調節を行なう．MEF2 遺伝子のショウジョウバエでの不活性化は，平滑筋・心筋・骨格筋の分化をブロックする．解糖系酵素の1つである aldolase A の筋での転写制御にはこのファミリーの転写因子が関与しているらしい．

NFAT

NFAT（Nuclear Factor of Activated T-cell）は，リン酸化・脱リン酸化により局在を調節される転写因子である．脱リン酸化により核移行して特定の DNA 配列に結合しその遺伝子を調節する．脱リン酸化を行うホスファターゼとしてカルシニューリンがよく知られている．最近になって，カルシニューリン-NFAT の系が骨格筋の肥大に非常に重要な役割を果たしていることが明らかになった[1,2]．また，カルシニューリンの活性により特に遅筋筋タンパク質のいくつかの転写が制御されるらしい．

その他

筋関連タンパク質の遺伝子発現に関係する転写因子は，以上の他に，SRF（serum responsive factor），M-CAT などがあるが，これらが筋線維タイプによる各種タンパク質のアイソフォームの変換に関与するかどうかは明らかでない．

［新井　秀明］

文献
1) Semsarian, C., et al. (1999) Skeletal muscle hypertrophy is mediated by a Ca^{2+}-dependent calcineurin signalling pathway. *Nature* 400：576-581.
2) Musaro, A., et al. (1999) IGF-1 induces skeletal myocyte hypertrophy through calcineurin in association with GATA-2 and NF-ATcl. *Nature* 400：581-585.

Q67 運動によって骨格筋のどのようなタンパク質の合成が高まるのか？

A 基本的に骨格筋細胞は分化した細胞であり，特有のタンパク質を合成する．なかでも，収縮装置を形作るタンパク質が代表的であり，次にその装置を動かすエネルギー産生系のタンパク質が挙げられる．ここでは収縮装置とエネルギー産生装置を構成するタンパク質の運動刺激に伴う変化について述べる．

筋収縮装置のタンパク質：骨格筋としての機能は筋細胞を内の収縮装置の構成に依存する．速筋あるいは遅筋と呼ばれる原因はこの収縮装置を作る部品であるタンパク質の違いである．骨格筋は発生過程のプログラムにしたがい作り上げられるため，骨格筋を形作る筋線維の構成比は遺伝的に決定されているといわれる．しかしながら，電気刺激や運動を長期間行うことによって筋線維組成が変化することが報告されている．また不活動の状態に長期間さらされると，同じく筋線維組成に変化をきたすことが示されている．これは，収縮装置を作り上げるタンパク質に変化が起こり，従来，発現していた遺伝子に変わって，同様の機能をもった他の遺伝子が発現したことを意味している．すなわち，腱切除法や長期間の電気刺激によってミオシン重鎖はHCIIb → HCIId → HCIIa → HCIへと変化し，また不活動や後肢懸垂法によってミオシン重鎖はHCI → HCIIa → HCIId → HCIIbへと変換していく．ミオシン軽鎖は長期間の電気刺激で速筋型から遅筋型へと変化し，調節タンパク質であるトロポニンサブユニットTnT，TnI，TnCも長期間の電気刺激により速筋型から遅筋型へ変化する．このように最も，筋の機能を左右する筋の収縮装置は活動や不活動によって大きく変化する．

無酸素系エネルギー装置のタンパク質：運動に適応するため，筋細胞は自らの収縮装置の再構成とエネルギー産生装置の効率化を図る．エネルギー装置の改良は装置そのものの部品の改良と装置そのものを増やし，燃料として取り入れる栄養物質の分解を担うことである．エネルギー産生装置は細胞質エネルギー産生装置とミトコンドリアエネルギー産生装置の2つに大きく分けられる．細胞質エネルギー産生装置は糖質だけを燃料としてATPを生成するため解糖系と呼ばれる．この解糖系を作り上げるのが解糖系酵素である．解糖系は13個の酵素で構成されている．この中でヘキソキナーゼ，グルコキナーゼ，ホスホフルクトキナーゼとピルビン酸キナーゼは解糖系の流れを調節する律速酵素である．これらの酵素の活

性は基本的にフィードバック阻害やフィードフォワード活性化によって制御される．この解糖系の働き程度は筋線維タイプで異なり，速筋線維で優位である．ヘキソキナーゼはヘキソースであるグルコース，マンノース，フルクトースなどを基質としてATP存在下でヘキソース6-リン酸を形成する．骨格筋への長時間の負荷運動はこの酵素の遺伝子発現を誘導し，酵素活性を高める．疲労困憊まで追い込んだ運動後，ヘキソキナーゼIImRNAは速筋，遅筋とも有意に増加する．ここで興味深いのは解糖系酵素が一般的に持久的トレーニングや長期間の筋への電気刺激によって減少を示すものの，ヘキソキナーゼの場合はそれとは逆に増加することである．ホスホフルクトキナーゼは細胞内の可溶分画に存在し，ATP消費を伴い，D-フルクトース6-リン酸からフルクトース1,6-ビスリン酸の形成を触媒する酵素である．この酵素活性は骨格筋への長期間の刺激やトレーニングで減少する．ピルビン酸キナーゼはホスホエノールピルビン酸をピルビン酸へ変換する際に触媒する解糖系の調節酵素のひとつとして考えられている．この酵素の活性調節はフルクトース1,6-ビスリン，ホスホフルクトキナーゼ，ATP，AMPのほか，cAMP依存性プロテインキナーゼによるリン酸化修飾により行われている．この酵素活性は持久的なトレーニングにより減少する．持久的な運動によりエネルギー産生系と筋収縮装置が変換したことによるものと考えられている．グリセルアルデヒドリン酸デヒドロゲナーゼはグリセルアルデヒド3-リン酸を酸化的にリン酸化する．その際，NADまたはNADPを補酵素として用いる．この酵素活性は筋への長期間の電気刺激によって減少する．また持久的トレーニングによって減少することから，酸素の供給量との関係が注目される．

有酸素系エネルギー装置のタンパク質：クエン酸合成酵素はトレーニングにより活性化し，そのmRNAも増加することが報告されている．同様に，イソクエン酸デヒドロゲナーゼ，コハク酸デヒドロゲナーゼ，リンゴ酸デヒドロゲナーゼなどTCA回路の酵素はトレーニングによってそれぞれの遺伝子発現が増加することが知られている．細胞核に内在するシトクロムCはトレーニングによってその活性も遺伝子発現も高まる．シトクロムcオキシダーゼは長期間の骨格筋への刺激により遺伝子発現が増加する．同様に，呼吸酵素であるコハク酸-シトクロムcレダクターゼ系酵素やF1-ATPアーゼの遺伝子発現は運動によって増加する．ミトコンドリア核に存在するシトクロムcオキシダーゼサブユニットIII,シトクロムbの遺伝子発現も運動によって増加する． ［山田　茂］

文献
1) 山田茂, 後藤勝正編（2000）. 運動分子生物学. ナップ社, 東京.
2) 山田茂, 福永哲夫（1999）. 骨格筋に対するトレーニング効果. ナップ社, 東京.
3) 山田茂, 福永哲夫(1997). 骨格筋―運動による機能と形態の変化―. ナップ社, 東京.

Q68 運動によって筋線維の再生は起こるのか？

A 骨格筋は，長い間，再生不能の組織であると考えられてきた．ところがサテライト細胞（satellite cell）が発見されて以来，免疫組織学的に再生細胞が同定されて，再生能のある組織であることが確認された．問題として提示されたこの問いは2つの意味をもっている．1つは運動によって壊れた筋組織は再生されるのかということ，もう1つは運動によって組織破壊がなくとも新しく筋線維が形成されるのかというものである．

McCormickらは，10週間におよぶトレッドミルランニングをラットに課したときのサテライト細胞の活性を測定した．その結果，トレーニングされたヒラメ筋のサテライト細胞の活性値はコントロール群の倍以上であることを示した（トレーニング：1.28，コントロール：0.52，筋核1000個当たりの^{3}H-チミジンラベルされた核数）．負荷強度の高いトレーニングを行うと顕著なサテライト細胞の活性化が観察された．

Darrらは，成長期にあるラットと成熟したラットに1回のエキセントリックトレッドミルランニングを行い，24，48，72および120時間後のサテライト細胞の活性化を検討した．その結果，成長期のラットでは運動後72時間でサテライト細胞の活性が最大（コントロールの250％）を示した．一方，成熟ラットではヒラメ筋が24時間後，長指伸筋が48時間後それぞれ最大（コントロールの250％）に達し，120時間後にはほとんどコントロールレベルにまで戻った．このように運動によりサテライト細胞は活性化される．この活性化の原因については不明であるが，エキセントリックな運動は筋の傷害を招きやすく，その傷害に伴いサテライト細胞が活性化したものと考えられている．その活性化解明の手がかりとして細胞外マトリックスの変化やマクロファージの役割が示唆されている．

運動に伴い骨格筋肥大時に新たな筋線維の形成が報告されている．そのモデルとして腱切除法やストレッチング法がとりあげられる．骨格筋の肥大に伴ってサテライト細胞は分裂増殖後，それぞれのサテライト細胞は，融合によって新たな筋線維を形成する．同時にサテライト細胞は既存の細胞と融合する．この既存の細胞との融合は肥大化した筋線維の核DNAと細胞質の比（DNA／細胞質）を一定に維持するために必要であると考えられている．このような現象をみる限り，サ

テライト細胞は筋肥大にとって必須の要因であることが理解される．

　Rosenblattらは，サテライト細胞の分裂を抑制するためガンマ線を照射し，サテライト細胞の筋肥大に対する役割について検討している．ガンマ線は赤外線や可視光線と異なり，その光子または粒子のもつエネルギーがきわめて高いため，細胞に照射されると細胞内分子はイオン化されるかまたは励起状態になり，その量に応じた化学変化が起こる．このような変化は細胞成分に均一に起こるが，とくに遺伝子に起こる変化は細胞の機能に重大な影響を及ぼし，いかにささいな変化でも細胞は細胞死や発がんなどの致命的な障害を受ける．

　マウスの前脛骨筋の一部を切除し長指伸筋に負荷をかけて，同時にガンマ線照射を施し，筋肥大に及ぼす影響について検討している．その結果，4週間後，ガンマ線＋負荷グループに筋肥大がみられないことから，サテライト細胞は筋肥大に欠かすことのできないものであることを示した．しかしながら，Loweらは，ウズラの翼に重りをつけて筋をストレッチングし，ガンマ線を照射し，筋肥大に及ぼす影響について検討した．7日後，ガンマ線＋ストレッチンググループは，筋重量（89％）およびタンパク質量（118％）ともに増加した．このように骨格筋肥大の肥大に対するサテライト細胞の役割については議論のあるところである．また近年，サテライト細胞以外の筋原細胞の出現が報告されている．したがって，筋線維の再生の研究は新たな展開が予想される．

[山田　茂]

文献
1) Darr KC and Schultz E. Exercise-induced satellite cell activation in growing and mature skeletal muscle. J Appl Physiol 63(5)：1816-1821, 1987.
2) Rosenblatt JD and Parry DJ. Gamma irradiation prevents compensatory hypertrophy of overloaded mouse extensor digitorum longus muscle. J Appl Physiol 73(6)：2538-2543, 1992.
3) Lowe DA and Alway SE. Stretch-induced myogenin, MyoD, and MRF4 expression and acute hypertrophy in quail slow-tonic muscle are not dependent upon satellite cell proliferation. Cell Tissue Res 296(3)：531-539, 1999.

Q69 運動は血管新生を促進するのか？

A 運動により骨格筋が肥大することはよく知られているが，筋が肥大するためには酸素や栄養素の十分な供給が不可欠であり，そのためには毛細血管密度の増加，すなわち血管新生が必要であると考えられる．実際，持久的トレーニングは筋線維当たり，および単位面積当たりの毛細血管数（毛細血管密度）を増加させることが報告されている．このような毛細血管密度の増大は，毛細血管間の距離を短くするために，物質の拡散距離を短くし，酸素や栄養，老廃物の輸送速度を亢進させ，筋にとって非常に有利な適応現象である[1]．

表にはこれまでに報告された主要な血管新生の調節因子をまとめてある．近年，運動に伴う血管新生のメカニズムを解明するために，各種増殖因子〔血管内皮増殖因子 (VEGF：vascular endothelial growth factor)，塩基性線維芽細胞増殖因子 (bFGF：basic fibroblast growth factor)，トランスフォーミング増殖因子 (TGF-β1：transforming growth factor-β1) など〕と運動との関係が検討されている[2]．VEGFは最も強力な血管新生因子の1つであり，いくつかの実験で運動による骨格筋の毛細血管密度の増加に VEGF が関与することが示されている．たとえば，ラットの急性運動は VEGF mRNA の発現を増加させ，運動が低酸素下で実施されると，その増加はいっそう増強される．ヒトでは，血流を制限しての下肢のトレーニングは，制限しない場合に比較して筋線維に対する毛細血管の割合をさらに高める．さらに，転写因子 HIF-1 (hypoxia-inducible factor-1) は，運動時の VEGF mRNA の増加と相関し，また低酸素は RNA 結合タンパク HuR を介して VEGF mRNA の分解を抑制する．したがって，運動による VEGF mRNA の発現増加は，mRNA の安定性の増大や転写の増加によるものと考えられる．

最近の Gavin ら[2] の報告は，血管拡張物質である一酸化窒素 (NO：nitric oxide) も，運動に伴う血管新生に深くかかわっていることを示している．運動は筋血流量を安静時の数十倍にまで増加させるが，NO はおそらく血流増加による伸展刺激やずり応力により筋肉の微小血管から産生・放出され，筋血流を制御する重要な役割を担っている．一方，NO は VEGF 遺伝子の発現にも調節的役割を果たしており，運動による VEGF mRNA の発現増加は NO 合成酵素 (NOS：NO synthase) の阻害剤投与により約50％まで抑えられ，逆に NO 供与体は骨格筋における VEGF

表 血管新生の調節因子

促進因子	抑制因子
アンギオゲニン	アンギオポエチン-2
アンギオポエチン-1	軟骨細胞由来抑制因子
血管内皮増殖因子（VEGF）	アンギオスタチン
塩基性線維芽細胞増殖因子（bFGF）	エンドスタチン
酸性 FGF（aFGF）	インターフェロン-α, β, γ(IFN-α, β, γ)
トランスフォーミング増殖因子-β(TGF-β)*	TGF-β*
インターロイキン-1（IL-1）*	IL-1*
IL-8	IL-12
血小板由来増殖因子（PDGF）	トロンボスポンジン-1
肝細胞増殖因子（HGF）	interferon-inducible protein-10（IP-10）
マトリックスメタロプロテアーゼ（MMP）	tissue inhibitor of MMP-1, 2（TIMP-1, 2）
ウロキナーゼ型プラスミノーゲンアクチベーター（uPA）	血小板第 4 因子
組織 PA（tPA）	トロンボモジュリン
腫瘍壊死因子-α（TNF-α）*	プロラクチン断片
上皮増殖因子（EGF）	TNF-α*
プレイオトロフィン	
チミジンホスホリラーゼ	
プロスタグランジン E_1, E_2（PGE_1, PGE_2）	
組織因子	

＊濃度や条件により促進的にも抑制的にも作用することが報告されている．

mRNA を増加させたり，その生体内半減期を増すことが示されている．

　他方，bFGF や TGF-β1 の mRNA の発現も，VEGF ほどではないが運動で増加する傾向がある．しかし，これらの因子は，低酸素や NO に影響されないようであり，運動による血管新生には VEGF が最も重要な役割を担っていると考えられる．しかしながら，運動時には各種細胞から血管新生に影響するさまざまな物質が放出され，相互に影響を及ぼし合っていると予想される．これらのことから，運動の繰り返しによる組織への刺激が血管新生を誘導すると推測される．この誘導は，組織の代謝的な需要を満たすための適応現象であろう．一方，トレーニングを中止すると血管数は比較的緩慢な速度で徐々に減少する．

［大石　修司・大野　秀樹］

文献
1) Maughan R, et al：谷口正子ら監訳（1999）．スポーツとトレーニングの生化学．メディカル・サイエンス・インターナショナル，東京．
2) Gavin TP, et al (2000). Nitric oxide synthase inhibition attenuates the skeletal muscle VEGF mRNA response to exercise. J Appl Physiol 88：1192-1198.

Q70 運動はどのような転写因子を発現させるのか？

A 労作性筋肥大をはじめとした，運動に対する骨格筋の適応には，遺伝子発現を ON/OFF したり，その発現レベルを調節したりする機構が重要な役割を果たす．遺伝子発現を調節する因子の1つに，DNA から RNA への転写過程を調節する転写因子がある．転写因子にはさらに，RNA ポリメラーゼを中心とする基本転写因子と，外界からの刺激に反応して特定の遺伝子の転写を調節する転写制御因子がある．ここでは，転写制御因子の発現を中心に述べる．

初期応答遺伝子

初期応答遺伝子（immediate early gene）の代表的なものとして，c-*fos*，c-*jun*，c-*myc* などの原がん遺伝子（proto-oncogene）がある．細胞が外界から刺激を受けると，さまざまなシグナル伝達系が活性化される．代表的なシグナル伝達系である MAP キナーゼ（MAPK）系では，まずレセプター型チロシンキナーゼの活性化が起こり，その下流で c-*fos* や c-*jun* の発現が起こると考えられる．これらの遺伝子産物である c-Fos や c-Jun は，ダイマー（Fos/Jun または Jun/Jun）を形成し，AP-1（activator protein-1）という転写因子となる．AP-1 は，TRE（TPA responsive element）と呼ばれるエンハンサー領域に結合し，さまざまな遺伝子の発現を調節する．骨格筋をストレッチしたり，電気刺激によって強い収縮を起こさせたりすると，c-*fos* や c-*jun* の発現が誘導される[1]（図）．また，持久的運動を行った場合にも，これらの遺伝子が発現することが報告されている[2]．

筋分化に関連した転写因子

発生の段階で筋細胞への分化にかかわる転写因子に MyoD ファミリー（MyoD，myogenin，myf-5，MRF-4）がある．MyoD と myf-5 は，中胚葉細胞から筋芽細胞への分化を決定し，myogenin は筋管細胞への分化を誘導すると考えられている．これらは，他のタンパク質（E 12，E 47 など）と複合体を形成し，E-Box（骨格筋特異的な遺伝子の転写調節領域に見られるコンセンサス配列で，CANNTG の塩基配列からなる）に結合する．成熟した筋でも，トレーニング刺激を与えた場合，β_2-アゴニスト（クレンブテロールなど）を投与した場合，筋損傷の修復過程などでこれらの MyoD ファミリーの発現がみられる[3]．

成長因子により誘導される転写因子

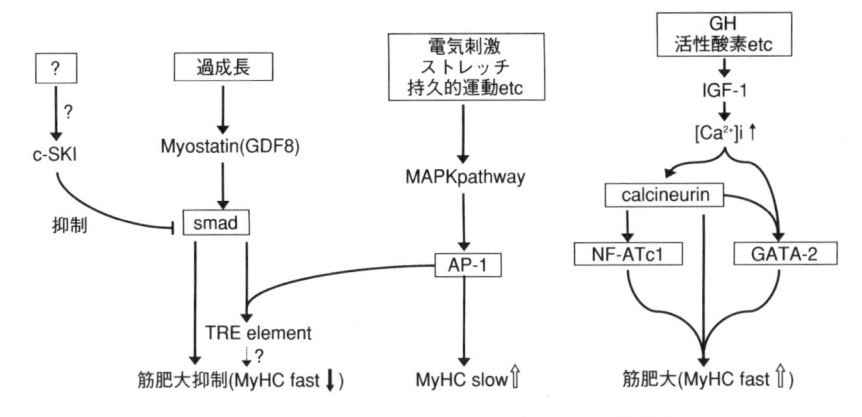

```
    ?              過成長                電気刺激              GH
    ↓                ↓                 ストレッチ           活性酸素etc
    ?                ↓                持久的運動etc             ↓
  c-SKI        Myostatin(GDF8)            ↓                 IGF-1
                     ↓              MAPKpathway              ↓
    抑制            ┤ smad                ↓               [Ca²⁺]i ↑
                     ↓                  AP-1                 ↓
                     ↓                   ↓              calcineurin
                 TRE element              ↓              ↓      ↓
                     ↓                    ↓           NF-ATc1  GATA-2
              筋肥大抑制(MyHC fast↓)   MyHC slow⇧      筋肥大(MyHC fast⇧)
```

図　運動に対する筋の適応に関わると考えられる転写因子

運動刺激はまた，成長因子を介して筋線維のタンパク質代謝や，サテライト細胞の増殖・分化に影響を及ぼす（Q 73, 83）．ミオスタチン（GDF-8）などの TGF-β スーパーファミリーは，セリン／スレオニンキナーゼを活性化し，Smad と呼ばれる因子の核内への移動を引き起こす．Smad は核内で単独，あるいは c-Fos や c-Jun と共役して転写因子として働き，筋肥大（特に速筋線維）を抑制する可能性がある．一方，c-Ski と呼ばれる転写因子は，Smad 3 とヒストンアセチルトランスフェラーゼである p 300 の相互作用を阻害することで Smad 3 の核内への移動を抑制し，筋肥大を誘導すると想像される．実際，c-Ski を過剰発現させたトランスジェニックマウスでは，速筋線維の肥大が起こる．

IGF-I は運動刺激によって発現し，速筋線維の肥大を誘導する（Q 73, 86）．培養筋細胞に IGF-I を投与すると，細胞内 Ca^{2+} 濃度が上昇してカルシニウリン（calcineurin：Ca^{2+}-依存性フォスファターゼ）が活性化される．これにより NF-ATc 1 という転写因子が脱リン酸化されて核内に移動し，同様に Ca^{2+} で誘導される GATA 2 という転写因子や，AP-1（上述）と結合して遺伝子転写を調節すると考えられている[4]（図，Q 74 参照）． ［小野寺　正道・石井　直方］

文献
1) Goldspink, D. F. (1995) Muscle growth in response to mechanical stimuli. Am. J. Physiol. 268：E288-E297.
2) Puntschart, A. (1998) Expression of fos and jun genes in human skeletal muscle after exercise. Am. J. Physiol. 274：C341-C346.
3) Mozdziak, P. E. (1998) Myogenin, MyoD, and myosin expression after pharmacologically and surgically induced hypertrophy. J. Appl. Physiol. 84：1359-1364.
4) Musaro, A. (1999) IGF-1 induces skeletal myocyte hypertrophy through calcineurin in association with GATA-2 and NF-ATc1. Nature 400：581-585.

Q71 運動におけるストレスタンパク質の役割は？

A 生体に一過性のストレスを与えた場合，それ以降に与えられる（より強い）ストレスに対して耐性が与えられるのは古くから知られる現象である．これは個体レベルでは視床下部—下垂体—副腎からなる HPA 軸によるストレス応答として研究されてきた．一方で，細胞レベルでは，熱ショックなどに対してのストレス耐性の分子機構としてストレスタンパク質（HSP：heat shock protein）が注目された．熱ショックなどにより発現・合成が高まる一群の HSP は細胞に対して比較的広範囲のストレスへの抵抗性を与える．多くの HSP は，他のタンパク質の折り畳みを助けたり非特異的な凝集を防ぐという，いわゆる分子シャペロンとしての活性を示すことがわかってきた．細胞レベルでのストレスは多くの場合，細胞内のタンパク質の高次構造の変化・変性を引き起こすことから，HSP の分子シャペロンとしての機能は受け入れやすく現在非常に研究が進んでいる．実際には，HSP の多くは，ストレス時にのみ発現されるのではなく，非ストレス時にも発現されており，細胞にとって非常に重要な反応（タンパク質合成・分解，シグナル伝達系の維持など）に関与している．したがって，運動における HSP の役割というのは非常に広範囲に存在することが予想される．HSP はその分子量からいくつかのグループに分けられるが，以下ではそれぞれのグループの特徴と運動への関与を考察してみる．詳細については成書を参照されたい[1]．

HSP 90

Hsp 90 は細胞内に非常に多く発現されている HSP であり，その機能の最も顕著な特徴は，特に情報伝達系において非常に重要な役割を果たしていることである．いくつかのステロイドホルモンの細胞内受容体と結合することが知られており，ステロイドホルモンによる細胞の応答を制御している．また，いくつかのリン酸化酵素とも結合することが知られている．さらには，免疫抑制剤のターゲットとなるイムノフィリンと複合体を形成することが知られる．運動時には，ある強度以上ではグルココルチコイドによる血糖調整が行われるため，標的器官での HSP 90 はこの調整におそらく関与していると予想される．

HSP 70

　HSP 70 は最も主要な HSP の 1 つであり,最も研究の進んでいる HSP である.HSP 70 の機能の 1 つは,合成途中のポリペプチド鎖に結合することによりその凝集化を防ぎ他のシャペロンに受け渡すことである.これらの過程には他のファクターや HSP 70 に結合する ATP/ADP により制御される.また,HSP 70 は細胞内の小胞輸送において輸送終了時におけるクラスリンと呼ばれる分子を小胞からはがす ATPase としても機能することがわかっている.また,タンパク質分解系にも関与しているらしい.このように,HSP 70 は生体にとって基本的な諸反応に関与しているため,運動における(運動特異的な)役割を考察するというのは困難なことであろう.

HSP 60

　このクラスの HSP は,大腸菌ではシャペロニン,真核生物では TRiC (CCT) として知られる.これらはタンパク質合成において HSP 70 よりも下流で働き,より高次のタンパク質の折り畳みに関与する.HSP 70 など他のシャペロンと協働してタンパク質合成において重要な役割を果たすので,タンパク質合成を伴う運動への適応においては関与が考えられる.

その他

　HSP にはこの他に,コラーゲン特異的なシャペロンとして働く HSP 47,リン酸化により何らかの制御を受ける低分子量 HSP,HSP 100,選択的なタンパク質分解系に関与するユビキチンなどがある.HSP は一般的にいって他の酵素のように単一の機能をもつ分子ではなく,基質特異性が比較的低い分子群である.したがって,特定の生体機能,たとえば運動などに特異的な機能は,他の酵素と比較して限定しにくいのではないかと考えられる. 　　　　　　　　　　[新井　秀明]

文献 　1) Morimoto, R. I., Tissieres, A., and Georgopoulos, C. eds. (1994) The biology of heat shock proteins and molecular chaperones. Cold Spring Harbor Laboratory Press.

Q72 メカニカルストレスはどのような仕組みで遺伝子を調節するのか？

A 生体に加えられるメカニカルストレスは，結合組織などを介してさまざまな細胞に伝達される．細胞レベルではこれらメカニカルストレスに対して，その情報を細胞内部へ伝達しなんらかの（遺伝子発現などの）応答を行うと考えられる．細胞増殖因子などに関しての情報伝達機構は比較的詳しく研究されてきているが，メカニカルストレスに関しての情報伝達機構はまだほとんどわかっていない．メカニカルストレスの情報伝達機構に関しては，受容機構よりも下流の反応は，細胞増殖因子などの情報伝達機構と共通になる部分がほとんどであると考えられる．すなわち，既知のセカンドメッセンジャーを介していることや既知のシグナル伝達分子を介していることがわかれば，それ以降の情報の統合の機構は，現在のレベルではあまり問題にできない．よってここでは，メカニカルストレスの受容機構に注目して現在わかっている知見をもとに考察したい．

SA チャネルによる受容

現在のところ，メカニカルストレスに特異的な受容機構として注目されるのは SA チャネル（stretch-activated channel）である．最近になって真核生物でこの遺伝子が同定された[1]．

細胞接着因子による受容

細胞が外部環境である細胞外マトリクスあるいは他の細胞と接着するときには特定の細胞膜上の分子により接着する．これらの分子には，インテグリン類，細胞接着分子 CAM（cell adhesion molecule）などがある．これら分子が細胞外と接触することは細胞にとっては非常に大きな意味をもつ．細胞の接着を行いそのことを認識しうる分子は，メカニカルストレスを受容する分子の有力な候補である．

細胞骨格による受容

細胞骨格とは細胞内に張り巡らされたタンパク質からなる繊維構造である．細胞骨格はその繊維の径の大きさから，アクチンマイクロフィラメント，中間径フィラメント，微小管に大別できる．細胞骨格の特徴は，その繊維構造が主要構成

タンパク質の重合体でできているという点である．たとえば，アクチンマイクロフィラメントは球状のアクチン分子が重合してできたもので，さらにさまざまなアクチン結合タンパク質によってさまざまな調節を受ける．これらアクチン結合タンパク質はリン酸化・脱リン酸化により制御されたりリン脂質による調節をうけたりする．すなわち，細胞骨格系は細胞の外部環境に応答してさまざまに変化するものである．細胞骨格はその名前から想像されるような静的な構造ではなく，非常にダイナミックな構造である．最近になって，細胞骨格の動態の変化はただ単に細胞外環境への応答の結果であるだけではなくて，その動態自体がある種の遺伝子を活性化することがわかってきている[2]．これに関しては活性化の機構は不明である．メカニカルストレスはもっとも単純に細胞骨格を物理的に変化・変形させうるかもしれないので，細胞骨格はメカニカルストレスを情報として受容できるかもしれない．さらには，他の要因によっても細胞骨格は調節されるのは明らかであり，細胞骨格は情報の統合という役割もあるのかもしれない．

細胞膜による受容

　細胞膜の構造（特に膜の流動性）の変化はある種の遺伝子を活性化することが知られている[3]．低温暴露や細胞膜の不飽和脂肪酸の飽和化はいずれも膜の秩序を高め流動性を低下させるが，シアノバクテリアにおいてはこれらいずれの刺激においても acyl-lipid desaturase の活性化がみられる．同じように，細胞膜の流動性はいくつかの熱ショックタンパク質の遺伝子や酵母の PKC1 遺伝子の活性化と関連している．もしもメカニカルストレスが細胞膜の構造を変化させうるならば，特定の遺伝子を活性化させることができるかもしれない．細胞膜の構造上の変化が遺伝子発現に影響を及ぼす機構は不明である．　　　　　　　　　　［新井　秀明］

文献
1) Kanzaki, M., et al. (1999) Molecular identification of a eukaryotic, stretch-activated nonselective cation channel. Science 285：882-886.
2) Sotiropoulos, A., et al. (1999) Signal-regulated activation of serum response factor is mediated by changes in actin dynamics. Cell 98：159-169.
3) Vigh, L., Maresca, B. and Harwood, J.L. (1998) Does the membrane's physical state control the expression of heat shock and other genes？ Trends Biochem. Sci., 23：369-374.

Q73 筋肥大における成長因子の役割は？

A 成長因子とは，細胞表面の特異的レセプターを介し，細胞の生存，増殖，分化を調節するペプチド因子の総称である．現在では多数の成長因子の存在が知られており，その中でも特に筋肥大と密接にかかわっていると考えられるのが，1) FGF (fibroblast growth factor：繊維芽細胞成長因子)，2) IGF-I (insulin-like growth factor-I：インスリン様成長因子-I)，3) Myostatin である．ここでは，骨格筋の肥大を個々の筋繊維の肥大，筋繊維の増殖，結合組織の肥厚の3つの要素が組み合わさったものとして捉え，以下に前述した成長因子と骨格筋肥大との関係について述べる．

FGF

FGFは現在のところ15の分子種が知られている[1]．その中でもFGF-6はおもに筋細胞で発現しており，骨格筋肥大に重要であると考えられている．筋に外部から物理的な衝撃を与えて挫滅させたり筋に張力を発揮させながら引き伸ばす伸張性収縮を行うと，筋やその周辺の結合組織の破壊が観察され，サテライト細胞や繊維芽細胞が活性化されることがわかっている．しかし，FGF-6をノックアウトしたマウスでは筋の挫滅後の再生障害が観察され，筋分化制御因子であるMyoDやMyogeninの発現が低下することも知られている．このことから，FGF-6がサテライト細胞による既存の筋繊維の修復や新たな筋繊維の構築，繊維芽細胞による結合組織の形成を制御している重要な因子の1つであると考えられる．

IGF-I

IGF-Iはおもに肝臓で産生され，血中では，IGF-I結合タンパク質に結合している．血中のIGF-Iレベルは成長ホルモンによる調節を受け，成長ホルモン分泌異常による末端肥大症では高値を示し，下垂体性小人症では低値を示す．また骨格筋でも発現しており，オートクリン・パラクリン様式により作用し，骨格筋肥大に重要であると考えられている．これに関してDavis et al (1998)が非常に興味深い実験を行っている[2]．彼らはIGF-I遺伝子を「組み換えアデノ随伴ウイルス」(rAAV)に組み込み，マウスの前脛骨筋に感染させIGF-Iを過剰発現させることにより，4ヶ月間で通常のマウスと比べて約15％の筋横断面積の増加を起こさせた．IGF-Iの過剰発現により筋組織では多くの中心核が観察されるようになることから，

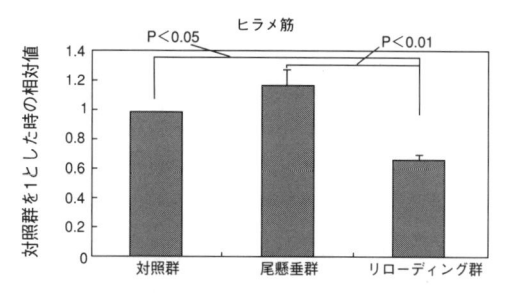

図 マウスに2週間尾懸垂と尾懸垂後2日間リローディングさせた時のMyostatin発現量の変化（ウェスタンブロット法により測定）
リローディングすることにより筋は萎縮から肥大へと適応の方向を変化させるが，その時にMyostatin発現量が減少した．尾懸垂1.16±0.12（SE）リローディング0.65±0.04（川田&石井）

　この筋肥大にはサテライト細胞が関与しているものと考えられている．驚くべきことに，この結果はたった1度の注射で得られたものである．さらにrAAVの感染によりIGF-Iは筋内で増加したものの，血中では有意な増加が見られない．血中に漏れ出なければ尿から検出されることもなく，スポーツにおいてドーピングに用いられる可能性が危惧されている．

Myostatin

　MyostatinはTGF-β superfamilyに属する成長因子である．McPherron et al (1997) は，Myostatinをコードする遺伝子をノックアウトすることによりマウスの骨格筋量が通常のマウスに比べ2〜3倍増加することを報告した[3]．この筋肥大は個々の筋繊維の肥大だけではなく，筋繊維の本数が2倍近くにまで増加することに起因する．これまでの研究で，Myostatinは発生の段階で筋芽細胞の増殖と筋管細胞への分化を制御していると考えられている．現在，成体での機能についてさまざまな研究が行われており，我々は筋が肥大へと適応の方向が変化した時にその発現が減少することを見出した(図)．IGF-IやFGF-6は細胞増殖を促進する働きがあるがMyostatinは逆に抑制する働きがある．おそらく，さまざまな成長因子が促進と抑制のバランスをとって，それぞれの生物特有の外観を形成しているものと考えられる．
　　　　　　　　　　　　　　　　　　　　　　　　［川田　茂雄・石井　直方］

文献
1) E.R. Barton-Davis et al (1998) Viral mediated expression of insulin- like growth factor I blocks the aging-related loss of skeletal muscle function. Proc. Natl. Acad. Sci. USA 95：15603-15607
2) T. Floss et al (1997) A role for FGF-6 in skeletal muscle regeneration. Genes & Development 11：2040-2051
3) A.C. McPherron et al (1997) Regulation of skeletal muscle mass in mice by a new TGF-β superfamily member. Nature 387：83-90

Q74 筋肥大におけるカルシウムイオンの役割は？

A 一般に静止状態の細胞では，細胞内カルシウムイオン濃度($[Ca^{2+}]i$)は約 10^{-7} M であり，細胞外の濃度に比べて約1万分の1に保たれている．細胞がさまざまな刺激を受けると，カルシウムチャネルなどの働きにより Ca^{2+} が細胞外から流入したり，細胞内ストアから放出されたりして，$[Ca^{2+}]i$ は一過的に10～100倍に増大する．このように，Ca^{2+} は，細胞が外界から受けた刺激を細胞内情報として伝達する，代表的なセカンドメッセンジャーとして働く．骨格筋では，Ca^{2+} は収縮を ON/OFF したり (Q 52)，解糖系を活性化したりすることで知られるが，最近の研究によって，運動などによる筋肥大にも関係するらしいことが明らかになりつつある．

筋肥大を強く誘導する因子として IGF-I が挙げられる (Q 73, 83, 86)．培養筋細胞に IGF-I を与えると，$[Ca^{2+}]i$ がわずかに（筋収縮時の増大の約1/10）上昇する[1]．また，繊維芽細胞由来の培養細胞(BALB/c3T3)に IGF-I を与えると $[Ca^{2+}]i$ のオシレーションが起こる[2]．培養神経細胞では，こうした $[Ca^{2+}]i$ のオシレーションにより c-fos の発現が誘導され，AP-1 の形成を通じて遺伝子発現が調節されると考えられている (Q 70)．

成熟した筋線維では，収縮／弛緩によって，常時劇的な $[Ca^{2+}]i$ の変化が起こるので，IGF-I によるこのような $[Ca^{2+}]i$ の変化が効果を及ぼすのはおそらくサテライト細胞やその他の未分化な細胞であろう．サテライト細胞は分裂・増殖した後，新たな筋線維をつくったり，もとの筋線維に融合しその核数を増大させたりすることで，筋を肥大させると考えられている (Q 60, 75)．筋線維やサテライト細胞におけるこうした $[Ca^{2+}]i$ の増大は，少なくとも次の2つのメカニズムを通じて，運動などによる骨格筋肥大に関与するものと想像されるが，その詳細については今後さらなる研究が必要である．

カルシニューリンを介したメカニズム

$[Ca^{2+}]i$ の上昇により，Ca^{2+}／カルモジュリン依存性フォスファターゼであるカルシニューリン (calcineurin) の発現が誘導され，またカルシニューリン自体も活性化される．カルシニューリンにより転写因子の1つである NF-ATc1 が脱リン酸化されると，これが核へ移行する．同時に，Ca^{2+} とカルシニューリンは別の転

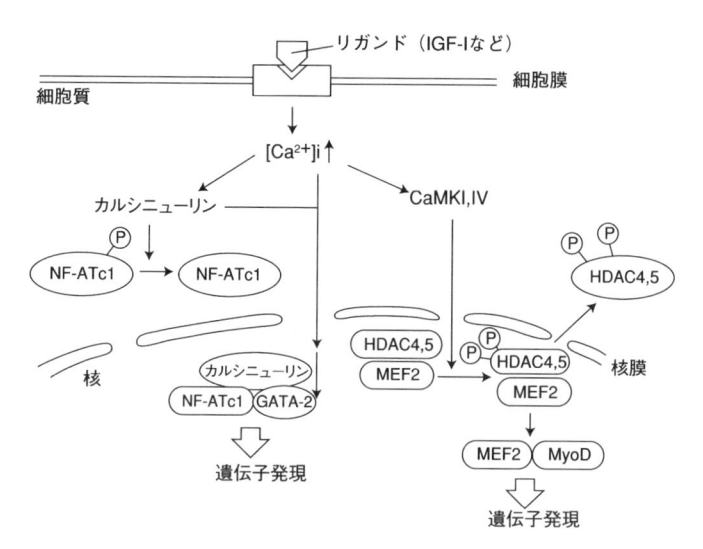

図 骨格筋肥大におけるCa^{2+}の役割
Ca^{2+}／カルモジュリン依存性フォフファターゼであるカルシニューリンと，Ca^{2+}／カルモジュリン依存性キナーゼであるCaMKI, IVを介したシグナル伝達系を通じて遺伝子転写活性の上昇が起こると考えられる．

写因子であるGATA-2の発現を誘導する．カルシニューリン，NF-ATc1, GATA-2は核内で多量体を形成し，さまざまな遺伝子のエンハンサー領域に結合してそれらの発現を調節すると考えられている[1]（図）．

Ca^{2+}／カルモジュリン依存性キナーゼ（CaMK）を介したメカニズム

一方，筋特異的な遺伝子の発現を調節する転写因子にMEF2がある．MEF2は，核内でヒストンデアセチラーゼであるHDAC4やHDAC5と結合することで不活性化されている．[Ca^{2+}]iの上昇により，Ca^{2+}／カルモジュリン依存性キナーゼであるCaMK-1やCaMK-IVが活性化されると，HDAC4とHDAC5がリン酸化され，これらはMEF2から解離して核外に移行する．核内のMEF2は次にMyoDと結合し，筋特異的な遺伝子の転写を活性化する[3]（図）．

[小野寺　正道・石井　直方]

文献

1) Samsarian, C. et al. (1999). Skeletal muscle hypertrophy is mediated by a Ca^{2+}-dependent calcineurin signalling pathway. Nature 400：576-581.
2) Kojima, I. et al. (1992). Oscillation of cytoplasmic free calcium concentration induced by insulin-like growth factor I. Am. J. Physiol. 262：E307-E311.
3) McKinsey, T. et al. (2000) Signal-dependent nuclear export of a histone deacetylase regulates muscle differention. Nature 408：106-111.

Q75 加齢するとなぜ筋は萎縮するのか？

A 成長期を過ぎた個体では，諸器官の機能は加齢とともに低下する．これを老化と呼ぶ．骨格筋の萎縮と筋力低下も老化を構成する一要因である．加齢にともなう筋萎縮のメカニズムはまだ十分には解明されていないが，遺伝子にプログラムされている部分と，運動や栄養などの環境に支配される部分があると想像される．

老化の必然性

生物にとって，世代交代すなわち親の死は種の保存に不可欠であり，老化は子孫を残した後に個体を死に至らしめるためのプロセスとしてプログラムされているという見方もできる．細胞の分裂回数がテロメアによって50回程度に制限されていることはこのようなプログラムの一要素であろう．

加齢に伴う筋萎縮の様態

ヒトでは，筋は加齢に伴って一様に萎縮するわけではなく，膝伸筋，大臀筋，腹筋群，背筋，頸部筋群などが顕著に萎縮する（図A）．特に，膝伸筋の萎縮と筋力低下が激しく，30歳から70歳までの間に筋断面積，筋力ともに約60％にまで低下する（図B）．外側広筋では，速筋線維（FT）の数に選択的な減少が起こる．これらの筋は抗重力筋として機能し，日常の動作や直立姿勢の保持に重要である．したがって，これらの筋の機能低下は，種の保存という見地でみれば，個体を死に至らしめる効果的な手段となると考えられる．

アポトーシスの関与

ラット後肢筋の除負荷による萎縮は，筋線維当たりの核数の減少を伴うことが報告されている[1]．さらに，萎縮筋線維では核DNAの断片化がみられることから，核数の減少はアポトーシス（またはプログラム核死）によるものであることが示唆された[2]．筋線維内の核は，幹細胞であるサテライト細胞が分裂・増殖することで補給されるので，サテライト細胞の分裂回数に上限があれば，筋線維核数もまた必然的に加齢とともに減少していくであろう．一方，インスリン様成長因子-I(IGF-I)を投与すると筋線維核数の減少が抑制されるという報告もある．IGF-Iをはじめ，成長ホルモン，性ホルモン，メラトニンなどの分泌は加齢とともに低下することが知られており，こうした内分泌系の活性低下が，筋線維の核死や，筋を支

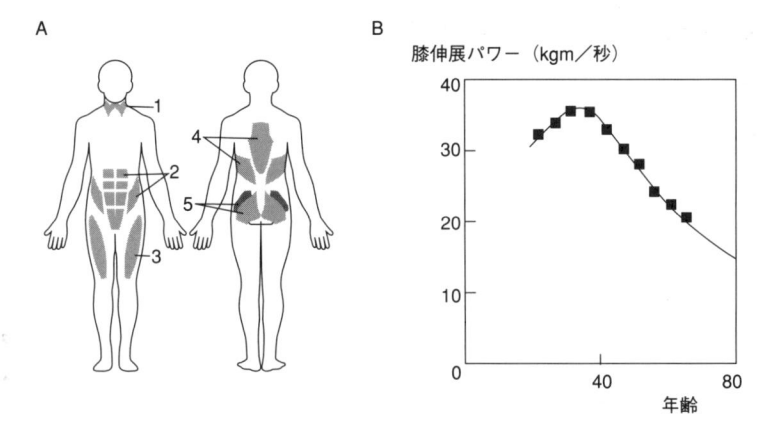

図 加齢に伴って顕著に萎縮・機能低下する筋（A）
膝伸筋パワーの加齢に伴う変化（B）（川初，1976をもとに改変）

配する神経のアポトーシスを助長する可能性もある．

身体活動に関連した要素

加齢に伴う活動量の減少も筋萎縮を引き起こす一要因となっていると考えられる．しかし，除負荷などの極端な環境下では，遅筋線維に選択的に萎縮が起こることから（Q76），加齢に伴って徐々に進行する筋萎縮では異なるメカニズムが働いているかもしれない．一方，90歳を超える高齢者でも筋力トレーニングによって筋肥大が起こるので，運動は加齢に伴う筋萎縮のうち，少なくとも活動低下に起因する部分を補償しうるものと考えられる．最近では，高齢者の筋でmRNAの翻訳効率が低下していること[3]，筋力トレーニング刺激によって翻訳過程のイニシエーターである70-KDaS6キナーゼの著しい活性化が起こることなども示されている[4]．したがって，たとえ核数やDNA量が減少した筋線維であっても，運動によってタンパク合成が活性化し，筋機能が維持増進されるものと推測される．

[石井　直方]

文献

1) Hikida, R.S. et al. (1997). Myonuclear loss in atrophied soleus muscle fibers. Anat. Rec. 247：350-354.
2) Allen, D.L. et al. (1997). Growth hormone/ IGF-I and/or resistive exercise maintains myonuclear number in hindlimb unweighted muscles. J. Appl. Physiol. 83：1857-1861.
3) Welle, S. et al. (1996). Polyadenylated RNA, actin mRNA, and myosin heavy chain mRNA in young and old human skeletal muscle. Am. J. Physiol. 270：E224-E229.
4) Baar, K. and Esser, K. (1999). Phosphorylation of p70S6k correlates with increased skeletal muscle mass following resistance exercise. Am. J. Physiol. 276：C120-C127.

Q76 不活動による筋萎縮のメカニズムは？

A 廃用性筋萎縮（disuse muscular atrophy）を誘発する要因には，1）除負荷（unloading），2）固定（immobilization），3）不活動（inancivity）がある．除負荷は，宇宙飛行や寝たきり（bed rest）の場合のように，筋に力が作用しない状態である．動物実験モデルでは後肢懸垂（HS：hindlimb suspension）がよく用いられる．固定は，ギプス固定のように筋が短縮／伸張できない状態である．不活動は，神経麻痺や除神経の場合のように，筋の電気的興奮そのものが消失した状態である．これらはいずれも筋萎縮を引き起こすが，それぞれによる萎縮の様態は必ずしも同じではない．ここでは，除負荷の場合を中心に述べる．

萎縮の筋線維特異性

宇宙飛行後や HS 後のラット後肢筋では，遅筋線維（type I）が顕著に萎縮する．たとえば，3週間の HS 後の筋湿重量の低下でみると，遅筋線維の多いヒラメ筋では約 50％であるが，速筋線維の多い足底筋では 15％程度である．また，type I 線維は著しく萎縮するとともに，速筋型ミオシンや速筋型 Ca^{2+} ポンプ（Q 63～66）を発現するなど，その性質が速筋型へと移行する．ヒトの場合，膝伸筋と膝屈筋で比べると，抗重力筋としての性質の強い膝伸筋で顕著な萎縮が起こる．

タンパク質代謝

筋線維の萎縮は，主にタンパク分解がタンパク合成を上回るために起こる．ラットヒラメ筋で，^{14}C-ロイシンの取り込みを指標としてタンパク合成の変化をみると，その低下は HS 初期にのみ起こるため，その後の持続的な萎縮はタンパク分解の増大によると考えられている（図）．また，このときには，筋電図でみた筋活動は回復しているので，不活動ではなく除負荷が萎縮を引き起こすものと思われる．筋タンパク分解には，1）カテプシン B および L，2）カルパイン（μ-calpain），3）プロテアソーム，の 3 種のプロテアーゼが関与するが，廃用性筋萎縮におけるそれぞれの役割については今後の研究課題である．

核数と筋線維の萎縮

HS によって萎縮したラットヒラメ筋では，筋線維当たりの核数が減少し，核 DNA の断片化やアポトーシスマーカーの発現がみられるという報告がある[1]．したがって，タンパク分解の増大は，核の支配領域（nuclear domain）におけるアポトーシ

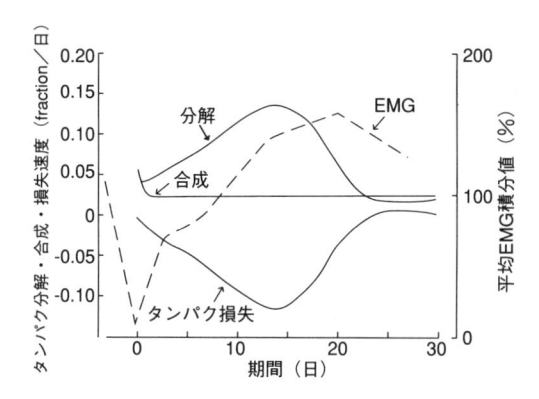

図 後肢懸垂中のラットヒラメ筋におけるタンパク合成速度，タンパク分解速度，総タンパク損失速度，および平均のEMG積分値

スの進行（プログラム核死）による可能性もある．

メカニカルストレスの役割

ラットHSでは，ヒラメ筋を伸張位で固定 (stretch) しておくと萎縮が低減される．伸張などのメカニカルストレスが，1) 細胞骨格／核骨格を通じて遺伝子の転写を活性化したりアポトーシスを抑制する，2) SRF (serum-responsive factor) のリン酸化を通じて遺伝子の転写を活性化する，などの可能性がある．

循環と温度：生体内の初期シグナル？

筆者らは最近，止血帯を用いて筋に虚血／再潅流刺激を与えると，除負荷による萎縮が低減されることを示した[2]．また，内藤ら[3]は，加温によって熱ショックタンパク質 (HSP-72) を筋内に発現させておくと，同様に筋萎縮が低減されることを報告している．こうした体内環境要因は，運動や不活動によっても著しく変化するので，筋肥大や筋萎縮を引き起こす初期の生体シグナルの一部として働いている可能性がある．これらの要因が，遺伝子転写活性や，翻訳後のタンパク安定化などにどのように関与するかについての解明が待たれる． ［石井 直方］

文献
1) Allen, D.G. et al. (1997). Apoptosis: a mechanism contributing to remodeling of skeletal muscle in response to hindlimb unweighting. Am. J. Physiol. 273: C579-C587.
2) Takarada, Y. et al. (2000). Effects of resistance exercise combined with moderate vascular occlusion on muscular function in humans. J. Appl. Physiol. 88: 2097-2106.
3) Naito, H. et al. (2000). Heat stress attenuates skeletal muscle atrophy in hindlimb-unweighted rats. J. Appl. Physiol. 88: 359-363.
4) 石井直方(1993)．無重力への暴露による筋の変化：筋萎縮のメカニズムとその防止策を中心として．体育の科学 43: 43-53．

Q77 運動はグルコース輸送担体の発現にどのような影響するのか？

A グルコースには6種類程度の輸送担体があることが知られており，組織によってそれらの発現も異なっている．運動とグルコース輸送担体の関係を考える場合に最も重要なのは，骨格筋におけるグルコース輸送担体である．骨格筋にはGLUT-1とGLUT-4が存在する．前者は，多くの組織にもあるグルコース輸送の基本の輸送担体である．後者は，インスリンや運動によって細胞質から細胞膜へ移動（トランスロケーション）することで，筋にグルコースを取り込ませる輸送担体であり，筋でのグルコース取り込みに最も重要な輸送担体である．骨格筋におけるグルコース取り込みとグリコーゲン合成において，最も重要な段階はグルコースの取り込みであると考えられている．そして骨格筋のグルコースの取り込みを決定するのは，結果的にGLUT-4がどれだけ発現し，またどれだけ細胞膜へトランスロケーションするかということになる．インスリンによってGLUT-4は細胞膜へ移動するが，インスリンが筋に来てもGLUT-4の移動が起きないような状態が2型糖尿病である．運動でグルコースの取り込みがよくなることは知られていたが，それはインスリンの働きを助けること，つまりより少量のインスリンでグルコースの取り込みを促進させることと理解されてきた．ところが1990年代になって，運動はインスリンなしでもGLUT-4を細胞膜へ移動させることがわかった．しかもそれぞれのシグナル伝達経路が異なることが明らかになってきた．インスリンの場合は，まずインスリン受容体を経てから，IRS，IP3，PKC，PKBなどを経て，GLUT-4の細胞膜への移動が起こるとされている．運動の場合は，インスリンとは別の，AMPKinaseを介する経路によってGLUT-4が移動することが明らかになってきている．運動によるATPの分解によるAMPの産生が，GLUT-4を移動させる刺激となっているようである．一方GLUT-1は，もともと細胞膜に存在するグルコース輸送担体の基本形であり，運動やインスリンに刺激に関係なくグルコース取り込みに関わる．ただし結果的には，筋細胞へのグルコースの取り込みはGLUT-4のトランスロケーションが重要である．

そこで運動によりグルコース輸送担体の発現はどう変化するだろうか．1回の運動でも，グルコース輸送担体の発現がある程度高まることが報告されており，そうした1回の運動毎の変化が持久的トレーニングを続けて蓄積されることにより，

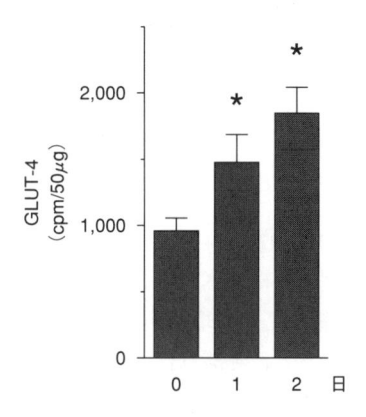

図 1日6時間の水泳運動による筋 GLUT-4 発現の高進[1]

GLUT-4 や GLUT-1 の発現量は増加する．このことにより，運動中や運動後のグルコースの筋への取り込みが高まる．また運動やインスリンに対する GLUT-4 の細胞膜への移動が，より敏感に起こるようである．ただし，運動強度や運動時間によってその効果は異なる．ここで持久的トレーニングをすると，グルコースよりも脂質をより運動中に使えるようになるのであるから，持久的トレーニングで GLUT-4 の発現が高まることのメリットが必ずしもないようにも，単純には解釈されよう．しかし脂質の利用が高まるといっても糖も運動中常に利用されていること，運動後のグルコースの取り込みと筋グリコーゲン濃度の回復が早まることなどから，GLUT-4 の発現が持久的トレーニングで高まる意義は十分にあると考えられる．

[八田　秀雄]

文献
1) Ren, J-M, C. F. Semenkovich et al., Exercise induces rapid increases in GLUT4 expression, glucose transport capacity, and insulin-stimulated glycogen storage in muscle. J. BIol. Chem., 269：14396-14401, 1994
2) Hayashi, T et al., Exercise regulation of glucose transport in skeletal muscle. Am. J. Physiol., 273：E1039-E1051,1997
3) Wojtaszewski, J. F. P., and E. A. Richter, Glucose utilization during exercise：influence of endurance training. Acta. Physiol. Scand., 162：351-358, 1998

Q78 運動は乳酸輸送担体（MCT）の発現にどのように影響するのか？

A 乳酸は fast タイプの筋線維を中心にして産生される．運動時や運動後において，乳酸は肝臓で糖に戻されるのが最も主要な代謝様相ではなく，主として slow タイプの筋線維や心筋に取り込まれて酸化されて利用されている．このような乳酸の代謝を考えると，乳酸は代謝の過程で，筋を中心とする細胞膜を通過しなければならない．乳酸は分子量が 90 と小さいことから細胞膜通過は単純拡散によると考えられていたが，1990 年代後半から乳酸の細胞膜通過には輸送担体がかかわることが明らかになった．また，それら輸送担体は乳酸だけでなくピルビン酸などのモノカルボン酸の輸送担体でもあることがわかったので，モノカルボン輸送担体＝MCT（Monocarboxylate Transporter）と呼ばれる．MCT には現時点では 7〜10 種類あることが報告されているが，運動時の乳酸の代謝で重要なのは，fast タイプの筋線維に多い MCT 4 と，slow タイプの筋線維や心筋に多い MCT 1 である．乳酸の運動時や運動後における主たる代謝運命を考えれば，乳酸が fast タイプの筋線維で作られ MCT 4 を介して放出され，MCT 1 によって slow タイプの筋線維や心筋に取り込まれて酸化されるということになる．そして MCT 1 の発現が乳酸の取り込みと，また MCT 4 の発現と乳酸の放出とが関係が深いことも明らかになっている．ただし MCT 1 は乳酸の取り込みのみ，MCT 4 は乳酸の放出のみに働くというわけではなく，濃度勾配に応じて乳酸やピルビン酸を輸送すると考えられる．また pH が低い状態，つまり乳酸が大量に作られた時など H^+ イオンの濃度勾配が高くなると，乳酸の放出や取り込みが高くなることが知られている．そして MCT も乳酸などと水素イオンを共輸送すると考えられている．つまり乳酸などの濃度勾配だけでなく，水素イオンの濃度勾配によっても乳酸などの輸送が高まる．

　乳酸を多く作りまた使う運動は，これらの MCT の発現に大きく影響する．ただし 1 回の運動では，必ずしも大きな発現の変化は起きないようである．したがってトレーニングによってどのように MCT 発現の変化が起こるのかが検討されている．fast タイプの筋線維で多く発現している MCT 4 は，高強度トレーニングなど fast タイプ線維が増えるような状況で発現が増えることが予想され，一方 MCT 1 は slow タイプの線維が増えるような状況で発現が高まることが予想される．実際

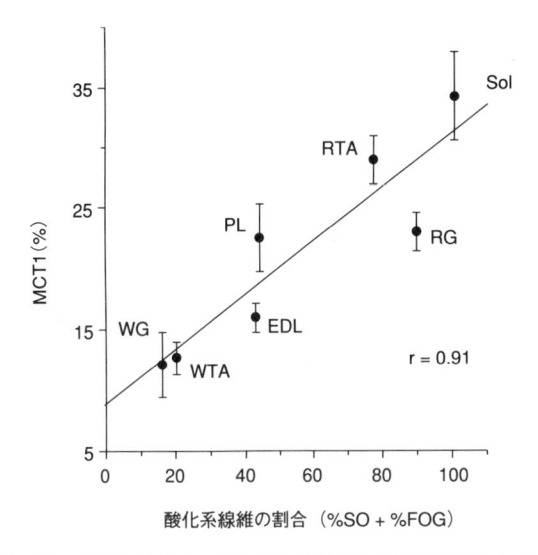

図 筋の酸化系線維（SO＋FOG）の割合とMCT1発現との関係[1]

に持久的トレーニングによって心筋やslowタイプ線維の多いラットのヒラメ筋などで発現が増え，MCT4の発現には変化がないことが報告されている．一方スプリントトレーニングされた選手ではMCT4が高いことも報告されており，そうした予想を裏付けている．ただしMCT1に比較してMCT4は，トレーニングなどによって大きくは変化しにくいとも考えられている．強度の高い運動をすれば乳酸が放出されまた水素イオンも同時に作られるのであるから，乳酸のMCTによる膜通過が高まり，乳酸の放出や取り込みが高まると考えられる．そして，そうした運動を繰り返すトレーニングによって，MCTの発現も高まるのである．特にMCT1に，持久的トレーニングなどの効果が現れやすい．

[八田　秀雄]

文献
1) McCullagh, K. J. A. et al. Role of lactate transporter (MCT1) in skeletal muscles. Am. J. Physiol., 271：E143-E150, 1996
2) Bonen, A., et al. Lactate transport and lactate transporters in skeletal muscle. Can. J. Appl. Physiol., 22：531-552, 1997
3) 八田秀雄　乳酸輸送担体MCTの発現と乳酸の代謝との関係　日本運動生理学雑誌，7，45-56，2000

Q79 運動はミトコンドリアタンパク質の発現にどのように影響するのか？

A ミトコンドリアは酸素を利用してATPを再合成する働きをつかさどる細胞器官である．生きているということは，ミトコンドリアが働いてATPが作られているということである．そして運動は酸素を摂取し続けて，より多くのATP産生を続けながら行われるのであるから，運動時にはミトコンドリアがより活発に働き続けていることになる．特に持久的運動を繰り返すトレーニングを行えば，その適応として，ミトコンドリアの数が増える．このことは細胞全体で考えてみれば，ミトコンドリアにある酸化反応をつかさどる酵素タンパクが増えるということである．したがって運動，特に持久的運動はミトコンドリアタンパク質の発現を高める．最初にこうした持久的トレーニングによる，ミトコンドリアタンパク質と酸化機能の増加を報告した1967年のHolloszyの論文は，運動を生化学的に捉える古典的重要論文と今でも扱われている．そしてこのことからわかるように，ミトコンドリアが増え，酸化能力が上がるということは，運動を考える上で非常に重要なことである．

このように持久的トレーニングを行えば，ミトコンドリアタンパク質が増える．また同じことで，ミトコンドリアの酸化反応の酵素活性が増える．ミトコンドリアの酸化酵素でよく測定されるのは，鍵酵素であるコハク酸脱水酵素やクエン酸合成酵素である．持久的トレーニングを行えばslowタイプを中心とする筋のミトコンドリアが増えるだけでなく，毛細血管が増えたり，ミオグロビンが増えたりする．このことはつまり筋のslowタイプ線維が増えるということでもある．そうした変化が起きれば，筋全体の酸化能力が向上するので，最大酸素摂取量が向上し，より高い強度の運動をより長く行えるようになる．一方，筋の酸化能力の向上は，脂質の利用が高まるということでもあるから，同一運動においてより脂質を利用できるようになる．これによって長時間運動においてより糖を保存して脂質を利用できることになり，マラソンなどの記録が向上する．このことは血中乳酸濃度が運動強度に対して急激に上昇する点である，乳酸性作業閾値が向上すること，とも言い換えることができる．

近年の遺伝子科学の進展によるミトコンドリアのトピックというと，ミトコンドリアDNAに関することが挙げられる．ミトコンドリアにはミトコンドリア独自

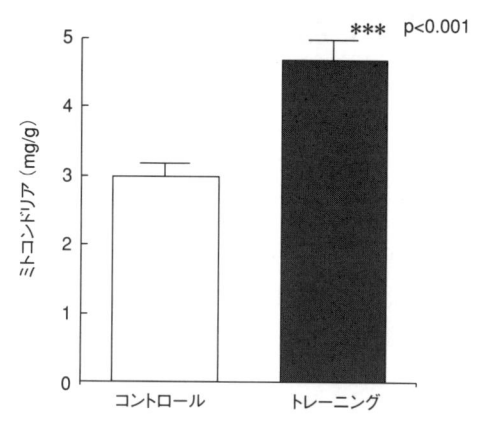

図 持久的トレーニングによるミトコンドリアタンパクの発現の高進[1]

の遺伝子があり，ミトコンドリアの酵素タンパクの一部などをコードしている．このことは，ミトコンドリアが細胞内部に共生した細菌であるという共生説の1つの根拠ともなっている．運動によってミトコンドリアタンパク質の発現が高まるのであるから，ミトコンドリア遺伝子の転写なども高まり，これまでとは違った角度からの筋の酸化能力に対する検討が可能になると思われる．また，ミトコンドリア遺伝子は母性遺伝することも，運動能力と遺伝との関係などで，新たな視点の研究が進展する可能性があろう．ただし，ミトコンドリアDNAの発現もやはり核の支配を受けているので，ミトコンドリア独自の応答について期待したほどには結果が出ないことも考えられる．

[八田　秀雄]

文献
1) Holloszy, J. O. Effects of exercise on mitochondrial oxygen uptake and respiratory enzyme activity in skeletal muscle. J. Biol. Chem., 242．2278-2282,1967
2) Brooks GA et al., Exercise Physiology. Human Bioenergetics and Its Applications (3rd Ed), Mayfiled, 2000

Q80 運動によって筋のコラーゲン代謝はどう変化するのか？

A コラーゲンは，細胞外マトリクスの主成分であり，20種類以上の分子種がある．ヒトの総タンパク質の3割ほどを占めると見積られている．ごく単純にいえば，身体が太く丈夫になるような状況では，コラーゲン代謝は正味で合成が多いといえる．

コラーゲンの合成と分解（図）

コラーゲンは極めて複雑な過程を経て合成される．また組織から完全に可溶化することが不可能なため，mRNA量，ヒドロキシプロリン量によってその合成・蓄積が推定されることが多い．分解過程は，ほとんど解明されていないが，MMPファミリー等の分解酵素が指標とされることがある．

運動刺激の細胞への伝達

コラーゲンを産生するおもな細胞は，線維芽細胞など間質系細胞である．運動刺激がどのように細胞に伝達されるかという点を，線維芽細胞を中心に考える．運動刺激は，線維芽細胞に対して，直接の力学的刺激として伝達されるとともに，間接的に物理化学的刺激として，温度上昇，pH低下，さらに生物学的刺激として，TGF-βなどの可溶性タンパク質の濃度変化を及ぼす．これらの刺激は，一方向（合成あるいは分解のみ）ではなく，双方向を刺激すると予想される．培養細胞での研究から，特に生物学的要因はコラーゲン合成に関与することが実証されている．

運動刺激と筋のコラーゲン代謝

筋のコラーゲン代謝は，筋を構成する細胞に与えられる運動刺激の質と量によって変化する．合成量の変化に関して，持久的トレーニング後の骨格筋での増加，ギプス固定後の対照骨格筋での減少，尾懸垂後の下肢骨格筋での増加が報告されている．ただし，単純に，合成の増加が筋骨格系組織の肥大，また合成の減少が萎縮を招くわけではない．合成変化の原因に関しても，特にトレーニング時の変化に関して，運動による二次的な内部組織損傷（に伴う炎症性物質の放出）がコラーゲン合成を招くとの指摘もある．運動刺激によるコラーゲン合成および組織構築の変化およびその原因に関しては，当面，分子・細胞レベルの要素に還元していくことが課題であると考えられる．

［中里　浩一，水野　一乗］

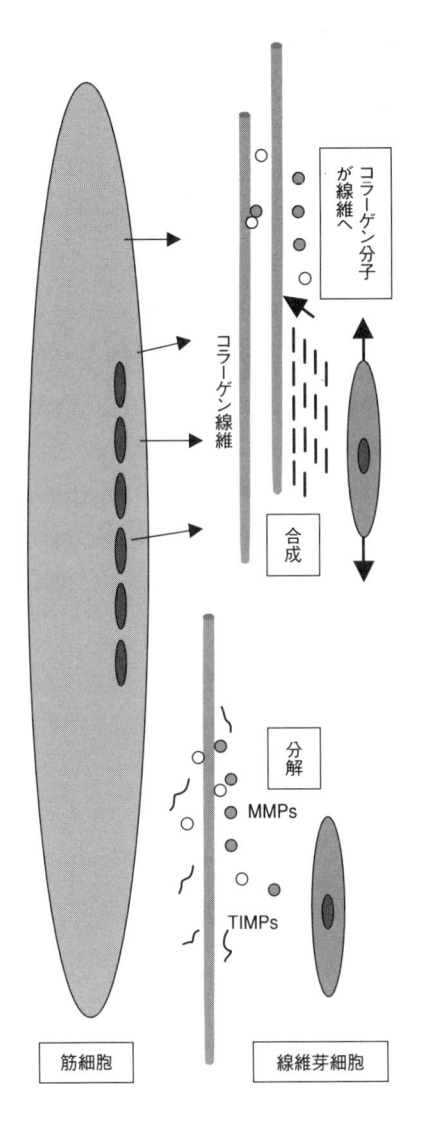

合成と分解

合成：
転写→核内 RNA スプライシング→ mRNA 完成→翻訳→小胞体へ
プロリンの水酸化, リジンの水酸化, ジスルフィド結合組換え
3 本鎖らせん形成
→ゴルジ体へ→細胞外へ分泌
細胞外で会合してマトリックスとして蓄積
酵素的あるいは非酵素的架橋
(注：コラーゲン合成においては転写以後の過程が複雑なことが特徴)

分解：
酵素の働く環境マトリックスメタロプロティネース(MMPs), カルパイン, その他ライソゾーム酵素など
酵素の阻害剤の機能する環境：TIMPs(MMP阻害剤)
コラーゲン線維のパッキングの緩み
コラーゲン分子のコンフォメーション変化

コラーゲン代謝に関与する細胞へのシグナル

1. 力学的要因
   筋細胞や線維芽細胞などに加えられる力（頻度, 方向, 強度：トレーニングの質）

2. 物理化学的要因
   pH, 酸素濃度, 乳酸濃度, 鉄イオン濃度, 酸化還元状態の変動

3. 生物学的要因
   サイトカイン濃度
   ホルモン濃度
   細胞の栄養状態（アミノ酸, 糖, ビタミン, 金属イオンなどの濃度：食事や休養の質と量, 消化器官など他臓器の遺伝的性質と獲得した能力に由来する）

(成長期であるか成人であるかによっても異なる)

図　コラーゲン代謝に及ぼす運動に関連した因子

文献
1) 林利彦, 水野一乗, 中里浩一ほか(2000). コラーゲンスーパーファミリー. 細胞外マトリックス. 林・小出編. 94-138 愛智出版, 東京.
2) 水野一乗, 吉川究（2000). 細胞外マトリックス. 運動分子生物学, 大日方昂監修, 山田茂, 後藤勝正編. 105-124 ナップ社, 東京.

Q81 スポーツパフォーマンスに人種差はあるのか？

A スポーツパフォーマンスを評価する最も一般的なものとしてオリンピックでの成績がある．オリンピックでは国別に勝敗が競われるので，その結果は人種差として考えることも可能である．最も新しいオリンピックとしてのシドニーオリンピックの結果（金，銀，銅メダルを得点化）を見ると，1位米国（685点），2位ロシア（620点），3位中国（426点），4位オーストラリア（405点），5位ドイツ（387点）6位フランス（268点），7位イタリア（238点），8位キューバ（207点），9位英国（200点）10位韓国（193点）……14位日本（126点）……80位チリ（6点）である．わが日本民族は80国中の14位であり，上位国といえる．もちろん各国のメダル獲得数は競技力向上に対する取り組み方によってもかなり影響される．たとえば，オーストラリアはモントリオールオリンピック（1976年）では金メダル1個で日本より低い成績であった．そこで国を挙げての競技力向上のプロジェクト（オーストラリアスポーツ研究所開設）が実を結んだ結果として今回の4位躍進が実現した．このことは，スポーツ競技成績がいかにスポーツ環境により影響されるかを如実に示す例である．

スポーツパフォーマンスを構成する要素の中に筋線維組成がある．速筋線維はパワー発揮に，遅筋線維はスタミナ発揮に特異的な線維であり，それぞれの筋線維の構成比率により機能発揮特性に特異的な違いがみられる．この筋線維タイプの差異はスポーツ競技成績を左右する要因の1つである．たとえば，短距離走速度は外側広筋の筋線維タイプ（速筋線維比率）と有意な相関関係（$r=0.58, p<0.01$）があることが確かめられている．パワー系種目（短距離，投てき，重量挙げ等）の選手は速筋線維が多く，一方スタミナ系種目（長距離走，マラソン等）の選手は遅筋線維が多い．この筋線維タイプはトレーニングによっても変わらず，また，一卵性双生児の筋線維タイプが酷似していることから，筋線維タイプは遺伝的な要因が強いといわれている．つまり，マラソン選手にパワートレーニングをしたとしても遅筋線維が速筋線維には変わらない．

多くのスポーツ競技では走パワーは基礎的体力として重要である．走パワーは走速度と高い相関関係がある．走速度は歩幅（m）と歩数（歩／秒）との積で表される．一般的には歩幅は脚長や身長に比例する．したがって，多くの条件が同じ

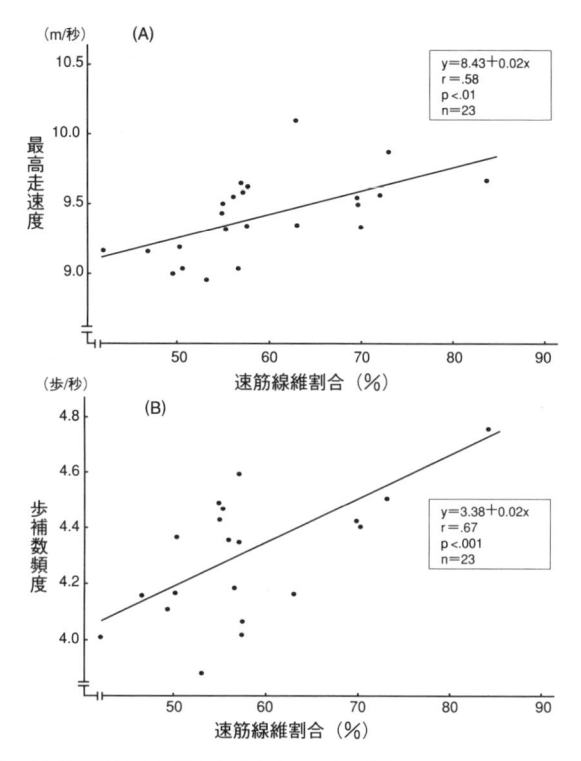

図 FT 線維割合と最高走速度との関係（A）
FT 線維割合と歩数頻度との関係（B）（Mero et al, 1981）

であるとすると，脚長が長いヒトが歩幅が広く，走速度が高いことになる．しかし，歩幅は筋の発揮パワーにより左右されるといわれている．トレーニングにより下肢筋群の発揮パワーの増大により歩幅が広くなり走速度が増加する．一方，歩数はトレーニングによってもあまり変化せず，また，平均的にみると子どもでも大人でも高齢者でもあまり変わらない．歩数は筋線維組成と有意な相関関係（$r=0.67$，$p<0.01$）が見られることから，遺伝的要因により左右されるとみられる．筋線維タイプに人種差があるかどうかは現在のところ明らかではない．

［福永　哲夫］

文献
- Mero, A. et al：Relationship between the maximal running velocity, muscle fiber characteristics, forceproduction and force relaxation of sprinters. Scand. J. Sports Sci. 3, 16-22, 1981
- Saltin, B. and Gollnick, P.：Skeletal muscle adaptability. Skeletal muscle (Peachey L. Et al) Baltimore, Waverly Press, Inc., pp.555-631, 1983

Q82 人種によって筋の構造や機能に違いはあるのか？

A ヒトの骨格筋は筋線維により構成されている．筋線維の断面積は筋線維の発揮張力に比例する．一方，筋線維の短縮速度は筋線維長に比例する．したがって，筋線維の発揮パワー（力×速度）は筋線維体積（断面積×長さ）に比例することになる．一般に，筋線維長は骨長に比例する．また骨長は遺伝的因子が強く，人種による差もみられる．したがって，筋線維の発揮パワーは人種により異なることが考えられる．筋線維断面積はトレーニングにより増やすことができるが，筋線維長をトレーニングにより変えることは困難である．したがって，骨が長く筋線維長が長い人種は潜在的に高い発揮パワーを有しているといえよう．

　筋線維は腱組織に接続する．筋線維が腱組織に付着する角度（羽状角，pennation angle）は筋により異なる．たとえば，肘関節の屈筋である上腕二頭筋は羽状角が小さく（ほとんど0），伸筋である上腕三頭筋は羽状角が大きい（20〜60度）．一方，羽状角は筋線維の肥大の度合いと密接な関係があり，筋線維の太いヒトほど羽状角が大きい．筋線維の発揮張力（筋線維張力）の羽状角の余弦成分が腱方向の力（腱張力）に相当することになるので，羽状角の大小は筋線維から腱組織への力の伝達効率に関係することになる．羽状角に人種差は存在するだろうか？　筋力トレーニングにより筋線維が肥大した場合に，羽状角の増大を伴うことが報告されている[1]．したがって，羽状角には人種差が存在はしないと考えられる．

　関節を構成する筋腱複合体は収縮要素（筋線維）と弾性要素（腱組織）とが直列に配列する．近年，超音波断層法を用いて腱組織の弾性特性を生体で測定する方法が開発されてきた．この方法を用いてヒト生体での腱組織の伸長量を測定した結果，発揮筋力が増大するに伴い腱組織の伸長量は指数関数的に増大する傾向が見られ，その伸長量／筋力比（コンプライアンス）は個人により異なることが明らかにされた．また，短距離選手は長距離選手よりコンプライアンスが高い（腱組織が柔らかい）ことが確かめられた．同時に，体格や筋力がほぼ同じ短距離選手について膝伸展の筋腱複合体のコンプライアンスを測定した結果，100 m記録の良い選手ほどコンプライアンスが高いことが確かめられた（図）[2]．このような腱の弾性特性は人種による差があるだろうか？　コンプライアンスは腱の断面積に反比例し，その長さに比例する．腱組織の長さは骨の長さに比例すると考えられるので，骨

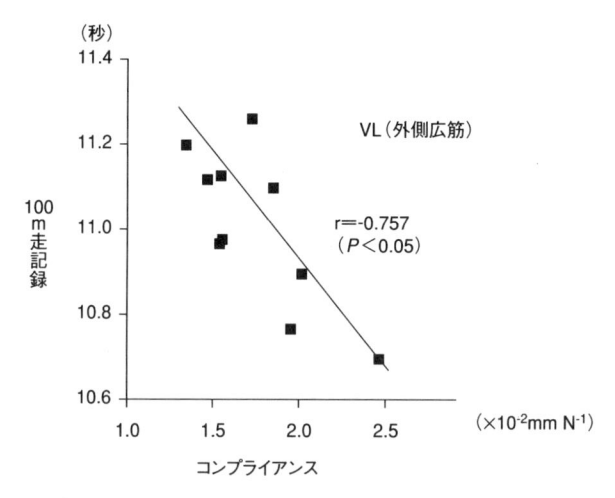

図 100m走記録と外側広筋のコンプライアンスとの関係[2]

長の長い人種ほどコンプライアンスが高いことが予測される．しかし，最近の実験では腱組織のコンプライアンスがトレーニングにより変化することが報告されている（Kubo[2] et al 2000）．このことは，適切なトレーニングにより腱の弾性特性を変化させられることを示すものと考えられる．　　　　　　　　　　［福永　哲夫］

文献
1) Kawakami Y. et al：Muscle-fiber pennation angles are greater in hypertrophied than in normal muscles. J Appl Physiol 74, 2740-2744, 1993
2) Kubo K. et al：Elasticity of tendon structures of the lower limbs in sprinters. Acta Physiol Scand168, 327-335, 2000

Q83 「筋肉質」の体型は遺伝によって決まるのか？

A ヒトの成長のしかたに個体差があり，同様の環境のもとで育っても肥満傾向を示す場合，いわゆる「筋肉質」になる場合，「ヤセ型」になる場合などがあることが経験的に知られている．古典的な発育・発達論では，これらをそれぞれ，「内胚様型」，「中胚様型」，「外胚様型」と呼んできた．こうした「体質」の違いは，特定の遺伝子群の多型（polymorphism）に起因すると考えられる．今後，ヒトのさまざまな体質に関連する遺伝子が解明されるものと期待されるが，ここでは生来の筋量を規定する可能性のある2つの遺伝子の多型について述べる．

IGF-I 遺伝子の多型

インスリン様成長因子-I（IGF-I）が筋肥大に重要な役割を果たすことは，体細胞遺伝子導入の実験（Q86）などからも明らかである．IGF-Iには，成長ホルモンの作用によりおもに肝臓で生成されるもの（システミックIGF-I）と，力学的刺激などによって筋そのものが分泌し傍分泌／自己分泌的に働くものがある．いずれも同一の遺伝子から選択的スプライシングによってつくられるアイソフォームで，後者はMGF（mechano-growth factor）とも呼ばれる[1]．Sunらは，白人（502名）でIGF-I遺伝子の多型を調べ，特定のプライマーによるPCR産物のサイズでみた場合に，189〜209塩基対（bp）にわたる11種の多型があったと報告している．最も頻度が高いのは189 bpで（71％），この189 bpのヘテロ接合型，およびノンキャリアーでは，除脂肪量，トレーニングによる除脂肪量の増大のいずれについても，189 bpのホモ接合型の場合より有意に高かった[2]．したがって，IGF-I遺伝子の多型が，筋肉質かどうかに関わる1要因となっている可能性がある．しかし，上記の差自体はわずかであり，決定的な要因とは考えにくい．

GDF-8（ミオスタチン）遺伝子の多型

ヨーロッパ産の肉牛では，特に筋量の多い品種が育種されてきていて，筋倍化変異（DMM：double-muscling mutation）と呼ばれている．このDMMは，GDF-8（ミオスタチン）遺伝子の変異によって起こることがわかった[3]．GDF-8はTGF-βスーパーファミリーに属する成長因子で，筋（特に速筋）に発現し，その成長を抑制する（Q73）．胎児期に多く発現することから，出産前の胎児の過剰成長を抑えているものと考えられるが，成長した個体でも持続的な発現が見られる．DMMで

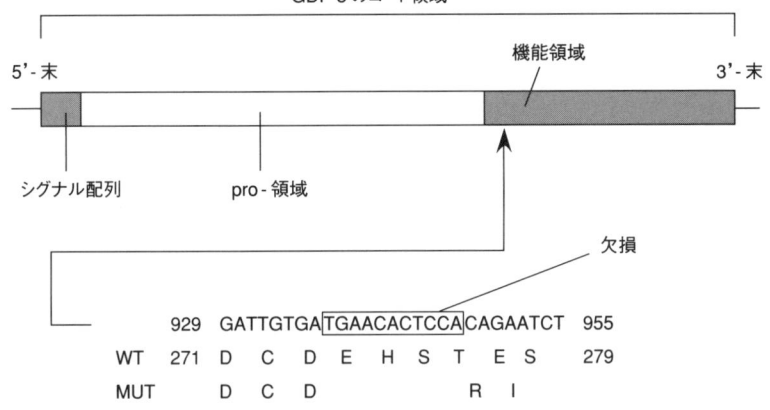

```
                        GDF-8のコード領域
       ┌─────────────────────────────────────────────┐
                              機能領域
  5'-末                         ↓                    3'-末
 ┌──┬──────────────────────┬──────────────────────┐
 │░░│                      │░░░░░░░░░░░░░░░░░░░░░░│
 └──┴──────────────────────┴──────────────────────┘
   │              │                ↑
  シグナル配列   pro-領域          
                                  欠損
  │                               │
  └──────┐           ┌────────────┘
         │    929  GATTGTGA TGAACACTCCA CAGAATCT  955
         WT   271   D  C  D  E  H  S  T  E  S    279
         MUT        D  C  D              R  I
```

図 GDF-8(ミオスタチン)の遺伝子の構造と筋倍化変異.著しい筋量増大を示すベルギー青では,最終的な機能ペプチドをコードする領域の前半で11塩基の欠損がおこり,その結果下流のアミノ酸配列が全く異なるものとなる(フレームシフト変異).WT：野性型(通常のホルスタイン種),MUT：ベルギー青.(文献3より引用改変)

は,ポイントミューテーション(1塩基置換)からフレームシフト変異まで,さまざまな程度の変異がみつかっている(図).特に,「ベルギー青」(Belgian Blue)と呼ばれる品種では,11塩基の欠損によるフレームシフト変異の結果,GDF-8のコード領域の大部分が意味をなさないものに変わっていて,このため通常品種に比べ約30％もの筋量増加が起こる.さらに,GDF-8遺伝子をノックアウトしたマウスでは,その筋量は最大で約200％も増大する.一方,最も高頻度でみられるウシ筋倍化変異種の「ピエモンテーズ」(Piedmontese)では,わずか2つの塩基の置換が起こっているだけである.GDF-8遺伝子は,トリからヒトに至るまで,きわめて相同性の高い遺伝子であることから[3],ヒトでもその遺伝子の小さな変異が筋量を左右する大きな要因になるものと想像される.最近,ヒトで6種類の多型があることが報告されたが,筋量との関係についてはまだはっきりしていない.

[石井　直方]

文献
1) Goldspink, G. et al. (1999). Changes in muscle mass and phenotype and the expression of autocrine and systemic growth factors by muscle in response to stretch and overload. J. Anat. 194：323-334.
2) Sun G. et al. (1999). Association and linkage between an insulin-like growth factor-1 gene polymorphism and fat free mass in the heritage Family Study. Int. J. Obesity & Related Metabolic Disorders 23：929-35.
3) McPherron, A. and S-J. Lee (1997). Double muscling in cattle due to mutations in the myostatin gene. Proc. Natl. Acad. Sci. USA 94：12457-12461.

Q84 「ポッチャリ型」の体型は遺伝によって決まるのか？

A いくら運動をしても，「ポッチャリ型」の体型をなかなか脱することができないという例を時々みかける．こうしたいわゆる肥満体質と遺伝子の関係については，病的肥満や糖尿病とのかかわりから，多くの研究がなされてきている．次に述べるように，肥満体質と関係のありそうな遺伝子はいくつか発見されてきてはいるが，まだ明確な結論には至っていないのが現状である（表）．

レプチン

レプチン（leptin）は脂肪細胞から分泌される〜17 kDa のタンパク質で，その遺伝子は従来「肥満遺伝子」（ob gene）と呼ばれてきた．この遺伝子をノックアウトしたマウスは極度の肥満になる．レプチンは脂肪細胞に脂質が過度に蓄積すると分泌され，脳の摂食中枢などに作用して食欲を低減するとともに身体活動量を増加させる[1]．すなわち，体脂肪量を一定に保つ機構（リポスタット）を構成すると考えられている．ヒトのレプチン遺伝子には，不活性型の変異があることが報告されている．しかし，こうした変異は病的肥満にのみ関連しているようである．ただし，1塩基置換のような微小な変異が他にあって，通常人の肥満体質と関連している可能性は否定できない．中枢などのレプチン感受性（受容体の多型を含む）に個人差がある可能性もある．

β_3 受容体

交感神経の活動やアドレナリンによって，脂肪細胞中の脂肪分解が刺激される．この反応は，β_3 アドレナリン受容体（β_3-R）を介したリパーゼの活性化による．たとえば，β_3 アゴニストである BRL 26830 などを投与すると体脂肪が減少する．最近では，この効果は脂肪分解の活性化と脂肪合成の抑制の両方によると考えら

表 肥満体質に関連する可能性のある遺伝子

コードするタンパク質	おもな発現組織
レプチン	白色脂肪組織（WAT）
β3-受容体	WAT　骨格筋
UCP-1	褐色脂肪組織（BAT）
UCP-2	WAT　BAT　心臓
UCP-3	骨格筋　心臓

れている.ヒト β_3-R には,64番目のトリプトファンがアルギニンに置換した変異があり,変異型をもつヒトでは肥満と糖尿病(タイプII)の発生率が高いといわれている.実際,ピマインディアンでは,変異型の割合が1/2であり,肥満や糖尿病の頻度も高い.一方,日本人も約1/3が変異型をもつといわれるが,肥満の発生頻度はそれほど高くはない(肥満になる素質は高いのかも知れない).また,変異型の遺伝子を培養細胞に導入しても,アゴニストに対する反応が正常型の遺伝子を導入した場合と変わらないことから,この変異そのものは脂質代謝に深く関係しないのではないかとも考えられている[2].

ミトコンドリア脱共役タンパク質(UCP ファミリー)

脱共役タンパク質(UCP)は,ミトコンドリア内膜上にあり,内膜と外膜の間に蓄積した H^+ をリークすることによって,電子伝達系と ATP 合成酵素の共役を阻害する(Q49).エネルギー基質のもつエネルギーを熱として「無駄」に消費させてしまうので,この遺伝子は「浪費遺伝子」とも呼ばれる.最初に発見された UCP-1 は,おもに冬眠をする哺乳類の褐色脂肪組織(BAT)にあり,冬眠中の体温保持に重要と考えられている.ヒトでは,BAT の総量は 40 g 程度しかないため,肥満へのかかわりは小さいと思われる.一方,UCP-2 はヒト白色脂肪組織(WAT)にもあり,体脂肪量の調節に関与している可能性がある.最近,最も着目されているのは,おもに骨格筋で発現する UCP-3 である.UCP-3 遺伝子を α-アクチンのプロモーターにつないで導入した遺伝子組み換えマウスは,多食にもかかわらず,体脂肪量がきわめて少ない[3].また,UCP-3 の発現は,骨格筋 β-3 受容体の刺激を介して増大するという報告もある.UCP に多型があるか,肥満体質に関連しているかなどは今後の課題である.

[石井 直方]

文献

1) Pelleymounter, M.A. et al. (1995). Effects of obese gene product on body weight regulation in ob/ob mice. Science N.Y. 269:540-543.
2) Candelore, M. R. et al. (1996). Pharmacological characterization of a recently described human beta 3-adrenergic receptor mutant. Endocrinol. 137:2638-2641.
3) Clapham J.C. et al. (2000). Mice overexpressing human uncoupling protein-3 in skeletal muscle are hyperphagic and lean. Nature 406:415-418.

Q85 筋持久力は遺伝によってどこまで決まるのか？

A 局所的筋持久力が筋内の毛細管数に依存し，高反復回数の筋トレーニングによって単位体積当たりの毛細管数の増大が起こることが知られている．局所循環の改善によって乳酸などの代謝産物のクリアランスが増大し，乳酸耐性が高まるものと想像される．したがって，血管再生にかかわる多数の因子(Q 69)に遺伝的多型があり，筋持久力に関係している可能性がある．一方，最近では循環の調節因子の遺伝的多型と筋持久力の関係が着目され，論争の的となっている．

アンギオテンシンⅠ変換酵素（ACE）遺伝子の多型

アンギオテンシンⅠ変換酵素（ACE）は，血液中のアンギオテンシンⅠ(AI)を，活性型のアンギオテンシンⅡ(AII)に変換する酵素である．AII は，キニン(kinin)を分解するとともに，副腎に働きアルドステロンの分泌を高める．キニンは血管内皮細胞から一酸化窒素（NO）を遊離させる血管拡張因子である．アルドステロンは腎臓での塩と水の再吸収を促進し，尿の生成を抑える(抗利尿作用)．したがって，AII が増加すると，血管が収縮し，尿排出が抑制され，のどの乾きが起こる．この ACE 遺伝子には，挿入型（I型）と欠損型（D型）の少なくとも2種の多型があることがわかっている．I型遺伝子では，コード領域に 287 塩基対の挿入があり，D型ではその挿入がない．ACE 活性は，I型の場合の方が D型の場合に比べて低くなる．D型のホモ接合体（DD）では，高血圧や病的心室肥大の頻度が高いという報告があり，AII の過剰生産がその要因と考えられている[1]．Montgomery らは，エベレストに無酸素補助で登頂した登山家を対象に ACE 遺伝子の多型を調べ，I型のホモ接合体（II）の割合が一般人の場合に比べて有意に高かったと報告している[2]．

ACE 遺伝子多型とスポーツ競技力

Montgomery らはさらに，ACE 遺伝子の多型が，筋持久力トレーニングに対する反応性（トレーナビリティー）にも関連することを示した[2]．彼らは，DD，DI，II のそれぞれの遺伝子型をもつグループに同一の筋持久力トレーニング(上腕二頭筋)をさせたところ，筋持久力が II 型で最も向上し，DD 型ではほとんど向上しなかったと報告している（図A）．

一方，スポーツ選手についてみると，オーストラリアの代表レベルのボート選

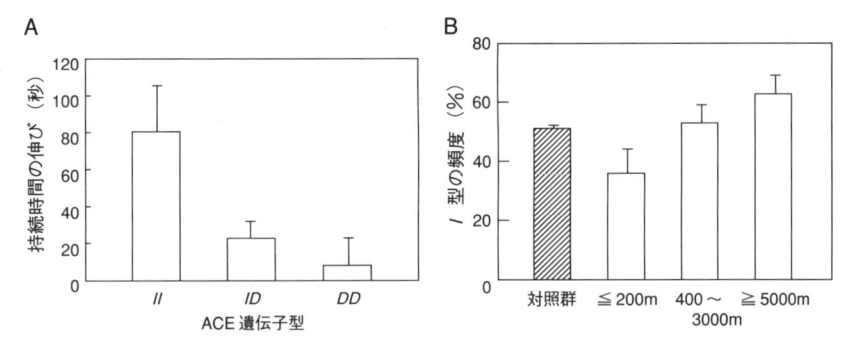

図 持久力トレーニング(10週間)による肘屈曲(15 kgの負荷,0.3 Hzから漸増するリズム)持続時間の改善とACE遺伝子型の関係.初期値は平均120回で群間に有意差なし.トレーニング後では,*II* は *DD* に比べ有意に大きな増加を示した($P=0.001$)(A).(文献2より引用改変)
英国陸上選手における I 型遺伝子の頻度(B).(文献3より引用改変)

手では I 型遺伝子の頻度が57%で,一般人の場合(43%)より有意に高いことが報告されている[1].また,イギリスの陸上競技選手(オリンピックレベル)では,I 型遺伝子の頻度が,一般人の場合と比べ200 m以下の短距離選手で低く,5000 m以上の長距離選手で高かったという報告もある[3](図B).ACE活性が持久力とそのトレーナビリティーに影響を及ぼすメカニズムは不明であるが,持続的にAII活性が低く保たれることにより,筋内の血管が持続的に拡張し,筋によるグルコースの取り込みやその蓄積が増進するのではないかと想像されている.しかし,ACE活性が安静時や運動時の筋血流にどのような効果を及ぼすかについてはまだ十分に調べられていない.一方,アメリカ合衆国のスポーツ選手で同様の調査を行い,上記のような結果が得られなかったこと,持久力トレーニングによる V_{O_2} max と乳酸閾値(LT)の上昇は *II* 型よりむしろ *DD* 型の方が大きかったことなども最近報告されている[4].このような場合には,筋線維組成の遺伝的違いの影響(Q 65, 66)も強いと考えられるので,複数の要因を考慮した,より多面的な研究が望まれる. [石井 直方]

文献
1) Gayagay, G. et al. (1998). Elite endurance athletes and the ACE I allele - the role of genes in athletic performance. Hum. Genet. 103:48-50.
2) Montgomery, H.E. et al. (1998). Human gene for physical performance. Nature 393:221-222.
3) Myerson, S. et al. (1999). Human angiotensin I-converting enzyme gene and endurance performance. J. Appl. Physiol. 87:1313-1316.
4) Rankinen, T. et al. (2000). Angiotensin-converting enzyme ID polymorohism and fitness phenotype in the heritage family study. J. Appl. Physiol. 88:1029-1035.

Q86 遺伝子ドーピングは可能なのか？

A　スポーツ競技力を高めるために，遺伝子を改変したり，外部から新規遺伝子を導入したりすることを「遺伝子ドーピング」と呼ぶことができるであろう．こうした操作は，受精卵の段階でゲノム内の遺伝子を組み換える場合と，病原性を低減したウイルスなどを用いて成体の特定の細胞群に遺伝子を導入する場合（体細胞遺伝子導入）に大別することができる．後者の場合，遺伝子治療を目的とした研究・開発が進んでいて，すでに遺伝子ドーピングとして悪用可能な段階にまできているといえる．

特定の筋の筋力・パワーを高める（IGF-I，GDF-8）

筋のサイズ，筋力，筋パワーなどに関連した成長因子に，IGF-I と GDF-8（Q 73，83）がある．最近では，筋によって生産される IGF-I 選択的スプライシングアイソフォーム（MGF）が，トレーニングによる筋肥大に重要な役割を果たすと考えられている[1]．Barton-Davis らは，ラット IGF-I 遺伝子のコード領域を速筋型ミオシン軽鎖のプロモーターにつないだものを，アデノ随伴ウイルス（AAV）の遺伝子に組み込み，その AAV 懸濁液をマウス後肢筋に注射した[2]．その結果，AAV に感染した筋線維での IGF-I 生産が持続的に増大し（過剰発現），1 回注射しただけで，4 ヶ月間に 15〜20 ％の筋肥大が起こった（図）．しかも加齢に伴う type II 線維数の減少も完全に抑えられた．したがって，この方法は，加齢による筋萎縮や，病的筋萎縮の遺伝子治療法として期待されている．一方，過剰生産された IGF-I は血中に検出されないことから，この方法が筋肥大のためにスポーツで悪用されることが危惧されている．

GDF-8（ミオスタチン）は，筋の成長や肥大を抑制する因子である．その遺伝子のうち，264〜267 番目のアミノ酸をコードする部分を，RSRR から GLDG に置き換え，クレアチンキナーゼのプロモーターにつないだものをマウス胚に導入することにより，筋線維が対照と比べ 17〜35 ％肥大することが報告された[3]．過剰生産された変異型 GDF-8（ネガティブ GDF-8）が，正常な GDF-8 のアンタゴニストとして働くためと考えられる．この実験の場合には，ゲノム遺伝子の組み換えであるが，特定の骨格筋を対象としたネガティブ GDF-8 の体細胞遺伝子導入も，理論的には十分に可能であろう．

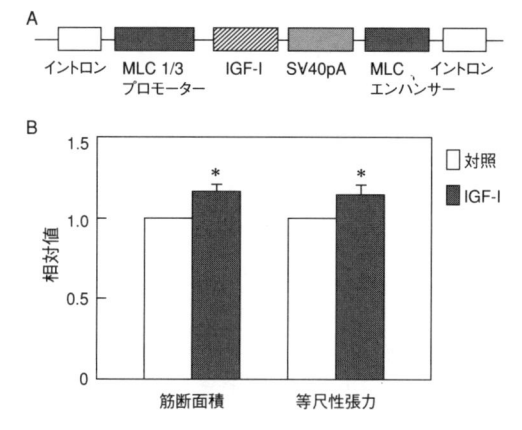

図 IGF-Iの体細胞遺伝子導入による筋肥大と筋力の増強.
組み替えIGF-I(AAV)の遺伝子構成（A）.
マウス後肢筋に（A）で示したラットIGF-I遺伝子を導入した4ヵ月後におこる筋肥大と筋力の増加（B）. ＊：$P<0.01$（文献2より引用改変）

全身持久力を高める（EPO）

　昨今のドーピング事情からみて，エリスロポエチン（EPO）遺伝子を肝臓に導入し，過剰発現させることができれば，持久的競技力の向上につながる可能性がある．この場合，どのような遺伝子のプロモーターを用いるかが問題となる．実用可能な方法としては，メタロチオネイン（金属の解毒に関連）のプロモーターにつないで導入し，微量の重金属（カドミウムなど）を摂取することで，必要な時期にのみEPOの過剰発現を誘導することなどが考えられる．

身体組成を改善する（レプチン，UCP-3）

　脂質代謝に関連した因子を過剰発現させると，除脂肪量を維持しつつ効果的に体脂肪量を減らすことができると考えられる．前記の場合と同様にして，白色脂肪細胞にレプチン遺伝子（Q84）を導入する，または骨格筋線維に脱共役タンパク質-3遺伝子（UCP-3：Q84，Q122）を導入するなどの方法が可能であろう．

[石井　直方]

文献
1) Goldspink, G. (1999). Changes in muscle mass and phenotype and the expression of autocrine and systemic growth factors by muscle in response to stretch and overload. J. Anat. 194：323-334.
2) Barton-Davis, E. R. et al. (1998). Viral mediated expression of insulin-like growth factor I blocks the aging-related loss of skeletal muscle function. Proc. Natl. Acad. Sci. USA, 95：15603-15607.
3) Zhu, X. et al. (2000). Dominant negative myostatin produces hypertrophy without hyperplasia in muscle. FEBS Lett. 474：71-75.

COLUMN❸ 筋肉に男女差はあるのか？

　ヒトの体型には男女差があり，これには生殖器とそれに関連した器官の違いに加え，体脂肪の付き方の違い，骨格の違い，筋系の違いなどが関与していると考えられる．ヒト以外の動物では，筋系の違いが外観上の違いに大きく寄与している場合がある．たとえばカエルでは，オスで前肢筋群が顕著に発達している．ゴリラでは，オスで頭頂に始まる咬筋が著しく発達し，頭部が大きく尖った外観を呈する．ヒトの場合，これらの例ほど顕著ではないが，ボディビルディング競技などをみると，女性では男性に比べ，明らかに首から肩，上肢にかけての筋量が少ないようである．

筋線維組成の男女差

　筋線維組成には男女差があるだろうか．外側広筋に関する最近10年間の研究をまとめると，有意な違いがありそうである．筋線維タイプを大きくtype I，IIa，IIbに分類すると(Q66)，それらの存在比は，男子でIIa＞I＞IIbの順に大きいが，女子ではI＞IIa＞IIbになる[1]．これは，女子の方が一般に体脂肪が多く，脂質代謝への依存度が高いと考えられること，長時間の持久的能力が高いことなどと関連するかもしれない．

筋の発達の男女差

　性ホルモンはさまざまな男女差を生じさせる上で重要な役割を果たすが，最近，アンドロゲン受容体の発現パターンに筋肉による部域差があることが報告された[2]．特に，僧帽筋では，他の筋に比べアンドロゲン受容体の発現量が高く，しかもアナボリック・ステロイドを使用することによって，その発現量がさらに増大する．したがって，こうした違いが，男女間での筋系の外観上の差，すなわち首から肩，上肢にかけての筋量の違いに関連している可能性がある．

［石井　直方］

文献
1) Staron, R. S. et al. (2000). Fiber type composition of the vastus lateralis muscle of young men and women. J. Histochem. & Cytochem. 48：623-629.
2) Kadi, F. et al. (2000). The expression of androgen receptors in human neck and limb muscles：effects of training and self-administration of androgenic-anabolic steroids. Histochem. Cell Biol. 113：25-29.

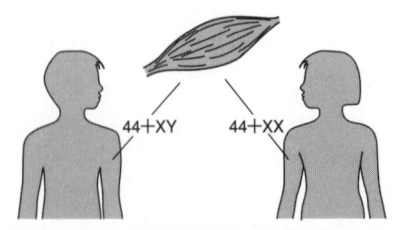

第 IV 章
臨床との関連

Q87 運動は寿命を延ばすのか？

A WHO（世界保健機関）と国際スポーツ医学会は，健康のための身体活動についての共同声明（1994）で身体運動が平均寿命延長に及ぼす効果を強調している．特に，十分な運動をしないヒトは活動的なヒトに比べて冠動脈疾患にかかるリスクが約2倍であること，高齢者が病弱であったり身体に障害が現れたりするのは，年をとるということよりむしろ習慣的な運動不足によるものである場合が多いことなど，習慣的な身体活動が多くの疾病を予防し，または病的状態を緩和することができるのは明らかであって，「運動不足が無用な死亡のおもな原因である」と発表している．

これまでに，生活習慣病の予防や治療の観点から，身体運動が平均寿命を高めるという研究結果が多く示されてきた．たとえば，Paffenbargerら[1]は16,936人の大学卒業生を対象に，身体活動にかかわるライフスタイルと死亡率および死亡の原因との関係を追跡調査した．その結果，ウォーキングなどを含み何らかのスポーツを行っているという活動的な生活習慣をもっているヒトは，主として呼吸循環系に起因する死亡率を低下させた（図）．また，週に2,000 kcal以上の身体運動をしているヒトの死亡率は，ほとんど運動していないグループよりも1/3から1/4低かったことを報告している．

1万3千人を対象としたその後の彼らの研究では，ゴルフやボーリングなどといった軽度の運動では明確な死亡率の低下が認められず，ランニング，ジョギング，水泳などで多少強めの運動強度（>6 Mets）が死亡率の低下に必要であることを示した[2]．同時に，過体重でないヒト（ここではBMIが25以下）では運動の効果がより顕著にみられることから，体重減少をきたすような運動は，寿命の延長に相乗的に働く可能性も指摘されている．

寿命を決定する主因には種々の説がある．身体運動の効果に焦点を合わせると，代謝亢進によって酸素ラジカルの発生が増加することが予想されることから，近年，特に活性酸素説とのかかわりが注目されている．Parkesら[3]は，ヒトのスーパーオキシドジスムターゼ1（SOD 1）産生に関与する遺伝子をショウジョウバエの運動ニューロンに発現させたところ，SOD 1の遺伝子導入によって40％に及ぶ寿命の延長が認められたことを報告した．この結果も，酸素ラジカルが加齢や寿

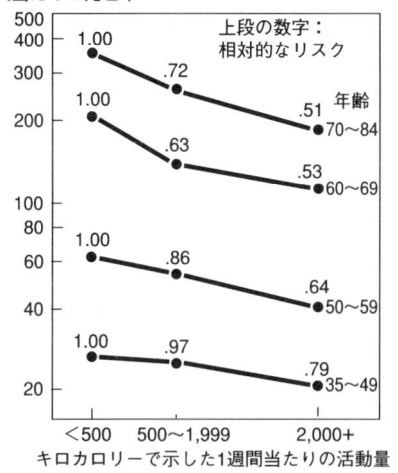

図 1962から1978年のハーバード大学卒業生 16,936名の年代別の死亡率と活動水準の関係

命に大きな影響を与えているという実証であるとともに，寿命に関係のある遺伝子が特定されたという点で注目された．動物種別の限界寿命は，体重当たりの酸素消費速度（$ml/g/h$）と負の関係があることが知られており，代謝亢進や基礎代謝の上昇による酸化ストレスが，ネガティブな効果を示す可能性は動物実験でも証明されている．また，脂質の過酸化は，生体においては老化の他に肝および肺疾患などに関連することが明らかになっており，身体運動が過剰な酸化ストレスの原因になっていないかについて，さらに吟味が必要である．

すでに述べたとおり，あまりに軽度の運動では平均寿命の延長に明確な効果が得られない[2]．平均寿命の延長，すなわち健康的なライフスタイルのために，運動強度の至適水準について「適度な」という以上の「具体的な」指標の整備が求められている．　　　　　　　　　　　　　　　　　　　　　　　［長澤　純一］

文献
1) Paffenbarger RS, et al (1986). Physical activity, all-cause mortality, and longevity of college alumni. N Engl J Med 314：605-613.
2) Lee I-M and Paffenbarger RS (2000). Associations of light, moderate and vigorous physical activity with longevity. Am J Epidemiol 151：293-299.
3) Parkes TL, et al (1998). Extension of Drosophila lifespan by overexpression of human SOD 1 in motorneurons. Nat Genet 19：171-174.

Q88 運動は老化を防止するのか？

A イエバエを飼育する際に，自由に飛び回れるような広いカゴの中で飼育した場合と，運動を制限した場合とで比較すると，寿命に相違があることが報告されており，運動量が多いと寿命は短縮する[1]．運動時の酸素消費量が，安静時に比べて極端に多いイエバエにおいては，活性酸素の発生量が増加したことが寿命を縮めた原因と考えられる．さらに，肝の8-ハイドロキシデオキシグアノシン(8-OHdG：DNAの酸化的傷害の指標)と哺乳動物の寿命との間に関連があり，8-OHdGが多い種ほど寿命が短いことが知られている[2]．生体内で発生した活性酸素種はいくつかの経路でDNAの酸化的損傷を引き起こし，老化に関与すると思われる．さらに各動物種におけるスーパーオキシドジスムターゼ(SOD)の基礎代謝当たりの活性と最長寿命を比較すると，SOD活性が大きい種ほど寿命が長く，フリーラジカルに対する防御機能に優れていることが長寿に関連する[2]．

激しい運動を行うと血中の各種カテコールアミンが上昇し，増加した好中球は安静時より多くの活性酸素種を発生させる．諸臓器における抗酸化システムの防御能を超える活性酸素種が発生すると，血中，臓器さらには細胞の過酸化脂質レベルが上昇して加齢的変化を起こす場合がある．すなわち，変成タンパクと過酸化脂質の複合体であるリポフスチンの蓄積を招き，生体を老化させる．また，激しい運動を長期間にわたり続けると，糖質コルチコイドの分泌亢進により末梢血中のリンパ球数が減少し，免疫機能の低下をもたらす．一般的に，強度のストレスが生体に長くかかった場合にはリンパ球のうちのナチュラルキラー細胞(NK細胞)が減少し，がんが発生しやすくなるといわれる．度を越した運動を長期間にわたって続けると，生体防御系の主戦力である白血球の分画バランスが崩れ，組織および細胞障害を惹起し，生命維持に必要な抵抗力が減退していくと考える．

スポーツ合宿のように連日激しい運動を繰り返すと，前述した8-OHdGの尿中排泄量が有意に増加するという[3]．酸素消費量の増加に伴う活性酸素種の生成が促進され，その結果DNAの酸化的損傷が引き起こされるからである．しかしながら，一過性の運動量増加程度では尿中8-OHdG排泄量は変化せず，DNAの酸化的損傷は認められない．日頃からトレーニングを行っている運動選手などでは，筋肉中のSOD，グルタチオンペルオキシダーゼやグルタチオンレダクターゼをはじめと

表 運動量の相違による老化への影響

激しい運動	適度な運動
・活性酸素による DNA の酸化的損傷 　尿中 8-OHdG の増加	・抗酸化酵素の活性化 　酸化的ストレスに対する防御能の増強
・免疫機能の低下 　末梢血中のリンパ球減少 　NK 細胞の減少	・免疫機能の賦活化 　成長ホルモンの分泌増加 ・各種生活習慣病の予防
・老化を促進し，寿命を短縮	・老化を防止し，寿命を延長

する抗酸化酵素の活性が高く，酸化ストレスに対する防御能が増強している．また，適度な運動は成長ホルモンなどの分泌を促して免疫機能を賦活化し，生体の老化を遅らせる．少なくとも，寿命短縮の原因となる各種生活習慣病の予防に，適度な運動が効果的であることは確かである．すなわち，ストレスにならない程度の適度な運動習慣は中性脂肪の低下，HDL コレステロールの増加，酸化 LDL（低密度リポタンパク質）の低下をもたらし，動脈硬化，高脂血症，高血圧，虚血性心疾患，糖尿病，さらには悪性腫瘍を予防する．したがって，適度な運動は間接的に寿命を延ばすものと考える．

以上のことより，激しい運動は老化を促進し，適度な運動は老化を防止するものと結論づけられる（表）．しかしながら，有益と有害の運動量の境界線がどこにあるのかを見極めることは現実的に難しく，それは健康状態，年齢，トレーニングのレベル，そして栄養状態によって，一人ひとり異なることが推察される．

［齋藤　大蔵］

文献

1) Sohal RS and Buchan PB (1981). Relationship between physical activity and life span in the adult housefly, Musca domestica. Exp Gerontol 16：157-162.
2) Cutler RG (1991). Human longevity and aging：possible role of reactive oxygen species. Ann NY Acad Sci 621：1-28.
3) Okamura K, et al (1997). Effect of repeated exercise on urinary 8-hydroxy-deoxyguanosine excretion in humans. Free Radic Res 26：507-514.

Q89 運動は遺伝子に突然変異を引き起こすのか？

A "運動は遺伝子に突然変異を引き起こすのか"という質問は，1) 運動は活性酸素を生じるのか，2) 活性酸素は DNA を傷害するのか，3) DNA の傷害が突然変異を引き起こすのかという3つの質問に分けることができる．1) は別項参照とし，2)，3) について説明する．まず2) の活性酸素による DNA 損傷については現在までに数多く報告されている．その中でもグアニンの8位が酸化された 8-ヒドロキシグアニン（8-OHGua：8-hydroxyguanine）は最もよく研究が進んでおり，がんや老化と密接な関係があることが示唆されている[1]．8-OHGua は常に DNA 中のグアニン100万個に1個程度の割合で存在しているが，何らかの理由で体内に活性酸素の発生が高まるとその DNA 中の蓄積量も高まり，がんをはじめとするさまざまな疾患発生へと結びついていく．実際，いくつかの発がん物質がその標的臓器で 8-OHGua の発生を高めることが報告されている．次に3) の突然変異の誘導については，8-OHGua は立体構造の変化によりシトシンのみならずアデニンとも水素結合で対合してしまうため，2回の DNA 複製を経て G から T へのトランスバージョン型の突然変異を誘発してしまうことが知られている．さらに，ヌクレオチドプールにおける酸化によっても，A から C へのトランスバージョン型の突然変異を誘発する．ここまでをまとめると，運動によって発生した活性酸素は DNA あるいはヌクレオチドプールを酸化し，DNA 中に突然変異を誘発する（図）．では，どのような運動でも，あるいは誰が運動しても，その結果として遺伝

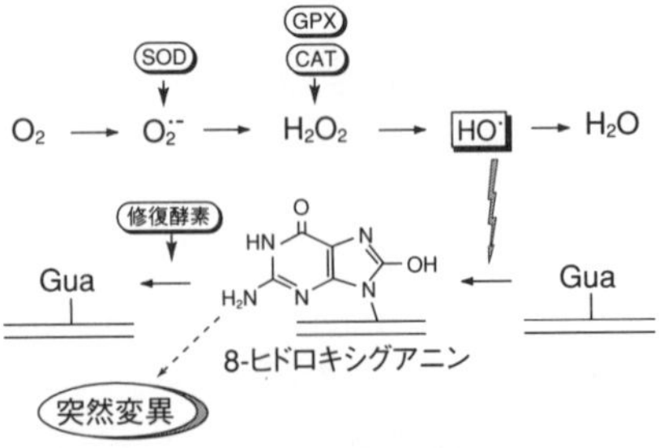

図 8-ヒドロキシグアニンによる DNA 中の突然変異の誘発
SOD：スーパーオキシドジスムターゼ，GPX：グルタチオンペルオキシダーゼ，CAT：カタラーゼ，Gua：グアニン

子に同様に突然変異を引き起こすのであろうか．その質問については，筆者らが行った2つの実験からその答えを示唆する興味深い結果が得られているので紹介する．

[実験1]

　ラットに電気ショックを与えてトレッドミル上で強制的に運動させるグループ，走ると回転する車輪を与えて好きなときに自発的に運動を楽しめるグループ，そのどちらの運動もしないグループに分け飼育した．5週間後に8-ヒドロキシデオキシグアノシン（8-OHdG：8-hydroxydeoxyguanosine）が心臓，肺，肝臓でどれだけ生じたかをグループごとに比べると，強制運動グループは自発運動グループより8-OHdGの生成量が1.5～2倍多く，どちらの運動も行わなかったものはその中間であった[2]．すなわち，運動の方法によってDNAに生じる損傷の程度がまったく異なるのである．自由に楽しく運動をすれば酸化的DNA損傷は運動をまったくしないときよりも減少し，その結果，遺伝子の突然変異は起こりにくくなる．逆に，ストレスを感じながら無理に運動をしたりすると酸化的DNA損傷はむしろ増加し，遺伝子に突然変異を引き起こしやすくなると考えられる．

[実験2]

　日頃からよく運動をするヒトとあまり運動をしないヒトでは，遺伝子の突然変異の起こりやすさに違いがあるのだろうか．そこで，大学の運動部員など日頃よく運動をする10名（運動群）とあまり運動をしない13名（非運動群）のボランティアを対象に好中球DNA中の8-OHGua生成量を測定した[3]．その結果，運動群が非運動群に比べ，有意に低値を示した（それぞれ0.24 ± 0.14, $0.63\pm0.36/10^5$ dG）．言い換えれば，日頃から運動を心掛ける行為が平静時のDNA損傷を抑え，遺伝子の突然変異を防ぐのである．以上，筆者らの研究で得られた結果をまとめると，自由に楽しく，かつ日頃からよく運動をしていれば遺伝子の突然変異を未然に抑えることができ，がんなど遺伝子の異常により生じる疾病を予防することが可能となる．逆に，ストレスに満ちた強制的な運動や運動不足は遺伝子に突然変異を引き起こす可能性が高い．　　　　　　　　　　　　［平野　雄・葛西　宏］

文献
1) Kasai H, et al (1986). Formation of 8-hydroxyguanine moiety in cellular DNA by agents producing oxygen radicals and evidence for its repair. Carcinogenesis 7：1849-1851.
2) Asami S, et al (1998). Effects of forced and spontaneous exercise on 8-hydroxydeoxyguanosine levels in rat organs. Biochem Biophys Res Commun 243：678-682.
3) Asami S, et al (1998). Reduction of 8-hydroxyguanine in human leukocyte DNA by physical exercise. Free Radic Res 29：581-584.

Q90 運動はがんを防止するのか？

A がんは1981年以降わが国の死亡原因の第1位であり，遺伝子異常の蓄積により発生する慢性疾患と考えられている．がんの発生に関係する遺伝子にはがん遺伝子とがん抑制遺伝子があり，これらの遺伝子が先天的（遺伝要因）に異常があったり，あるいは後天的（環境要因）に障害され，蓄積されることによりがんが発生する．現在のがんのなかでは遺伝要因を原因とするものは少なく，多くは発がん物質やウイルスなどの環境要因を原因とする．疫学研究によると，発がんに関連する環境要因の寄与する割合は，食物が35％と最も高く，タバコが30％，ウイルスによるものが10％とされている．逆に，これらの生活習慣を改善することは，がんを約65％程度予防することが可能であることを示唆している．

身体活動や運動によるがんの予防効果については，最近いくつかのがんについて多くの疫学研究の結果が報告されている[1]．それらの結果では，身体活動や運動により一部のがんに対してはある程度予防できることが明らかになってきた．身体活動の効果が最もはっきりしているのは結腸がんである．仕事や余暇時間に身体活動量が少ない者や1日の総エネルギー消費量が少ない者では，身体活動量が多い者に比べて，結腸がんのリスクは2倍から3倍も高い．しかし，同じ大腸がんでも直腸がんでは予防効果が認められていない．その他のがんでは，女性の乳がんと男性の前立腺がんについて比較的多くの疫学研究がある．それらの結果は，運動習慣のある者や身体活動量が多い者で予防効果があるとするものが多い．しかし，その一方で，予防効果がないとする結果もみられ，現在のところ明確な結論には至っていない．

身体活動や運動の結腸がんに対する予防効果のメカニズムについては必ずしも明らかではないが，腸管の蠕動運動や便中の胆汁酸濃度に対する影響，さらには免疫能の亢進といったことが関与している可能性が考えられている（図）．これは，結腸がんの発生が，その解剖学的位置や機能から，腸管内での発がん物質の生成と強く関係していると示唆されているからである．運動はモチリンの分泌を増加させることにより腸管の蠕動運動を刺激し，糞便の消化管通過時間を短縮させる[2]．このことは発がん物質と腸粘膜との接触時間を短くすることを意味し，がん発生の危険性の低下につながる．また，発がん関連物質である胆汁酸（特に2次胆汁酸）

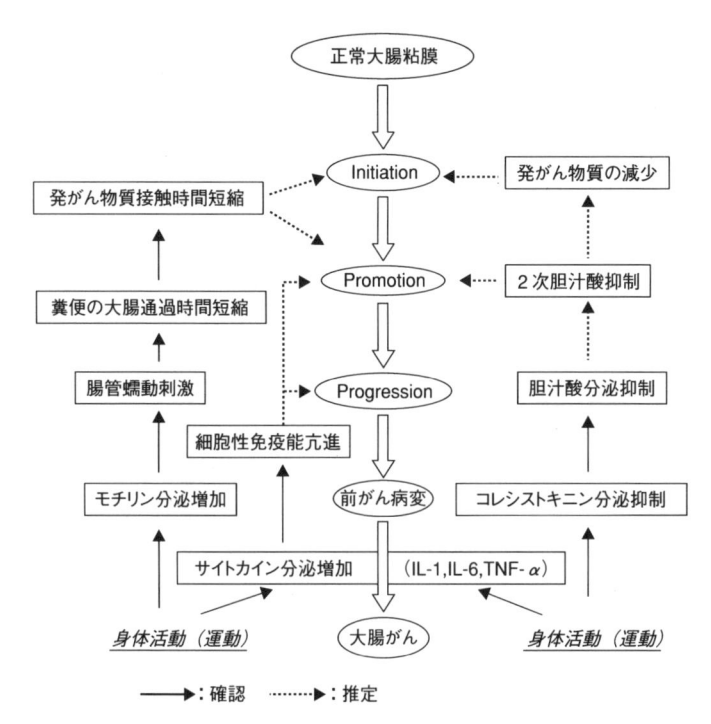

図 運動による大腸がん抑制に関する仮説モデル

の分泌に対する運動の影響についてはほとんどわかっていないが，胆汁酸の分泌を刺激するコレシストキニンの血中濃度が運動により低下するという報告もある．免疫能については，運動によりサイトカインが血中に増加することから，細胞性免疫能が亢進し腫瘍の発育が抑制される可能性がある[3]．

なお，飽和脂肪酸を多く含む食事を控え，食物繊維を含む食品を多く摂取するような食生活と運動を組み合わせることにより，結腸がんへのより大きな予防効果が期待される． ［荒尾 孝］

文献
1) Macfarlane GJ and Lowenfels AB (1994). Physical activity and colon cancer. Eur J Cancer Prev 3：393-398.
2) Brouns F, et al (1987). Abdominal complaints and gastrointestinal function during long-lasting exercise (review). Int J Sports Med 8：175-189.
3) Hoffman-Goetz L (1996). Exercise, immunity, and colon cancer. In Exercise and Immune Function (Hoffman-Goetz L and Husted J eds). 179-198, CRC Press, New York.

Q91 運動は活性酸素を発生するのか？

A 近年，活性酸素が老化や多くの疾患の発症に深くかかわっていることがわかってきたため，活性酸素の害やその予防因子としての抗酸化物質に対する注目が高まっている．以前から，エネルギー代謝亢進による活性酸素の生成増加は知られていたが，「スポーツはからだに悪い」という本の刊行をきっかけとして，運動と活性酸素の害の話題をマスコミが大きく取り上げたことから，運動の効能を信じてきた人々に大きなとまどいを与えてしまった．

実際，運動は活性酸素の発生を促すのであろうか．答えは"Yes"である．安静時においても，有酸素的な代謝に伴い一定の割合でスーパーオキシド（O_2^-）などの活性酸素は発生しており，その割合は利用した酸素の2〜5％ともいわれている．運動時には酸素消費が安静時の10〜20倍に増加することから，当然活性酸素の発生も増加すると考えられる．また，運動時の活性酸素発生源は，エネルギー代謝に関連するミトコンドリア電子伝達系だけではなく，長時間運動や激しい運動による筋損傷時の炎症反応に関与する活性化好中球，さらに虚血—再灌流時のキサンチンオキシダーゼ系や，その他非常に多岐にわたっている．

活性酸素を検討するうえで，その存在を直接的に確認する唯一の手段が電子スピン共鳴（ESR：electron spin resonance）分析である．ヒトを対象とした研究で，短時間の最大運動後にスピントラップ剤で安定化した血漿中のラジカル量が著明に増加し，抗酸化性を有するビタミンCの前投与によりこの変化が抑制されることが報告されている[1]（図）．つまり，ヒトにおいても運動により活性酸素の生成が増加することが確認された．現在，ラットをwhole bodyで測定可能なESR装置が開発されており，近い将来ヒトでもESR-CTによって活性酸素の発生部位や発生量が画像化され，詳細な検討が可能になると思われる．

さて，運動により発生した活性酸素は，生体内で何を引き起こすのであろうか．活性酸素が関与する疾患の代表であるがんや動脈硬化は，運動によりむしろ予防・改善されることが疫学的に証明されている．元来活性酸素は非常に短命であり，また生体内ではスーパーオキシドジスムターゼ（SOD），カタラーゼ，グルタチオンペルオキシダーゼ（GPX）などの抗酸化酵素や，ビタミンE，ビタミンC，カロテノイド，ポリフェノール類などの抗酸化物質の働きで，通常は発生しても瞬時

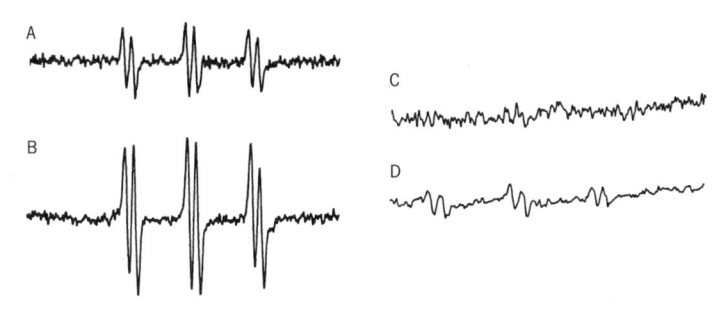

図 ビタミンC非投与時の最大運動前（A）後（B），およびビタミンC投与後の最大運動前（C）後（D）におけるヒト血漿中の α-phenyl-tert-butylnitrone（PBN：スピントラップ剤）アダクトのESRスペクトル[1]

に消去無毒化される．活性酸素が病因となる疾患においては，この消去系の機能低下がおもに問題となるが，運動ではそのようなことはないので，運動により増加した活性酸素が遷延するような過酸化障害を惹起し，疾病につながる心配はまずないものと考えてよい．

むしろ，運動による活性酸素の発生が運動を行ううえで好ましい効果をもたらす面もある．運動に伴い分子シャペロンである種々の heat shock protein（HSP）が誘導されるが，活性酸素はその刺激要因の1つである．HSPは細胞の機能保持を助けるだけでなく，ミトコンドリアの生合成にも関与することが知られている[2]．すなわち，運動トレーニングによるミトコンドリア量の増加に，HSPを介した活性酸素の関与が考えられるのである．さらに，活性酸素が成長因子の発現を促進することで，骨格筋肥大につながる可能性もある．

しかし一方で，トライアスロンのような長時間激運動を行うと，血漿酸化LDLが一過性に増加することも報告されており[3]，動脈硬化の発生要因としての酸化LDLの重要性を考えれば，この現象は無視できないかもしれない．競技スポーツや極度に激しい運動の反復，また運動習慣のない中高年者の運動時においては，運動に伴う活性酸素対策（十分な抗酸化物の摂取など）はやはり重要といえよう．

［髙波　嘉一・荒尾　孝］

文献
1) Ashton T, et al (1999). Electron spin resonance spectroscopy, exercise, and oxidative stress：an ascorbic acid intervention study. J Appl Physiol 87(6)：2032-2036.
2) Salo DC, et al (1991). HSP 70 and other possible heat shock or oxidative stress proteins are induced in skeletal muscle, heart, and liver during exercise. Free Radic Biol Med 11：239-246.
3) Takanami Y, et al (1999). Can exercise enhance the production of oxidized LDL in plasma? Med Sci Sports Exerc 31(suppl)：S 109.

Q92 運動は抗酸化能を高めるのか？

A 私たちは生命維持活動を営むうえで常時活性酸素を発生しているが，通常は生体内に具備されている抗酸化システムにより生体成分の酸化的な傷害は防御されている．この抗酸化システムを構成している因子は数多く存在し，それらが幾重もの防御網を形成して活性酸素の害を防いでいる．

抗酸化システムとしては，まず活性酸素が発生した近傍でただちにこれを不均化し，消去していく酵素群があり，これにはスーパーオキシドジスムターゼ(SOD)，カタラーゼ，グルタチオンペルオキシダーゼ(GPX)などが含まれる．この第一関門をすり抜けてしまった活性酸素はラジカル連鎖反応を引き起こすことになるが，この際にラジカルを捕捉して連鎖反応の進行を阻止する抗酸化物質があり，ビタミンE，ビタミンC，カロテノイド，ユビキノールなどがこれにあたる．さらに実際に酸化的傷害が起こってしまったとしても，軽傷のうちにはそれを分解し，また修復・再生する酵素などがあり，これにはGPXやホスホリパーゼA2，血小板活性化因子アセチルハイドロラーゼ(PAF-AH)，パラオキソナーゼ(PON 1)，DNA修復酵素などがある．

これらの抗酸化システムにおけるそれぞれの防御網は，運動という酸化ストレスに対しどのような反応を示すのであろうか．この活性酸素に対する生体防御システムの能力，いわゆる抗酸化能は，通常の酸化ストレスに対しては十分な余力を有しているものの，酸化ストレスが強まるような激しい運動に対しては，システムの各段階で過剰な活性酸素の攻撃に十分に対抗できるよう，その機能がさらに高まるのではないかと考えられている．実際に筋組織中では運動トレーニングによりSODやGPXの酵素タンパクの誘導が生じ，活性値が上昇することが報告されており[1]，まず初期段階の防御システムが増強される．また，ラジカル捕捉性の抗酸化能に関しては，運動時の酸化ストレスに対する急性反応としてビタミンEやCなどが貯蔵部位から血中に動員され，再分布が起こることにより効率よく活性酸素の害を防御している可能性が考えられる[2]（図）．酸化傷害の修復・再生系の抗酸化能に関しては，血清GPX活性の上昇による血清過酸化脂質の分解・排泄促進，損傷DNAの修復活性上昇などが報告されている[2]．

さらにこれらをトータルした総合的な抗酸化能が，血漿あるいは血清の総ペル

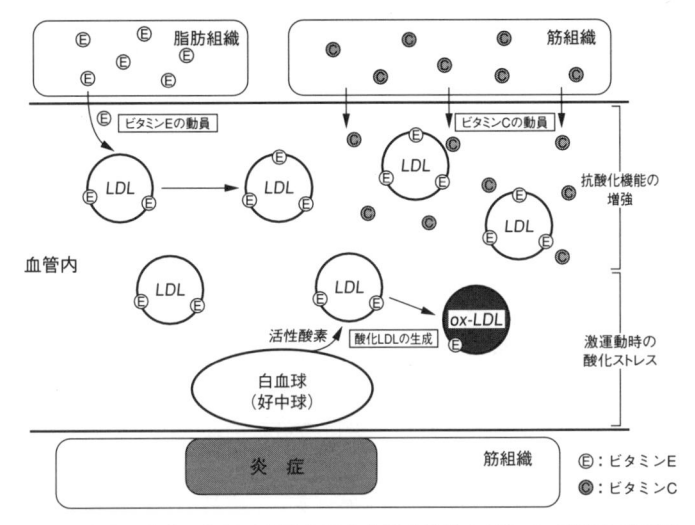

図 長時間運動時における抗酸化能の亢進と酸化LDL生成機序（仮説）

オキシラジカル捕捉抗酸化能（TRAP）や，酸化剤添加後の急速な共役ジエン増加までの lag time などを指標として評価されている．その結果，運動の影響に関しては，一過性の運動，および長期の運動トレーニングのいずれにおいても，TRAPや lag time で評価した総合的抗酸化能が高まることが示されている[2]．

また，動脈硬化のリスクに焦点を当て，LDL の抗酸化能に対する運動の効果が TRAP や lag time を指標として検討されており，運動トレーニングにより LDL 抗酸化能が高まることが示唆されている[3]．つまり，運動は LDL の質的改善をもたらし，抗酸化の面からも動脈硬化のリスクを減少させる可能性があるといえよう．

いずれにしても，一般的に運動は多因子効果により抗酸化能を高めるが，抗酸化能の運動に対する反応には個人差が認められ，抗酸化能の増強が十分に起こらないケースもある．このような個人差を規定する要因とその対策に関しては，今後の重要な検討課題であると思われる．

[髙波　嘉一・荒尾　孝]

文献
1) Powers SK, et al (1999). Exercise training-induced alterations in skeletal muscle antioxidant capacity：a brief review. Med Sci Sports Exerc 31：987-997.
2) Takanami Y, et al (2000). Vitamin E supplementation and endurance exercise：are there benefit? Sports Med 29：73-83.
3) 下光輝一，髙波嘉一（1999）．運動と酸化LDL．体力科学 48：651-660.

Q93 抗酸化ビタミンは効果があるのか？

A 酸化的ストレスにさらされた際に生体を酸化から守る機構にはスーパーオキシドジスムターゼやカタラーゼなどの抗酸化酵素とグルタチオンや抗酸化ビタミンといった低分子化合物によるものがある[1]。最近の健康食品ブームの中で注目されているポリフェノールやカテキンなどにも抗酸化力を有するものがあるが、従来ビタミンとして健康を維持するために一定量の摂取が必要といわれてきた食品中の微量要素の中で抗酸化活性が認められているのはビタミンA, C, Eである。ビタミンは栄養学的な呼称であり、複数の化合物が類似の活性を示す。他の栄養素同様にこうした抗酸化ビタミンもさまざまな食材の中に存在するのはもちろんのこと、その期待される効能のために各種医薬品をはじめ食品添加物としても日常的に摂取されている。抗酸化ビタミンと呼ばれるものの中で、現在その有効性が確認され最も重要と考えられているのがビタミンEである。そこで、次にビタミンEについてもう少し詳しく述べる。

ビタミンE活性を示す化合物としては少なくとも8種類知られている。存在量が多く最も顕著な活性を示すのが α-トコフェロールであるため、通常断りなくビタミンEと呼ぶ場合はこれを指すことが多い。ビタミンEは脂溶性であるため、細胞膜や細胞内小器官の脂質二重層に存在し、そこでラジカルと反応することによって解毒する。ビタミンEの抗酸化活性として最も重要なのは、アラキドン酸、リノール酸といった身体にとって重要だが酸化されやすい不飽和脂肪酸を酸化から防ぐ反応を行う点にある。その結果、自らは毒性のないビタミンEラジカルとなり、その後は電子伝達系やビタミンCのような還元剤で還元再生が行われリサイクルされる、もしくはさらに代謝を受けてグルクロン酸包合体として排泄されるなどの説がある。

ビタミンEは健常なヒトの血中には超低密度リポタンパク（VLDL）に結合した形で $20\,\mu M$ 前後存在する。短期間のビタミンE欠損は特別な症状を示さないが、未熟児の場合は溶血性貧血を伴う。しかし、これはその抗酸化活性の低下によるものではなく、赤血球膜が脆弱になるためと考えられている。このように高濃度のビタミンEには抗酸化活性以外にも膜を安定化させるなど、抗酸化活性とは無関係な生理機能もあるため、区別して考える必要がある。

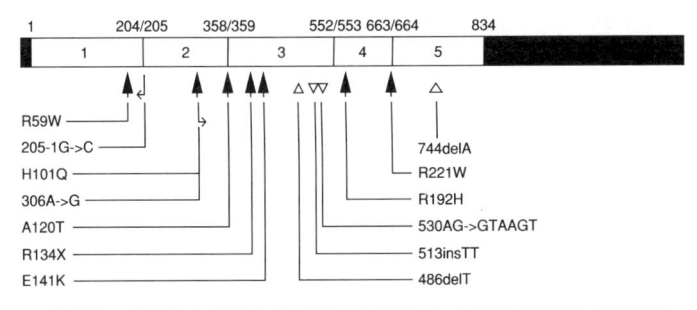

図 α-TTP cDNA の構造と AVED で見出された変異の位置との関係[2]
白枠はエキソンを，その中の数字はその番号を表す．その上に書かれた数字は N 端からのアミノ酸の番号．欠失（del）および挿入（ins）はそれぞれ△と▽で，スプライス変異はアクセプターとドナー部位の位置を小さな矢印でアミノ酸の変異はその位置を大きな矢印で示した．

運動失調を伴う神経症状を呈するまれな常染色体劣性遺伝病である Ataxia with isolated vitamin E deficiency（AVED）では肝臓で産生される α-トコフェロール輸送タンパク（αTTP：α-tocopherol transfer protein）の遺伝子に変異が見出されている（図）．αTTP 遺伝子のコード領域は 5 つのエキソンに分かれているが，エキソン／イントロンの境界を含めてそのいずれにも変異が見出されており，特定のホットスポットは知られていない．αTTP は VLDL に α-トコフェロールを受け渡すのを促進すると考えられており，遺伝子変異による αTTP の機能低下は血中濃度を減少させ，必要とする臓器のビタミン E 欠乏をもたらす．AVED の症状は α-トコフェロールの大量投与によって改善されることが知られていることから，α-トコフェロールが大量に存在する場合は αTTP の関与がなくとも VLDL への結合が起こるものと考えられる．また，αTTP 遺伝子の欠損マウスでは，胎盤の形成不良に伴う雌性不妊が報告されている．　　　　　　　　　　［藤井　順逸］

文献
1) Halliwell B and Gutteridge JMC (1999). Free Radicals in Biology and Medicine. 3rd ed. Oxford Science Publications, Oxford.
2) Cavalier L, et al (1998). Ataxia with isolated vitamin E deficiency：heterogeneity of mutations and phenotypic variability in a large number of families. Am J Hum Genet 62：301-310.

Q94 日焼けは健康の証なのか？

A 炎天下での日焼けした肌に飛び散る汗と体育館で色白の肌に流れる汗．どちらがより健康的にみえるであろうか．イメージ的には間違いなく前者であろう．しかし，日焼けした肌は紫外線を浴びたことを意味しており，色白の肌は紫外線照射から回避したことを意味している．紫外線は酸化ストレスの代表であり紫外線によりフリーラジカルが産生される．急激に紫外線にさらされると急性の紫外線障害が現れ，反復して紫外線に曝露されると酸化ストレスの蓄積となる．すなわち，急激に日光に当たると急性の皮膚炎を起こしⅡ度までの熱傷とほぼ同じ状況が生じ，慢性に日光に繰り返し曝露されると光発がんや光老化といった変化が引き起こされる．光発がんとは慢性日光露光部皮膚に日光角化症と呼ばれる前がん状態を経て皮膚がんへと至る過程のことであり(図1)，光老化とは加齢により必然的に生じる自然老化とは異なる慢性紫外線反復照射皮膚にみられる変化のことである(図2)．紫外線(ultraviolet ray)は波長により長波長側からUVA(400～320 nm)，UVB(320～280 nm)，UVC(280～100 nm)に分けられ，通常オゾン層によりUVCは地表に到達しない．地球上に降り注ぐ紫外線の内90％以上は

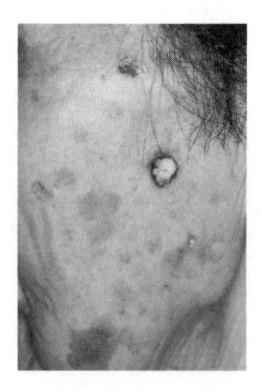

図1 頬部皮膚に角化を伴う紅斑局面が散在した日光角化症．その中に角化の特に強いものがみられ臨床的には皮角と考えられたが，組織学的には早期の扁平上皮がんであった．

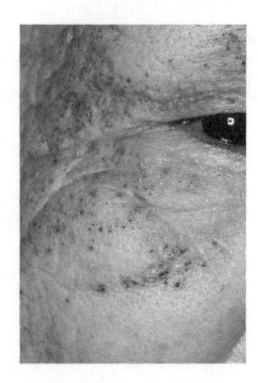

図2 Favre-Racouchot症候群と呼ばれている慢性紫外線障害．頬部皮膚は粗造で厚く深いしわを認め，黒色面皰が集簇している

UVAでありUVBは5％未満である．近年オゾン層の破壊が叫ばれているが，それによって生じるオゾン層の菲薄化によりUVBの量が増える．一般的に光発がんの作用波長はUVB，光老化ではUVAといわれている．紫外線に占めるUVAの量は圧倒的に多く，UVAの光発がんに関する影響も実験的に確認されており，光老化に対するUVBの影響も近年多く報告されている．すなわちUVA，UVB両方に対する対策が重要となってくる．日本人の皮膚は，日光に当たると赤くなるだけで黒くならないスキンタイプ1，赤くならないで黒くなるスキンタイプ3，その中間のスキンタイプ2に分けられる．最も問題となるのはスキンタイプ1で紫外線発がんを生じやすい．こういうヒトは厳密な遮光を行い皮膚がんの発生の危険性を抑えるべきである．一方，高齢者人口の増加に伴い骨粗鬆症や病的骨折が注目されているが，ビタミンDの生成に紫外線照射が有効であるのは事実である．しかし，普通の生活ではビタミンDの補給は食事から行いビタミンDを多く含む魚や乳製品を十分に取るよう心がければとりたてて紫外線にさらす必要はない．また，紫外線には免疫抑制作用もあり局所作用と全身作用とに分けられている[1]．過度の紫外線にさらされることによる口唇ヘルペスの出現，結核病巣の再燃や光発がんの促進などがそれに当たる．それでは，紫外線の害を避け運動を行いたいときにはどうすればよいのか．1つには屋内のスポーツを選ぶことであるし，もう1つは遮光して屋外の活動を行えばよい．遮光の方法としてサンスクリーン剤の外用がある．最近は各メーカーから種々のサンスクリーン剤が発売されており用途にあわせ選択可能である．SPF（sun protection factor），あるいはPA（protection grade of UVA）が表示してあるが，SPF値はUVB防御能の目安であり，PA値はUVA防御能の目安である．これらの値に注意して，UVA，UVBともにTPOにあわせバランスよくブロックできるものを選択すべきである．SPF 30でUVB遮断率は97％であり，それ以上の数値のものを求めてもあまり大きな差はない[2]．日常の外出程度であればSPF 10，PA＋で十分であるが，炎天下での運動などではSPF 30程度，PA＋＋〜＋＋＋程度のものを，汗などによりサンスクリーン剤が落ちるため頻回に外用することが望ましい．若い頃からサンスクリーン剤などにより上手に遮光することで紫外線の皮膚障害を回避して屋外の運動を楽しむことは，皮膚がんの発生を抑え年齢が高くなってからの良好な皮膚の状態を保つことにつながる．その結果，高齢者のQOLの改善に貢献できると考える．

［清水　和宏・片山　一朗・近藤　宇史］

文献
1) 堀尾武，宮内洋子（1995）．紫外線の免疫作用に及ぼす諸因子．日皮会誌 105：1621-1624.
2) 上出良一（1998）．Shiseido Information Letter No 1007：1-6.

Q95 鉄は万病のもとなのか？

A 鉄（Fe）は，遷移金属の1つで，原子番号26である．金属鉄は3d軌道に不対電子をもっていて，反応性に関与する．鉄の一般的な酸化数は＋IIと＋IIIであり，それぞれ6個と5個の電子がd軌道に存在する．このような不対電子が数多く存在し，酸化数の異なった状態にあることが，鉄の重要な性質である．このため，酸素分子の活性酸素への変換には鉄の関与が非常に大きい．鉄は，空気中では自動酸化を起こしIII価の鉄となる．鉄がIII価からII価に移るときに電子を1つ受け取り，II価からIII価へ移るときには電子を1つ放出する．すなわち，通常の状態で生体内で消費される総酸素量の約2％がスーパーオキシド（$O_2^{\cdot-}$）となり，生じた $O_2^{\cdot-}$ によって Fe^{3+} は Fe^{2+} に還元され，$O_2^{\cdot-}$ からスーパーオキシドジスムターゼ（SOD）によって生成した過酸化水素（H_2O_2）と反応して，非常に有害なヒドロキシラジカル（$HO^{\cdot}$）が産生される（Fenton反応）[1]（図）．激しい運動などによって $O_2^{\cdot-}$ の産生が増加する場合には $HO^{\cdot}$ の発生が高まる危険性がある．

一方，鉄は生体内では輸送タンパクであるトランスフェリンや貯蔵タンパクで

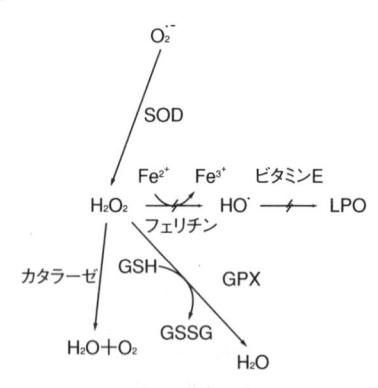

図 活性酸素を速やかに代謝する酵素，遷移金属と強く結合して貯蔵するタンパク質（たとえば，フェリチン），および抗酸化物質（たとえば，ビタミンE）を含む細胞内防御メカニズムの概要
SOD：スーパーオキシドジスムターゼ（CuZn・Mn・細胞外の3種のアイソザイムが存在する），LPO：脂質過酸化物，GPX：グルタチオンペルオキシダーゼ，GSH：還元型グルタチオン，GSSG：酸化型グルタチオン

あるフェリチンなどと結合しており，酸化還元反応に関与しない安全な形となっている．しかも，正常なヒトではトランスフェリンはその鉄結合能力の約30％しか飽和されていない．そのため，酸素の活性化に関する鉄は，トランスフェリン非結合鉄，または低分子鉄と呼ばれているが，まだ詳細はよくわかっていない．今のところ，細胞内に存在するATP，AMP，GTP，リン酸，クエン酸，システインなど非常に多くの低分子物質がキレート物として想定されている．

ヘモクロマトーシス（鉄過剰症）のがんの発生率はかなり高い．実際，体内の鉄貯蔵量とがん化のリスク，がんの進展速度との間には有意な関係がある．これは，H_2O_2が核膜を自由に通過して核内に入り，DNAレベルでFenton反応が生じるからである．男性よりも女性の方が平均寿命が長いのは，体内の鉄貯蔵量が少ないことによっているという説があるほどである．ほとんどすべての疾患に活性酸素がなんらかの関連をもっている[2]．つまり，鉄はその有力な元凶となっているに違いない．

激しい運動では，骨格筋に乳酸が大量に発生してpHが低下し，フェリチンから鉄が遊離してFenton反応を誘導する．さらに，増加したカテコールアミンは鉄イオンと複合体を形成し，白血球の活性酸素産生能を高め，脂質過酸化を促進する．逆に，鉄キレート剤であるdeferoxamineの投与によって鉄による活性酸素の増加が抑制され，骨格筋の持久力が増大することが明らかになっている．他方，意外にも，ラットの廃用性萎縮筋の研究から，ヒラメ筋（赤筋優位）のミクロソーム分画の鉄濃度が著しい上昇を示すことによってHO·が産生され，脂質過酸化反応を引き起こして萎縮を進行させるという機序もわかってきた[3]．同様に，deferoxamineの投与によって活性酸素の発生が抑制されている．

著者らは，アスリートにしばしばみられるスポーツ性貧血と呼ばれる鉄欠乏性貧血は，激しい運動による活性酸素の発生を防ぐ一種の防御反応ではないか，と考えている．つまり，明らかなスポーツ性貧血がない限り，鉄剤の投与は慎重に行った方がよい．鉄は諸刃の剣であり，万病のもとになる可能性がある．

[大野　秀樹・渡辺　憲治]

文献
1) Aust AE and Eveleigh JF (1999). Mechanisms of DNA oxidation. Proc Soc Exp Biol Med 222：246-252.
2) Aruoma OI and Halliwell B (1995). Free radicals in sports. In Sports Nutrition：Minerals and Electrolytes (Kies CV and Diskell JA eds). 317-324, CRC Press, Boca Raton.
3) 近藤久雄(1999)．廃用性筋萎縮における酸化的ストレス．活性酸素と運動―しなやかな健康と長寿を求めて―（井上正康編）．115-119, 共立出版，東京．

Q96 運動は高血圧を改善するのか？

A 高血圧の多くは本態性高血圧と呼ばれるもので，その原因の詳細は不明であるが，複数の遺伝因子により決定され，多数の環境因子の影響を受ける疾患と考えられている．環境因子の1つに運動不足が挙げられ，運動療法は本態性高血圧に対する有効な非薬物療法である．身体活動が活発なヒトは高血圧になりにくく，また高血圧患者の血圧は運動により低下する．運動と血圧に関するこれまでの報告を総合すると，長期的な運動により高血圧患者の収縮期血圧は6～10 mmHg，拡張期血圧は4～8 mmHg 低下するという．

高血圧の治療のための運動の強さは，一般的に「楽である」から「ややきつい」レベルの運動が適当とされており，運動負荷試験から得られた最大酸素摂取量の40～50％の運動強度が勧められる．この程度の運動は有酸素運動と呼ばれ，それによる筋肉での乳酸の蓄積はないが，これ以上の強すぎる運動では筋肉に乳酸が蓄積した結果，血中乳酸が上昇し，これが引き金となってさまざまな昇圧ホルモン（レニン，アルドステロン，カテコールアミン，バゾプレッシン）の分泌が増加して運動中の血圧上昇を招く．運動中の血圧の許容範囲は一般的に 180～200 mmHg 以下と考えられている．また，運動中の脈拍測定は運動強度を調節する簡易な方法であり，一般に1分間の脈拍数が 138－(年齢/2) となるような運動がおおよそ最大酸素摂取量の 50％の強度の運動に相当する．したがって，たとえば 50 歳代では 110 程度の脈拍数を目安に運動強度を調整し，それ以上の脈拍数にならないように注意する．そして，1回当たり 30 分間以上の運動を週3回以上行うことが望ましい．運動の種類としては早歩き，水泳，サイクリングなどの全身を使い無理なく長く続けられる運動が勧められる．このような運動は動的等張性運動（筋肉の収縮と弛緩を繰り返す運動）と呼ばれる．一方，筋力トレーニングやダンベル運動などの静的等尺性運動には昇圧効果があり，高血圧の治療には不適当である．本格的な運動療法としては自転車エルゴメータやトレッドミルを用いた運動があり，その利点として運動強度が容易に管理できる．このように運動による血圧の低下は高血圧の場合に認められやすいが，正常血圧のヒトにおいても有酸素運動によりわずかであるが血圧は低下する．

血圧は心拍出量と末梢血管抵抗とによって規定され，そのいずれかを増加させ

```
   血圧⬇ = 心拍出量⬇ × 末梢血管抵抗⬇
```

```
体液量⬇  インスリン  血中ノルエピ  内因性ジギタリ  血管内皮依存
         抵抗性⬇    ネフリン⬇    ス様物質⬇    性弛緩反応⬆
```

```
              運動トレーニング
```

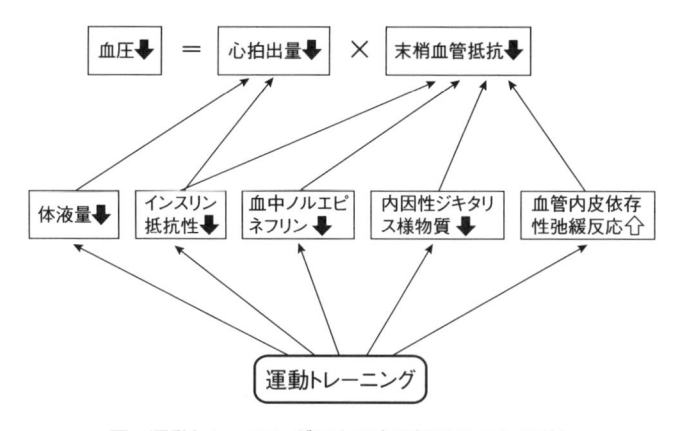

図　運動トレーニングによる血圧低下のメカニズム
⬇：運動により減少，⬆：運動により増加．

る因子は高血圧の原因となる（図）．運動療法の早期には，おもに体液量の減少に伴う心拍出量の低下により血圧が下がると考えられている[1]．この際，肥満の改善を伴うことが多く，これも運動療法の効果の指標として役立つが，必ずしも血圧降下が体重減少を伴うわけではない．一方，運動療法の後期には交感神経系の抑制が起こり，血中ノルエピネフリン濃度が低下し，末梢血管抵抗が減少した結果血圧低下が起こる[1]．ストレスは交感神経系の緊張を亢進させて血圧の上昇をきたすが，運動の継続によりストレスによる昇圧反応は減弱し，高血圧の予防につながる．本態性高血圧に関与すると考えられている内因性ジギタリス様物質によってナトリウム利尿が起こる一方，血管平滑筋細胞膜の Na^+, K^+-ATPase が阻害され，その結果細胞内へのカルシウムイオン流入が増加して血管平滑筋緊張が高まり末梢血管抵抗が上昇する．運動療法により内因性ジギタリス様物質が低下することが報告されている[1]．また，血管内皮細胞からは一酸化窒素などの血管弛緩性物質が産生放出され，これにより血圧が低下するが，運動により血管内皮依存性弛緩反応が増強されるという報告がある．糖尿病でインスリン抵抗性が存在する場合には，それに基づく高インスリン血症の結果，尿細管でのナトリウム再吸収の増加や交感神経系の刺激などにより高血圧のリスクが増加するものの，運動はインスリン抵抗性を改善させる（Q 97 項参照）．

[若林　一郎]

文献　1) Arakawa K (1993). Antihypertensive mechanism of exercise. J Hypertens 11：223-229.

Q97 運動は動脈硬化を防止するのか？

A 動脈硬化は虚血性心疾患や脳卒中などの心血管疾患の主要な基礎病変である．動脈硬化は年齢とともに徐々に進行するが，その進展は高血圧，脂質代謝異常，喫煙，糖尿病，肥満，ストレスなどの危険要因が存在する場合に促進される．したがって，動脈硬化予防のためにはこれらの危険要因を軽減させることが重要である．定期的な運動により動脈硬化が予防されることが知られている．このうち，運動により高血圧が改善することは前項（Q96）にて述べられている．

動脈硬化の初期病変として血中コレステロールの血管壁への沈着は重要である．LDL（low density lipoprotein）は酸化などの修飾を受け，これと結合したコレステロールはマクロファージに貪食されて血管壁に蓄積され，動脈硬化巣を形成する．これに対して，HDL（high density lipoprotein）は末梢細胞からコレステロールを除去し血中を運搬する役割を果たし，抗動脈硬化作用を示す．中性脂肪を多く含むVLDL（very low density lipoprotein）やLDLなどのリポ蛋白がリポ蛋白リパーゼ（LPL）により分解されると，その構成成分がHDL分画に移動する．血管などの末梢組織に蓄積した遊離コレステロールはHDLに取り込まれ，レシチン-コレステロールアシルトランスフェラーゼ（LCAT）によりエステル化され，HDL_3が生成される．さらにこれが繰り返されることによりHDLはコレステロールエステルに富む大型の粒子のHDL_2となる．そして，HDL_2に含まれるコレステロールエステルは，血中のコレステロールエステル転送タンパク（CETP）によってLDLに受け渡され肝臓に取り込まれて異化される．以上の過程をコレステロール逆転送系という（図）．運動によりLPLおよびLCAT活性が上昇するためHDLが増加し，血管からのコレステロールの引き抜きが増加して動脈硬化の進展が抑制される．一方，LDLに関しては運動によってその粒子サイズが大型化し比重が小さくなり，マクロファージに貪食されやすいタイプの小型で比重の大きい small-dense LDL が減少する．

糖尿病は血糖降下ホルモンであるインスリンの作用が不足したときに起こる病態で，その結果血糖が上昇し尿に糖が排泄される．糖尿病では動脈硬化が起こりやすく，それによる脳卒中，虚血性心疾患，下肢の動脈閉塞症などの血管障害は

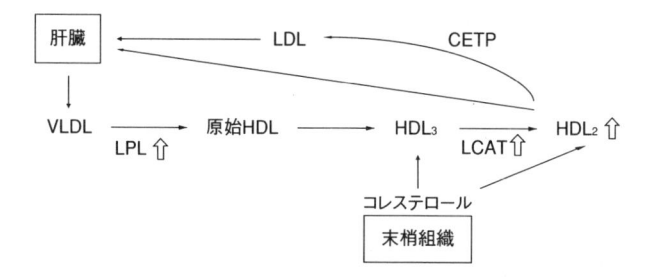

図 HDLを中心としたリポ蛋白代謝経路（コレステロール逆転送系）への運動トレーニングの影響
⇧：運動により増加，LPL：lipoprotein lipase, LCAT：lecithin-cholesterol acyltransferase, CETP：cholesteryl ester transfer protein.

糖尿病患者の予後を左右する重大な合併症である．旧分類では糖尿病は2つのタイプに大別される．1つはインスリンの分泌が不足した場合でありインスリン依存性糖尿病（IDDM）と分類される．もう1つはインスリンが作用する標的臓器（骨格筋や脂肪組織など）のインスリンに対する感受性が低下した場合で（これをインスリン抵抗性という），インスリン非依存性糖尿病（NIDDM）と分類される．運動は標的細胞のインスリン感受性を上げ，インスリン抵抗性を改善する．したがって，運動は主としてNIDDMの治療に有効である．運動により筋肉の重量が増大し，インスリン受容体（インスリンが結合する細胞膜上のタンパク）の数が増加してその機能が亢進する．インスリンの作用により糖が細胞に取り込まれる際には，糖が細胞膜上の糖輸送担体（GLUT-4：glucose transporter 4）と結合して細胞内に輸送される．運動時の骨格筋収縮によって，細胞内で合成されたGLUT-4の細胞膜上への移送が促進され，その結果インスリンによる糖の細胞内への取り込みが増加すると考えられている[1]．インスリン感受性改善のための運動としては最大酸素消費量の50％前後の有酸素運動が適しており，強度の大きい運動はカテコールアミンやグルカゴンなどのインスリンに拮抗して血糖を上げるホルモンの分泌を増加させるため不適当である．

肥満は脂質代謝異常，糖尿病，高血圧と密接に関連し，動脈硬化の発症・進展因子として重要であり，運動による肥満の解消は動脈硬化の予防につながる．肥満のうち特に内臓脂肪型肥満では虚血性心疾患などの動脈硬化性疾患のリスクが高いが，運動は内臓脂肪の減少に有効である．

［若林　一郎］

文献
1) Goodyear LJ, et al (1991). Exercise-induced translocation of skeletal muscle glucose transporters. Am J Physiol 261：E795-799.

Q98 血液再灌流はなぜ危険なのか？

A 虚血はエネルギーの産生に必要な酸素と血糖の供給を断つのでいずれの臓器にも傷害を与える可能性がある．特に脳や心臓といった臓器は短時間の虚血によっても細胞が不可逆的傷害を受け，脳硬塞，心筋梗塞といった致命的な症状をきたす．この虚血による傷害を防ぐために再開通といった治療法がとられるが，期待したような成果が上がらないことが多い．その理由は，再開通に伴って生じる傷害とは区別されるいわゆる再灌流傷害が起こるためとされている．たとえば，心臓の冠動脈が詰まる結果起こる心筋梗塞では冠動脈の再開通療法がとられるが，その際に心筋には虚血による傷害とは異なる不整脈のような新たな症状が現れる．これには，血流の途絶によって低酸素に陥った臓器の再灌流時に流れ込む大量の酸素が関与すると考えられている．すなわち，許容量を超えて流入した酸素分子が正常な還元を受けずに活性酸素種となり，それが組織傷害をもたらすためとされている[1]．次に，細胞の種類と虚血―再灌流過程で生じる活性酸素種との関係について述べる．

血管内皮：キサンチンオキシダーゼはヒポキサンチンをキサンチン，さらに尿酸に酸化するプリン塩基代謝の最終段階を担う酵素である（図）．キサンチンオキシダーゼは特定のSH基が還元された状態ではキサンチンデヒドロゲナーゼ活性を示し，受け取った電子をNADに渡しNADHを生じる．しかし，虚血時のようにそのSH基が酸化されるとキサンチンオキシダーゼ活性を示し，電子を酸素に渡す結果スーパーオキシド（$O_2^{\cdot-}$）の産生をもたらす．また，虚血状態では細胞へのエネルギー供給のためにATPはヒポキサンチンへと代謝される．このように虚血では酵素活性ならびに基質量が上昇している状態に至り，そこに再灌流に伴い不足していた酸素が一気に流入するため，一部の酸素分子が電子を1つしか受け取っていない$O_2^{\cdot-}$となって冠動脈に傷害を与える．

好中球：虚血部には好中球が集積し，活性化されるとNADPHオキシダーゼにより大量の$O_2^{\cdot-}$を生成する．細胞内で形成された活性酸素種はそこに存在する抗酸化物質によって消去されるため周辺の細胞へのダメージは少なくて済むが，活性化された好中球は活性酸素種を細胞外へ放出するため消去されず，その周辺細胞への傷害効果は大きく，かつ持続する．$O_2^{\cdot-}$は過酸化水素（H_2O_2）となってそこか

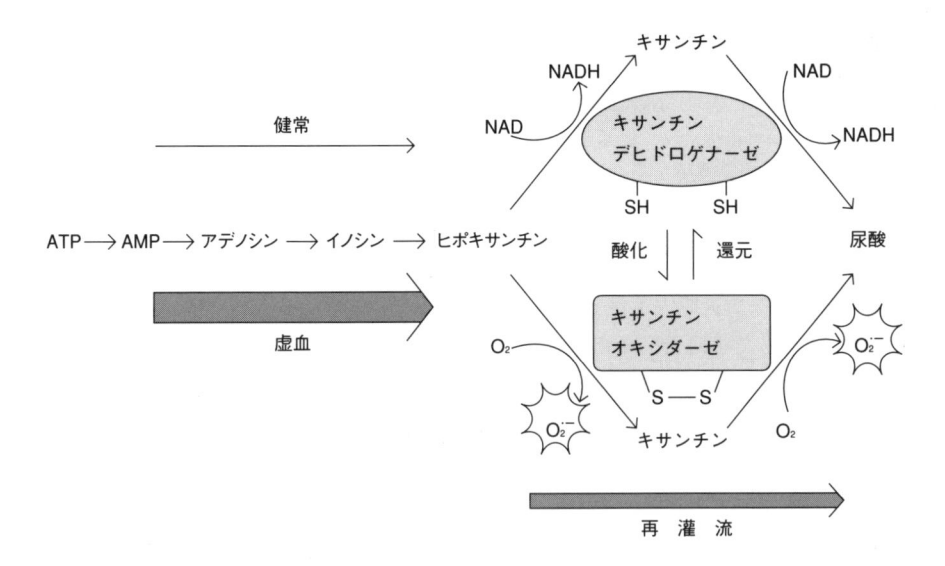

図　キサンチンオキシダーゼが再灌流傷害をもたらす機構

らヒドロキシラジカル（HO·）を生じたり，同時に細胞外に分泌されるミエロペルオキシダーゼにより OCl^- を生成し，それが塩素化や酸化を引き起こす原因となる．

神経細胞：虚血の結果 ATP が減るとチャンネルを介して Ca^{2+} が流入する一方で，Ca^{2+} ポンプの働きが弱まり細胞内 Ca^{2+} の濃度が上昇する．神経細胞は Ca^{2+} 依存性の NO 合成酵素活性を有するので，その活性が亢進して大量の NO を生じる．これが再灌流に伴って生成した $O_2^{·-}$ と反応して有害なペルオキシ亜硝酸イオン（$ONOO^-$）となり，神経細胞死を起こす要因の1つとなる．また，虚血状態では上昇した Ca^{2+} はカルパインなどの Ca^{2+} 依存性プロテアーゼを活性化し，それがタンパク質に結合していた銅や鉄などの遷移金属を遊離させる．遊離遷移金属は $O_2^{·-}$ や H_2O_2 と反応して Fenton 反応により最も有害な活性酸素種である HO· の産生をもたらすと考えられている．　　　　　　　　　　　　　　　　　　　　　　　　［藤井　順逸］

文献　1）Halliwell B and Gutteridge JMC (1999). Free Radicals in Biology and Medicine. 3rd ed. Oxford Science Publications, Oxford.

Q99 運動の肥満遺伝子への効果は？

A 1994年12月にFriedmanらにより，代表的な肥満モデル動物であるob/obマウス原因遺伝子がポジショナルクローニングにより同定され，世界的な反響をもたらした．その肥満遺伝子がコードしているタンパクは，ギリシャ語の「やせる」という意味のleptosから「レプチン」と名付けられた．このレプチンは脂肪細胞から分泌されるホルモンで，視床下部に存在するレプチン受容体に作用し，食欲を低下させるとともに，交感神経系を介し熱産生と脂肪分解を亢進させ，ネガティブフィードバックループを形成している（図）．レプチンの産生量が増加すると，視床下部に「もう食べなくてもいいよ」という信号として作用すると考えるとよい．レプチンの血中濃度は実験動物，およびヒトにおいて体脂肪量と正の相関を示す．肥満者に対して運動療法で体脂肪量を低下させると，その結果レプチンが減少することはよく理解できる．また，飢餓時にも体脂肪量の低下に比例してレプチン血中濃度は減少する．

急性の運動効果に対してレプチンはどう変化するのであろうか．マラソンの前後でレプチン血中濃度を比較した報告では，脱水などの影響を補正しても有意に減少していた[1]．この実験で，ランナーは42.195 kmを平均3時間17分で走っており，消費カロリーは約2,800 kcalである．成人男子の基礎代謝量は約1,500 kcal,

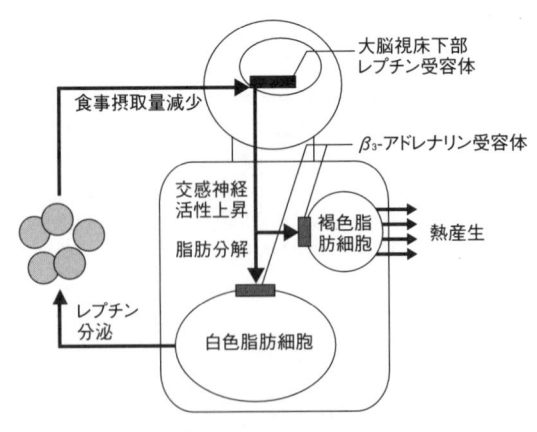

図　レプチンの交感神経を介した作用[4]

一般成人男子の1日に必要な摂取エネルギーは2,200から2,400 kcalであり，この運動量はかなり多い．おそらく，飢餓時と同様に体脂肪量の低下によりレプチンが減少したと考えられる．また，30分間の自転車エルゴメータを2, 3時間おきに1日4回行った実験において，自転車運動を行った群では，同じ熱量の食事を摂り運動しなかった群に比べて20％レプチンの血中濃度は低値を示した[2]．やはり運動はレプチンを減少させるようである．おもしろいことにレプチンが減少しはじめるのは運動終了の数時間後からである．他の実験でも運動直後のレプチン血中濃度には有意差がないという報告が多く，この数時間が運動の刺激が脂肪細胞に伝わり，DNAからのmRNAの転写が減少し，レプチンの産生量が減少してくるのに要する時間とも考えられる．この実験では，心拍数が1分間に160回になるまで3分ごとに運動負荷を増し，さらに3分ごとに被検者の限界まで負荷を増している．心拍数が1分間に160回というとかなりつらい運動であり，これを30分，1日4回行うことはマラソンの実験同様，私たちが日常行う運動からはややかけ離れており，「ちょっと試しにやってみよう」というレベルではない．加えて，スポーツジムで約1時間の持久運動(ジョギング，水泳，サイクリングを各自選択する)を1週間に3～4回した群と，運動しなかった群を16カ月にわたって比較した実験もある[3]．この程度なら健康のためにとがんばって実行しているヒトもいると思う．結果は，運動を続けた群で，10カ月後から有意にレプチンの血中濃度が低下しており，中等度の持久運動の反復も肥満遺伝子の転写を抑制すると考えられる．この実験では，体脂肪率や血中インスリン濃度など，レプチンの血中濃度を増減させる要因の影響を最小限とするため，事前に一定期間の低カロリー療法や運動療法を行っている．その結果，運動は単独でもレプチン血中濃度を低下させ，かつレプチン血中濃度の低下は1週間当たりの運動時間の合計と相関すると結論されている．ということは，1日おきにでも，1時間程度のジョギングや水泳を1年以上継続しているヒトの中には，運動のレプチンに対する影響を体験しているヒトがいるに違いない．運動習慣のあるヒトが食欲旺盛なのは，減少したレプチンの影響かもしれない． 　　　　　[吉田　俊秀・高倉　康人・坂根　直樹]

文献
1) Leal-Cerro A, et al (1998). Serum leptin levels in male marathon athletes before and after the marathon run. J Clin Endocrinol Metab 83：2376-2379.
2) Van Aggel-Leijssen DPC, et al (1999). Regulation of average 24h human plasma leptin level；the influence of exercise and physiological changes in energy balance. Int J Obes 23：151-158.
3) Pasman WJ, et al (1998). The effect of exercise training on leptin levels in obese males. Am J Physiol 274：E280-286.
4) 吉田俊秀，坂根直樹 (2000)．脂肪細胞とアドレナリン．肥満研究6：44-48．

Q100 運動してもなかなかやせない場合があるのはなぜか？

A 減量のために日々努力して運動を継続している割に効果が今ひとつという声を時に耳にする．運動してもやせにくい原因は何であろうか．本当に運動してもやせないのだろうか．肥満や肥満型糖尿病の治療に，食事療法とともに運動療法が有効なことは広く知られており，これに関する研究報告も多くある．それらをみると，運動の結果体重はほとんど減少しているが，実際には運動している割に体重が減りにくいと実感しているヒトも少なくない．この違いは，1つには運動によって消費されたカロリーと，食事によって摂取されたカロリーの感覚的な違いにより生じると考えられる．たとえば，6枚切りの食パン1枚が約160 kcalであるが1 kmを15分ペースで歩くとして1時間，1 kmを5分ペース走ると20分，サイクリングだと10 kmの道のりを40分かけてようやく食パン1枚分の運動である．500 mlの缶ビール1本は約200 kcalに相当し，20分走って「いい汗をかいた」と満足してビールを飲むと，実は消費した分を上回るカロリーを摂取していることになる．イチゴがのったショートケーキ1個は約300 kcalもあり，このカロリーを消費しようとすると，普通に歩いて1時間，ランニングなら40分，水泳（クロール）では，おおむね1 kmを1時間かけてようやくなのである．こう考えてみると，運動してもなかなかやせないというヒトには，そういえば走った後にはつい安心して食べ過ぎてしまったなど思い当たる節があるのではなかろうか．

また，「やせにくい体質」も確かに存在し，それには基礎代謝量の個人差が関与している．基礎代謝量とは生命維持に最低限必要なエネルギー消費量で，心臓，呼吸筋，消化管の運動，脳や全身の細胞の活動維持に必要なエネルギーである．1日当たり成人男子で約1,500 kcal，成人女子で約1,200 kcalと，前述の運動による消費カロリーに比べ大きいことに気づかれると思う．基礎代謝量と運動で消費したカロリーの合計が食事で摂取したカロリーを上回れば，体重は減少する．一方，脂肪分解や熱産生に関するホルモンやタンパクの機能異常が基礎代謝を低下させることが知られている．脂肪分解や熱産生には交感神経系のβ_3-アドレナリン受容体が関与しているが，この受容体遺伝子（408個のアミノ酸よりなる）のアミノ酸配列の中で64番目のトリプトファン（Trp）がアルギニン（Arg）に変異した遺

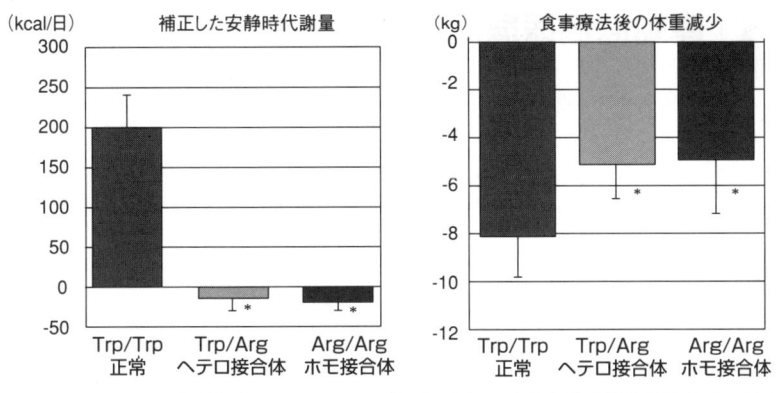

図 β_3-アドレナリン受容体遺伝子ミスセンス変異の有無による安静時代謝量と食事療法3カ月後の体重の変化[1]　*：p<0.05 vs Trp/Trp

伝子ミスセンス変異をもつヒトが日本人には3人に1人の高頻度に存在する．この変異をもつ肥満女性では基礎代謝量が1日当たり200 kcalも低下しており(図)，食事療法に対する抵抗性がありやせにくい[1]．それゆえ，食事量を同じにして運動で減量しようとするなら，変異をもつヒトは200 kcal余計に運動を行わないと変異がないヒトと同じようにはやせない．また，熱産生に関与する褐色脂肪細胞の脱共役タンパク(UCP1)遺伝子の5'上流領域における点突然変異も基礎代謝の低下をもたらす[2]．この変異も日本人には25％以上の高頻度に存在し，決して稀な変異ではないため，同じように運動を継続していてもやせにくい原因の1つになっている可能性がある．

　以上のように，運動してもやせにくいことについては，運動の強さ，個人の食事嗜好，基礎代謝量などさまざまな原因が関与している．毎日の食事から摂るエネルギーと運動で消費するエネルギーの割合を常に十分意識することが減量にとって重要なことである．また，運動には筋肉を萎縮させずに体脂肪を減少させ，基礎代謝量を増やす可能性もあり，健康の維持には大変有効である．運動による減量効果出現はゆっくりであるが，根気強く継続すればきっと成功すると常に自分に言い聞かせ，努力していただきたいものである．

[吉田　俊秀・坂根　直樹　高倉　康人]

文献
1) Yoshida T, et al (1995). Mutation of β_3-adrenergic-receptor gene and response to treatment of obesity. Lancet 346：1433-1434.
2) 吉田俊秀，坂根直樹（2000）．SNPs（一塩基多型）の簡易測定法の開発と肥満治療への応用．臨床成人病 30：628-632.
3) 橋本勲ら（1999）．新エスカ21運動生理学．同文書院，東京．

Q101 運動は糖尿病の特効薬なのか？

A 運動が糖尿病患者において血糖降下作用を有することは以前よりよく知られており，実際，運動処方は糖尿病診療，ことにインスリン非依存型糖尿病 (NIDDM) の予防と治療において要の役割を果たしている．しかしながら，あくまでも運動は糖尿病食事療法との併用において有効であり，また，過度の運動は逆に血糖コントロールを悪化させる要因ともなりうることから，運動を糖尿病の特効薬とするのは多少いい過ぎであるかもしれない．ここでは，運動がいかに糖尿病患者の末梢組織でのインスリン作用を改善するかについて概説し，運動による糖輸送担体 (GLUT-4) の細胞内移送機構における最近の分子生物学的知見について紹介する．

運動による糖尿病患者の血糖降下作用

運動のインスリン作用に対する影響は筋のエネルギー代謝と密接に関連している．運動によるエネルギー需要の増大は炭水化物や脂肪の筋への流入を促進する．まず，運動を開始すると最初の数分間はそのエネルギー源として貯蔵グリコーゲンが利用されるが，次第に主たるエネルギー源を血中グルコースに依存するようになる．血中グルコースは肝におけるグリコーゲンの分解の他に乳酸，グリセロール，アラニンなどによる糖新生により一定に保たれるが，運動をさらに続けると，遊離脂肪酸 (FFA) をそのエネルギー源として利用するようになる．その結果，血中グルコース，FFA の利用がさらに促進され，最終的に血糖値が低下する．一方，運動を続けることにより，脂肪組織重量の減少，脂肪細胞サイズの縮小効果を得ることもできる[1]．すなわち，脂肪組織量の減少が TNF (tumor necrosis factor) -α およびレプチンの分泌低下をもたらし，その結果として個体のインスリン感受性改善をもたらす訳である．

運動による筋肉グルコース吸収機構の促進

一方，近年，筋グルコース吸収においてインスリンを介した細胞内情報伝達機構による経路以外に，運動に反応した経路により筋グルコース吸収が促進されることも明らかとなってきた．グルコースは細胞膜を通過できないため，グルコースが細胞内に取り込まれるためには GLUT を必要とする．骨格筋で発現する GLUT の大部分は GLUT-4 であり，インスリンは細胞内プールにある GLUT-4 を細胞膜

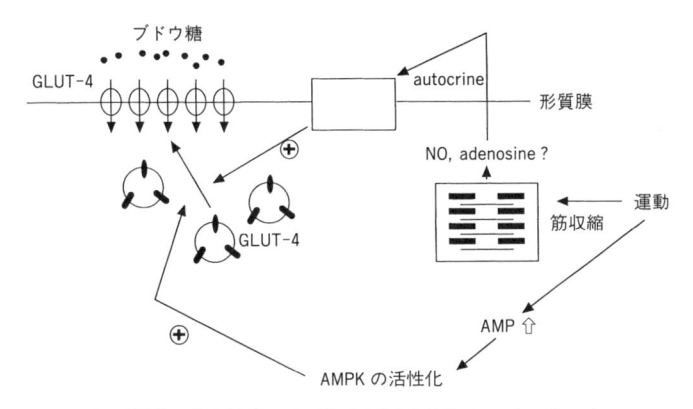

図 運動による筋肉でのGLUT-4トランスロケーション

上にトランスロケートさせる．これは，インスリンのインスリンレセプター α サブユニットへの結合，レセプター β サブユニットのチロシン残基自己リン酸化，インスリンレセプター基質(IRS)1，IRS-2 のチロシンリン酸化，PI 3 キナーゼの活性という一連の反応によって導かれる．ところが，この一連の反応とは別の経路により運動によって GLUT-4 トランスロケーションが促進される[2]．この機序の1つが，筋収縮によって放出される一酸化窒素(NO)による GLUT-4 トランスロケーションの促進である(図)．さらに最近注目されているのが，AMP-activated protein kinase (AMPK) の関与である[3]．このタンパク質は細胞内の AMP/ATP 比およびクレアチン/クレアチンリン酸比の上昇，ホスファターゼ活性の減少といった細胞内の環境変化によって活性化されるヘテロ三量体タンパク質である．運動により細胞内の燃料が少なくなると，ATP 消耗のスイッチがオフにされ，AMPK が活性化され，細胞内 GLUT-4 プールからの細胞膜への GLUT-4 トランスロケーションが促進し，その結果として ATP 合成を亢進するためにその基質であるグルコースの取り込みが促進される(図)．実際，インスリン刺激のない状態で AMPK を活性化させる AICAR という物質は筋における GLUT-4 のトランスロケーションを促進する．以上述べた総合的な結果として，運動により血糖値が低下し，このような理論的裏付けを背景として運動療法が糖尿病治療の大きな柱の1つとなっている．

[永松　信哉]

文献
1) Zackwieja JJ, et al (1997). Voluntary wheel running decreases adipose tissue mass and expression of leptin mRNA in Osborne-Mendel rats. Diabetes 46：1159-1166.
2) Douen AG, et al (1989). Exercise-induced increase in glucose transporters in plasma membranes of rat skeletal muscle. Endocrinology 124：449-454.
3) Hayashi T, et al (1998). Evidence for 5'AMP-activated protein kinase mediation of the effect of muscle contraction on glucose transport. Diabetes 47：11369-1373.

Q102 運動は痛風を悪化するのか？

A 痛風とは，高尿酸血症を基礎として発症する疾患であり，高尿酸血症の発症する詳細な機序は不明であるが，一般的には遺伝的素因が関与していると考えられている．尿酸の水に対する溶解度（0.01％以下）は極めて低い．高尿酸血症の場合，尿酸塩の血清レベルがその限界を超えているため，尿酸ナトリウムの結晶が軟組織や関節で形成され，痛風結節と呼ばれる沈着物ができ，それにより急性の炎症反応（急性痛風関節炎）を引き起こす．さらにその症状が進行すると慢性化する結果となる．

尿酸は，核酸に含まれるプリン体（アデニンとグアニン）の最終代謝産物として体内で生成されるが，従来，激しい運動は，乳酸生成による血液の酸性化により腎臓での尿酸のクリアランスを低下して高尿酸血症を起こすとされてきた．しかし，最近では運動による尿酸の過剰生成が強調されている．すなわち，筋肉には

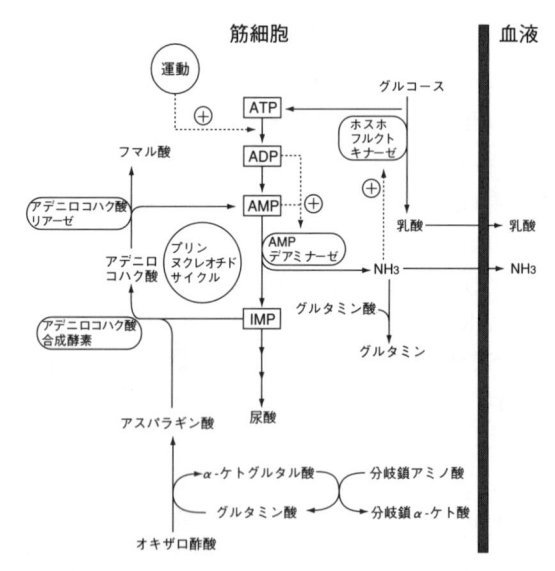

図1 筋肉のプリンヌクレオチドサイクル
ATP：アデノシン3-リン酸，ADP：アデノシン2-リン酸，AMP：アデノシン1-リン酸，IMP：イノシン1-リン酸．⊕は促進を意味する．

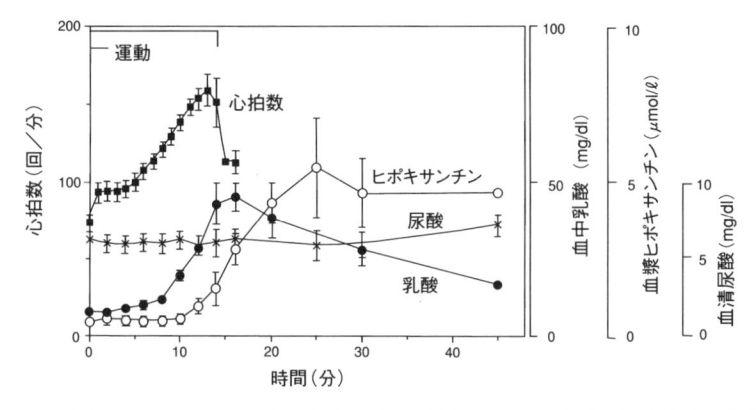

図2 漸増負荷運動による心拍数，血中乳酸，ヒポキサンチン，および尿酸濃度の変化．被験者として，5人の正常人と3人の痛風患者が用いられた．運動は自転車エルゴメータを用いて行われた[1]．

プリンヌクレオチドサイクル（図1）と呼ばれる代謝回路が存在し，運動はエネルギー代謝と同時にこの回路での代謝を促進するので，ATP由来のプリン体の分解を促進するのである．

このような背景を受けて，5人の健常なヒトと3人の痛風患者を被験者として運動強度と尿酸生成の関係が検討された研究が報告されている．その結果より，血中のヒポキサンチン（尿酸の前駆体）濃度は乳酸閾値以下の運動強度では増加しないが，その強度を超えると急激に上昇することが明らかにされた(図2)．この研究結果では尿酸自体の濃度は運動中と運動後30分までは増加していないが，この原因はヒポキサンチンからの尿酸の生成は，筋肉以外の臓器（おもに肝臓や小腸）で行われるために遅れたと推測される．これらの所見より，乳酸閾値を超える激しい運動は，プリン体の分解を促進し痛風の症状を悪化することが考えられるので，激しい運動は痛風患者には勧められない．しかし，逆に乳酸閾値以下の強度の運動ではプリン体の分解はかなり少ないため，痛風状態を悪化することはないであろう．また，痛風患者の多くは肥満体であり，そのような痛風患者の体重を減少すると血中尿酸値が一般的に低下することが報告されている．したがって，エアロビック運動により肥満体痛風患者の体重を減少することは，痛風の状態を改善するのに有効であると考えられる． ［下村　吉治］

文献 | 1) Yamanaka H, et al (1992). Accelerated purine nucleotide degradation by anaerobic but not by aerobic ergometer muscle exercise. Metabolism 41：364-369.

Q103 運動は骨を丈夫にするのか？

A 骨量は骨形成と骨吸収のバランス，いわゆる骨リモデリングによって維持され，骨の強度はその骨密度（骨量）と高い相関がある．骨が多孔化し密度が低下すると骨折しやすくなる．骨密度は加齢に伴って低下する．これが老人性骨粗鬆症である．

一方，除神経術やギブス固定，あるいは長期間の安静横臥や宇宙飛行などによっても骨密度が減少し，廃用性の骨粗鬆症が起こる．しかし，このような状況下でも骨に体重をかけたり，isometoric や isotonic な運動を行うと，骨密度の減少を防ぐことができる．つまり，重力や力学的ストレスは骨密度を増すように作用し，たとえば，瞬発的な動作を繰り返す運動や大きな筋力を発揮するような運動（weight-bearing exercise）は骨密度を増す[1),2)]．

また，運動の効果はほぼ年齢にかかわらずみられるようである．閉経後の女性では骨吸収が亢進して骨量が低下するが，運動はエストロゲン欠乏により亢進した骨吸収に拮抗的に作用し骨量減少を軽減させる効果がある．しかし，ランニングを主体とした有酸素性運動（weight-supported exercise）では，運動時間やその強度にかかわらず骨密度に著明な変化はみられない[2)]．

さらに，過激な運動は骨量を減少させてしまうといわれている．運動が骨密度を増加させるしくみについてはあまりよくわかっていない．しかし，運動を行った骨格筋がついている骨の骨密度の増加が著しいことや，ギブス固定を受けた骨の骨密度は著しく減少するという現象から，骨に加わる局所性の因子，特に力学的なストレスが重要であると思われる．事実，骨が力学的ストレスに応じて骨代謝を変化させることはよく知られている（図）．骨に力学的なストレスを与えて屈曲させると，骨に電位差が生じ，凸側はプラスに分極して骨吸収が起こり凹側はマイナスに分極し骨形成が起こる．

最近では，骨細胞や骨芽細胞がその変形や組織液の流れの変化を捉えて化学的シグナルを生み出している可能性が考えられており，骨細胞や骨芽細胞が機械的刺激を受けると c-*fos* mRNA が発現し，インスリン様増殖因子-I の mRNA 発現も増加することが示唆されている[2)]．インスリン様増殖因子は骨芽細胞の増殖とコラーゲン合成を促進して骨形成に働くと考えられている．

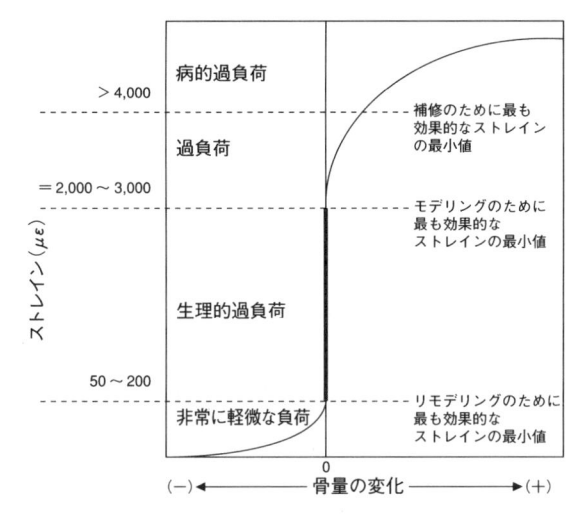

図 力学的ストレスと骨量の変化
1,000μストレイン（$\mu\varepsilon$）は長さを0.1％変化させることができる．

一方，骨吸収を行う破骨細胞の分化誘導因子（ODF：osteoclast differentiation factor）のmRNA発現は減少し，破骨細胞の分化誘導が減少する[3]．結局，力学的ストレスによって，骨形成が促進されて骨吸収は抑制されることになる．

プロスタグランジン，一酸化窒素，プリン作動性アゴニストなどの化学物質の産生も機械的刺激によって増加するらしい．これらの化学物質もオートクリンにあるいはパラクリンに骨代謝に影響を及ぼすことが示唆されている．また，成長ホルモンや性ホルモン（エストロゲン，アンドロゲン），カルシトニン，副甲状腺ホルモン，ビタミンDなどの全身性因子による影響も無視できないであろう．さらに，食餌中のCaやリンなどの栄養条件も骨密度に変化を与える因子として重要である．いずれにしても，運動による骨密度の増加は，局所性因子と全身性因子が相互に絡み合った結果として起こるのであろう． 　　　　　　　　　　[井澤　鉄也]

文献
1) Layne JE (1999). The effects of progressive resistance training on bone density：a review. Med Sci Spors Exerc 31：25-30.
2) 七五三木聡 (1999)．骨格系システムの適応．運動と生体諸機能，適応と可逆性（森谷敏夫編）．75-89，ナップ，東京．
3) Rubin J, et al (2000). Mechanical strain inhibits expression of osteoclast differentiation factor by murine stromal cells. Am J Physiol 278：C1126-C1132.

Q104 高地トレーニングはなぜ有効なのか？

A 高地トレーニングの最大の目標の1つは，赤血球［ヘモグロビン（Hb）］を増加させて酸素運搬能を高め，パフォーマンスを改善することである．高地トレーニングは，週に約1％のHb濃度を増加させる．その変化には，エリスロポエチン（EPO：erythropoietin）が強く関与している．EPOは，赤血球産生を刺激する糖タンパク質ホルモンで，おもに腎臓の傍尿細管間質細胞で産生され，一部肝臓でもつくられる．目下，最も信頼がおかれている高地トレーニング法である"living high-training low"（高度2,500 mに居住し，1,200 mでトレーニングを行う）の提唱で有名なLevinグループ[1]は，高地トレーニングの効果に大きな個人差がみられる原因の1つをEPOに求めている．すなわち，2,500 mの高さに30時間滞在することによる血漿EPO濃度の上昇が大きいグループ（responders）の方が，小さいグループ（nonresponders）よりも高地トレーニング終了後に有意な最大酸素摂取量（$\dot{V}O_2max$）の増大と5,000 m走のタイムの改善を示した．

　高地でEPOが増加するのは，EPO産生細胞に存在する酸素センサーであるNAD(P)Hオキシダーゼが低酸素を感知し，EPOの転写が亢進するためである（図）[2]．通常の酸素濃度では，この酵素を介して細胞内にスーパーオキシド（$O_2^{\cdot -}$）が生じ，スーパーオキシドジムスターゼ（SOD：superoxide dismutase）によって過酸化水素（H_2O_2）が生成され，さらに鉄イオンの存在下でFenton反応（$H_2O_2+Fe^{2+} \rightarrow OH^- + HO^{\cdot} + Fe^{3+}$）によりヒドロキシラジカル（$HO^{\cdot}$）が生じて，低酸素誘導因子（HIF-1：hypoxia-inducible factor-1）というEPO遺伝子の転写活性因子を不活化している．つまり，高地の低酸素環境下では，組織の酸素濃度が低下し，必然的にH_2O_2の発生が低下するためにHIF-1が活性化され，EPO遺伝子の3'側エンハンサー領域にHIF-1が結合して転写を促進する．その結果EPOの産生が高まり，赤血球数の増加が生じる．

　こうして，高地での赤血球増加現象に大きな個人差がみられる原因の1つとして，EPO産生細胞内のH_2O_2発生の程度差が考えられた．加えて，EPO以外にも，ホスホフルクトキナーゼL，アルドラーゼA，ホスホグリセリン酸キナーゼ1，エノラーゼ1，乳酸デヒドロゲナーゼAなどの解糖系酵素をはじめ，グルコース輸送体1（GLUT-1），血管内皮増殖因子（VEGF），誘導型一酸化窒素合成酵素（NOSⅡ），

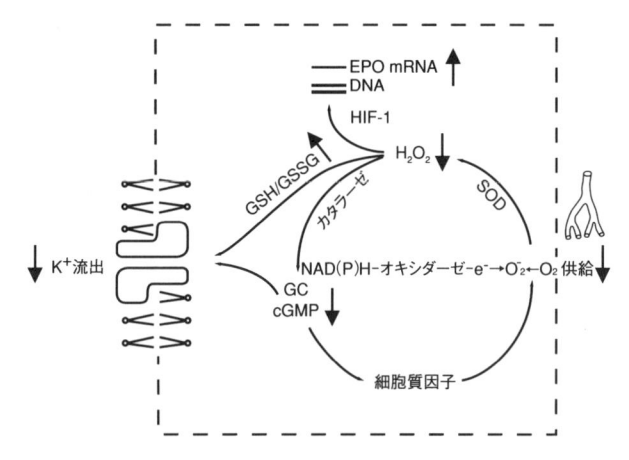

図 NAD(P)Hオキシダーゼによって産生される過酸化水素 (H_2O_2)，または細胞への酸素供給に依存する他の活性酸素は，Kチャンネル (K^+ 流出) の開構造や遺伝子発現 (EPO mRNA) のような異なった細胞活動に影響を与えるかもしれない[2] H_2O_2 効果は，グルタチオン (GSH/GSSG)，あるいはカタラーゼや低酸素誘導因子 (HIF-1) によって活性化するグアニル酸シクラーゼ (GC：guanylate cyclase) を介して発揮される．細胞質因子は cGMP の影響下でオキシダーゼ活性を制御する．太い矢印は，低酸素環境下での異なった細胞活動を示す．

　レトロトランスポゾン，ヘムオキシゲナーゼ1，あるいはトランスフェリンと，最近，種々の遺伝子がHIF-1による転写制御を受けていることが明らかになった．すなわち，高地において，さまざまな生態適応現象に関し活性酸素—HIF-1の経路の関与が示唆され，これがさらに個人差を生む要因となっているのかもしれない．
　一方，Sprague-Dawley系ラットには，低酸素下でのEPO反応が非常に大きいHilltopタイプが存在する．Hilltopラットは，著明な赤血球増加，低酸素血症，および重篤な肺高血圧を呈し，死亡率が高い（慢性高山病のモデルとなる）[3]．ちょうど，Levinらのrespondersと EPO 上昇によって得られる結果が好対照を示す．こうして，たとえば，EPO産生細胞内で生じた活性酸素がどのようにしてHIF-1活性を調節しているのかについてもまだよくわかっていないように，高地トレーニングの有効性を解明するには今後の多くの研究を必要とする．

〔大野　秀樹・若月　徹〕

文献
1) Chapman RF, et al (1998). Individual variation in response to altitude training. J Appl Physiol 85：1448-1456.
2) Acker H (1994). Mechanisms and meaning of cellular oxygen sensing in the organism. Respir Physiol 95：1-10.
3) Ou LC, et al (1998). Polycythemic responses to hypoxia：molecular and genetic mechanisms of chronic mountain sickness. J Appl Physiol 84：1242-1251.

Q 105 高山病に罹りやすいタイプはあるのか？

A 急性高山病の症状，程度は，個人差が非常に大きい．この差は，"constitution"の違いという曖昧な言葉で説明されているように，まだよくわかっていない．最近，あるタイプの高地肺水腫（HAPE：high altitude pulmonary edema）の発症に主要組織適合抗原［major histocompatibility (MHC) antigen］であるヒト白血球抗原（HLA：human leukocyte antigen）が関与していることが明らかにされた．Hanaoka ら[1]の研究では，日本人 HAPE 既往者 30 例（男性 28 例，女性 2 例）は，全例が日本アルプス（2,857～3,190 m）登山中に発症し，そのうち 8 例（26.7 %）が再発例であった．リンパ球（B 細胞）の HLA-DR，HLA-DQ 遺伝子（いずれもクラス II 領域）を検索したところ，対照群と比較して，DR 6 と DQ 4 遺伝子が HAPE 既往者で有意に高い陽性率を示した．加えて，再発例のすべてが，HLA-DR 6 あるいは HLA-DQ 4 のいずれか一方が陽性であった．また，HAPE 既往者の入院時平均肺動脈圧は，HLA-DR 6 陽性者［$32.0±2.1(SE)$ mmHg］の方が陰性者（$24.8±0.9$ mmHg）よりも有意に高値を示した．肺高血圧は，HAPE の発症と進展の最も重要な因子である．つまり，上気道感染がトリガーとなり，HLA クラス II 領域を介した低圧低酸素や低温という環境要因と運動（登山）への生体反応が起こり，炎症プロセスを経て肺高血圧をきたし，HAPE に陥る．

一方，高山病に罹りにくい遺伝子と呼んでもよいかもしれない，アンギオテンシン変換酵素遺伝子［angiotensin-converting enzyme (ACE) gene］allele が一流のクライマーに優位に存在することが知られている．ACE は，アンギオテンシン I を活性型のアンギオテンシン II に変換するエキソペプチダーゼである．アンギオテンシン II は，血圧や体液・電解質バランスの調節を担うという古典的な生理作用に加え，心血管系組織をはじめとするさまざまな細胞における肥大・増殖，あるいは分化・成長という生理作用が明らかになってきた．ACE 遺伝子は第 17 染色体 q 23 にあり，大きさは 21 kb で 26 エクソンからなる．イントロン 16 に 287 塩基対の挿入／欠失による制限酵素断片長多型があり，Alu 様配列を有するものは I allele，もたないものは D allele と呼ばれている．

25 名の一流英国人男性クライマー（無酸素で 7,000 m 以上の高峰に登山歴がある）のうがい液中から DNA を抽出し，PCR 法によって測定された ACE の遺伝子型を

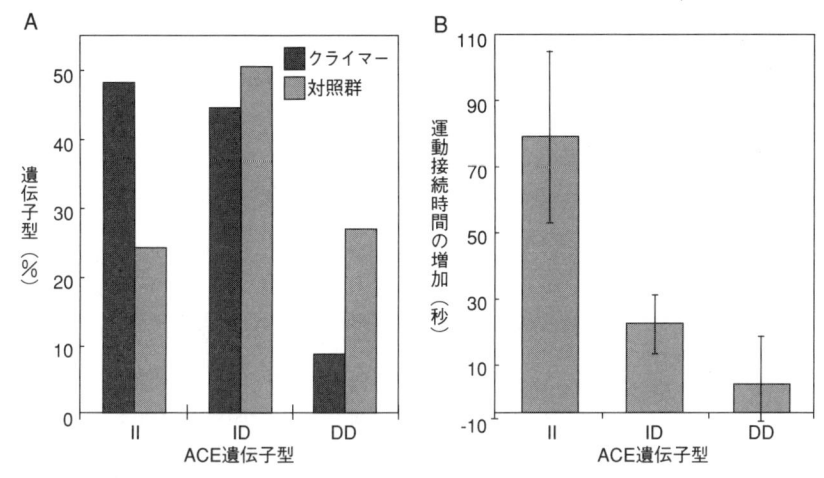

図 ACE allele とパフォーマンスとの関連性[2]
25名の一流英国人クライマーと1,906名の健康な英国人対照群のACE I/D 遺伝子型分布（A）．
英国軍隊新兵の10週間の身体トレーニング後における反復肘屈曲運動時間の改善（平均値±SE）（B）．

図Aに示す[2]．対照群と比較してⅡ型の占める割合がクライマーで有意に（p=0.02）高く，逆に，DD型は著しく低値（p=0.003）を示した．特に，無酸素で8,000m峰の登頂を果たした15名には，DD型がまったく認められなかった．他方，DD型の方が血清ACE活性が約2倍ほど高値であるにもかかわらず，図Bに示したように，78名の英国人男性新兵に10週間のパワートレーニングを行ったところ，運動持続時間がⅡ型で飛躍的に長くなり，ID型でもわずかにだが有意に増加し，DD型ではほとんど変化を示さなかったのは，非常に興味深い．さらに興味深いのは，3,000m以上に住む高地住民（キルギス）のうち，HAPEを有するヒトのⅡ型の割合が正常者の約6倍もの高値を示すことである[3]．高地住民と平地住民であるクライマーにおけるⅡ型遺伝子の果たす役割のこのような食い違いを解明することを，ぜひ今後の研究に期待したい．　　　　　　　　　　[大野　秀樹・木崎　節子]

文献
1) Hanaoka M, et al (1998). Association of high-altitude pulmonary edema with the major histocompatibility complex. Circulation 97：1124-1128.
2) Montgomery HE, et al (1998). Human gene for physical performance. Nature 393：221-222.
3) Morrell NW, et al (1999). ACE genotype and risk of high altitude pulmonary hypertension in Kyrghys highlanders. Lancet 353：814.

Q106 和食は寿命を延ばすのか？

A 日本人の平均寿命は1998年の厚生省調査によると，女性84.01歳，男性77.16歳でともに世界一の長寿国である．1999年には100歳を超えたヒトが11,346名にもなった．長寿の原因は必ずしも明らかではないが，日本の伝統的な和食が寿命を延ばすのではないかというのが大方の意見である．

死亡するまでの生存時間が延長されることを狭義の寿命延長と定義するが，科学的にこのような効果をもつことが証明されている食物や食物成分はほとんどない．唯一，食物摂取量を自由摂取量の50～70％に制限した場合に実験動物の寿命が著しく延長することが，米国のテキサス大学健康科学研究所のMasoro[1]をはじめ，多くの研究者や研究機関で確かめられている．この現象のメカニズムの解明は今も続けられており，さまざまな仮説が提唱されている．かつての日本の食事は質素であり，このような食事制限に似た貧しい食生活が現在の高齢者の寿命を延長したことは十分考えられる．

一方，同じ年代の高齢者を比べて病気も少なく明らかに元気である，あるいは元気な老人がたくさんいるという場合，厳密な意味では寿命が延びているとは断言できない．寿命は変わらないものの，死ぬ直前まで元気で活動している場合もある．これらの地域に特徴的な食材や料理が長寿食としてもてはやされる．しかし，必ずしも寿命延長とは関係がないことが多い．

生活習慣病の発症を予防することは，寿命を最大限に生きるために重要である．厳密な意味での寿命の延長ではないが，人間の生活の質という観点からは望ましい生き方であろう．現代の日本の食事は，かつてほどではないが，欧米に比較すると，今も理想的である．伝統的な日本型の食生活は，ご飯を主食として魚を多く摂取し，脂肪摂取量が先進工業国の中では格段に低い．ヨーロッパや米国では食物に占める脂肪の割合が40％（カロリー比）を超えるが，日本では，20％後半である．昭和40年代の高度経済成長以前では，脂肪摂取割合は20％以下であった．総摂取カロリーも欧米諸国に比べると格段に低い．これらの食事内容は，生活習慣病を予防するという点では理想に近い食生活である．事実，1977年のアメリカ上院特別委員会の「アメリカ人のための食事目標」では，アメリカ人の理想的な食生活について脂肪摂取割合を30％以下に抑制し，炭水化物を多く摂取する

表 1977年米国上院「栄養と人間のニーズ特別委員会」報告

アメリカ人のための食事目標（1977年）			
脂肪	タンパク質	複合炭水化物	精製・加工糖
30％	12％	48％	10％
アメリカ人の現在の食事			
脂肪	タンパク質	炭水化物	精製・加工糖
42％	12％	28％	18％
1981年国民栄養調査結果（日本人の場合）			
脂肪	タンパク質	炭水化物	砂糖
23％	13％	62％	10％

ことを勧めている．さらに，その当時として，理想的な食生活のモデルの1つが日本であることを指摘している．委員会の勧告にもかかわらず食形態にさほど大きな変化のなかったアメリカ人の脂肪摂取割合はいまだに40％であり，肥満や心臓疾患が減らないことは周知である（表）．

最近の統計では，都市部住民の脂肪摂取割合が特に増加する傾向を示している[2]．若年層を中心に和食離れが進んでおり，米の年間1人当たり消費量は，高度経済成長期に100 kgを割りはじめ，現在では60 kg台にまで低下してきた．ご飯を主食とした日本型食事の形が崩れはじめている．

和食の厳密な定義は容易ではない．特に，戦後，多くの食材が海外から輸入されるようになって，いつのまにか和食に成りすましているものも多い．結局のところ，ご飯を主食とし，だしの味で整えた副食が少なくとも1つはあり，油を多く使った副食を制限し，肉よりも魚を中心にするあたりが，和食のエッセンスではないかと思われる．これは，先程述べたように，生活習慣病を予防する観点からは理想に近い食事である．実際に日本人はアメリカ人に比べて，現在も肥満，心臓疾患が少ない．和食は，日本人の長寿命を維持する効果があると思われる．

[伏木　亨]

文献
1) Masoro EJ (2000). Caloric restriction and aging：an update. Exp Gerontol 35：299-305.
2) 厚生省保健医療局健康増進課監修（1996）．国民栄養の現状．第一出版，東京．

Q107 少しのアルコールはからだによいのか？

A 適量のアルコール摂取は動脈硬化を予防することが知られている．この場合の適量とは1日のアルコール摂取量が30～35g以下で，これはおおよそビールで大瓶1本，日本酒で1合，ウイスキーでダブル1杯に相当するが，これにはもちろん性差や体格などの個人差が存在する．このからだにとってよいアルコールの作用は，動脈硬化性疾患の中でも狭心症や心筋梗塞などの虚血性心疾患の場合によく知られている．たとえば，ホノルル在住の日系人を対象にした10年間の追跡調査では，虚血性心疾患非発症者での1日アルコール摂取量の平均値は14.3 ml であり，これは発症者での 9.7 ml に比べて有意に多かった[1]．

脂質代謝異常は動脈硬化の危険要因として重要である．HDL（high density lipoprotein）は血管壁からコレステロールを除去し血中を運搬する役割を果たす．したがって，HDL が増加すると動脈硬化は抑制される．アルコール摂取により血中 HDL コレステロールが増加することが知られている．その理由として，飲酒によりリポ蛋白リパーゼ活性が上昇し，中性脂肪を多く含む VLDL（very low density lipoprotein）や LDL（low density lipoprotein）などのリポ蛋白が分解され，その構成成分が HDL 分画に移動することや，HDL コレステロールのタンパク部分であるアポ蛋白 A-I，A-II の肝臓での合成が増加することなどが考えられている．アルコールの HDL コレステロール増加作用はアルコール飲料の種類には関係せず，アルコールの摂取量が影響する．

血管壁での血栓形成は動脈硬化の進展に深く関与する．血液の凝固・線溶系の活性は血栓形成傾向の指標となり，凝固能の亢進または線溶能の低下は動脈硬化の進展を促進する．血液凝固系へのアルコール摂取の影響として血小板凝集能の抑制と血中フィブリノーゲンの低下が報告されており，これらは血液凝固能低下の原因になる．さらに，アルコールは血管内皮細胞からのプロスタサイクリン（プロスタグランジン I_2）遊離を促進する．プロスタサイクリンには血小板凝集抑制作用と血管弛緩作用があり，これらの作用により血栓形成や臓器虚血が抑制される．またアルコール摂取により血中のプラスミノーゲンアクチベータ活性が上昇し，その結果プラスミン産生が増加し線溶系が亢進する．以上の理由で，アルコール摂取により血栓形成が抑制されて動脈硬化性疾患の予防につながると考えられて

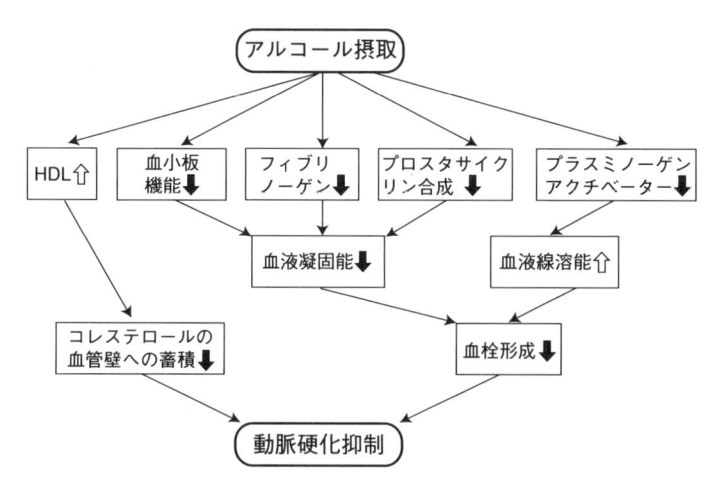

```
                    ┌──────────────┐
                    │ アルコール摂取 │
                    └──────────────┘
        ┌──────┬─────────┼─────────┬──────────┐
        ↓      ↓         ↓         ↓          ↓
     ┌─────┐ ┌─────┐ ┌──────┐ ┌──────────┐ ┌──────────┐
     │HDL⇧│ │血小板│ │フィブリ│ │プロスタサイク│ │プラスミノーゲン│
     │     │ │機能⇩│ │ノーゲン⇩│ │リン合成⇩ │ │アクチベーター⇩│
     └─────┘ └─────┘ └──────┘ └──────────┘ └──────────┘
```

図　アルコール摂取による動脈硬化抑制のメカニズム．
⇩：アルコール摂取により減少，⇧：増加

いる．さらに虚血性心疾患の危険要因の1つに社会ストレスが挙げられるが，アルコール摂取により精神的にリラックスし，ストレスが緩和される可能性がある．

最近，アルコール飲料の中で特に赤ワインが虚血性心疾患のリスクの低下に有効であることが話題になった．その発端となったのは，フランスでは食事での脂肪摂取量や血中コレステロールレベルが他の西欧諸国と変わらないにもかかわらず，虚血性心疾患の罹患率が低いという事実であった．これは French paradox と呼ばれている．その原因としてフランスではアルコール，中でもとりわけワイン消費量が多いことが挙げられ，事実，ワイン消費量と虚血性心疾患による死亡率が負の相関を示した[2]．動脈硬化の初期病変として LDL の酸化的修飾が重要である．酸化を受けた LDL は容易にマクロファージに貪食され泡沫細胞となって血管壁に蓄積する．虚血性心疾患に対するワインの予防効果は単にアルコールの作用のみでは説明できず，赤ワインに含まれているポリフェノール化合物の抗酸化作用によると考えられている．

一方，大量のアルコール摂取は逆に動脈硬化を促進する．そのおもな原因としてアルコールによる血圧の上昇があり，高血圧が動脈硬化の危険要因となる．

〔若林　一郎〕

文献
1) Yano K, et al (1984) Ten-year incidence of coronary heart disease in the Honolulu Heart Program. Relationship to biologic and lifestyle characteristics. Am J Epidemiol 119：653-666.
2) Renaud S and DE Lorgeril M (1992). Wine, alcohol, platelets, and the French paradox for coronary heart disease. Lancet 339：1523-1526.

Q108 上げ膳,据え膳はからだをダメにするのか？

A コペンハーゲン大学病院では,手術後の入院患者をいち早く覚醒させて,局所的な疼痛を麻酔により軽減させると同時に,身体運動と栄養とを組み合わせることにより敏速な退院と社会復帰を目指す臨床医学的な研究と実践が進められている.寝たきりのままでひどく大事にされる「上げ膳,据え膳」の入院生活は,手術直後のからだとはいえ,筋肉の萎縮を促進して筋力低下をもたらし,身体のさまざまな活動を制限してしまうと認識されているからである.日本における医療施設・在宅介護においても,高齢者が積極的に筋肉を収縮させてからだを動かすことは痴呆防止に役立ち,また,"転倒→骨折→寝たきり"に対する予防に貢献するという考えが浸透してきている.骨格筋は,短期間の非活動的な生活に対してすぐに衰えはじめる一方で,適切な運動刺激と栄養摂取によりその形態と機能を維持・増進できる,可逆的特性の極めて高い組織である.

青年健常者が2週間のベットレストに暴露されると,筋タンパク質合成速度の低下に伴い約10％の筋力低下が生じる[1].一方,ベットレスト中の筋力トレーニングは,これらの機能を維持することが認められており（図）,非活動的な生活による廃用性筋萎縮を防ぐには運動刺激が非常に重要であることが明白である.加齢により骨格筋の萎縮が進む高齢者においては,筋肉の形態と機能の増進のために運動刺激はいうまでもなく,さらに運動後の栄養摂取のタイミングが非常に重要であることが,最近のトレーニング実験により明らかにされている[2].この研究では,平均年齢74歳の男性13名を対象として,高タンパク質栄養食品(主成分：タンパク質10g,糖質7g,脂質3g)を運動直後と2時間後に摂取する2つのグループに分けて12週間の筋力トレーニング(3回／週)を実施した.トレーニングの結果,運動直後摂取群は,大腿外側広筋の筋線維1本当たりの横断面積が22％,大腿四頭筋の全横断面積が6％,ならびに膝伸展筋力が17％有意に増加したのに対して,2時間後摂取群ではこれらの測定項目に変化は認められなかった.この研究成果は,病院・高齢者施設などの運動療法を用いる臨床現場において,患者・高齢者の筋肉量と筋力を効果的に増加させるために食事のタイミングを考慮して運動トレーニングを行うことが重要であることを示唆するものである.

筋力トレーニングという力学的刺激から筋タンパク質合成までの過程において,

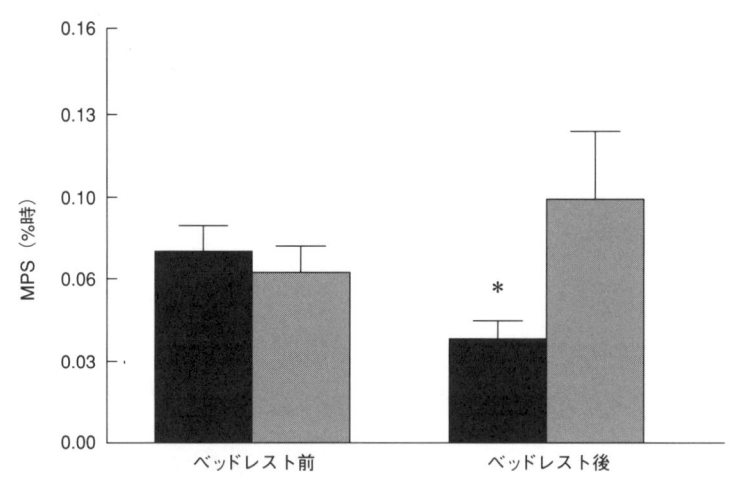

図 14日間のベッドレストが骨格筋タンパク質合成（MPS）に与える影響
（文献1より引用改変）
■ 対照群, ■ 筋力トレーニング群, ＊：p＜0.05

運動後の栄養摂取のタイミングになぜこのような差があらわれるのかということに関する分子生物学的メカニズムついては，不明な点が多い．「上げ膳，据え膳」にたとえることができる非活動的な生活がからだに与える悪影響は，筋肉だけではなくて骨密度，さらには心臓循環器系，内分泌系，免疫系にも及ぶことが推察される．これら各形態・機能の活動的／非活動的な生活に対する適応のメカニズムについて，生活習慣病の予防・改善という観点からも，研究の細分化と統合とを目指す取り組みが期待されている．

[水野　眞佐夫]

文献
1) Ferrando AA, et al (1997). Resistance exercise maintains skeletal muscle protein synthesis during bed rest. J Appl Physiol 82：807-810.
2) Esmark B, et al (2001) Timing of postexercise protein intake is important for muscle hypertrophy with resistance training in elderly. J Physiol, in press.

Q109 インスタント食品はからだに悪いのか？

A インスタント食品はからだによくないと一般に考えられているが，科学的な根拠がどこにあるのかについては十分に議論されていない．青少年の犯罪の増加やいわゆる「キレる」原因として，インスタント食品が槍玉に挙げられることがあるが，インスタント食品が行動に影響を及ぼす証拠はない（科学的なこじつけは可能であるが）．むしろ，毎日インスタント食品ばかりを食べ続けるような子供の生活環境の問題ではないかという意見に説得力がある．

一般に，インスタント食品の健康に及ぼす問題点としてイメージされているのは次のようなものであろう．脂肪含量が高い，塩分が多い，ビタミンCなどの新鮮野菜から摂らねばならない栄養素に欠ける場合がある，食品添加物や保存料などの添加量が多い．インスタント食品にもいろいろあり，代表的なインスタントラーメン，ヤキソバ，スープ，味噌汁などの乾燥形態のもの，あるいは，通常の調理方法よりも格段に調理時間が短縮できるものもインスタントと呼ばれることがある．ここでは，利用される頻度が非常に高く，それだけで1回の食事が成り立つ食品として，インスタントラーメンを考える．

まず，肥満の原因となりやすいか，塩分をとり過ぎるか，生活習慣病になりやすいか，必要な栄養素を摂る障害になるかに絞って考える．インスタントカップラーメンの平均的な組成を表にまとめた．

合成保存料，合成着色料は使用されていないものが多く，酸化防止剤はビタミンEが使われるので，これらに問題はない．また，最近ではビタミンやカルシウムなどの微量栄養素を添加したものが多く，ビタミンB1（0.5〜1.5 mg），ビタミンB2（0.2〜0.5 mg），カルシウム（100〜200 mg）などを添加した製品が目につく．

これらの数字は，メーカーや具材によって大きく異なるが，おおよその目安になると思われる．麺は小麦粉なのでタンパク質としては完全ではない．必須アミ

表　標準的なインスタントカップラーメンの組成（1食当たり）

カロリー	タンパク質	脂質	ナトリウム
300〜450 kcal	6〜12 g	6〜20 g	1.9〜2.7 g （食塩換算 4.8〜6.8 g）

ノ酸であるリジンが制限アミノ酸になっており，これはパンなどにも共通の問題である．特に，筋肉増強のために良質のタンパク質を必要とする運動選手には，インスタントラーメンのタンパク質のみでは不十分であり，副食を摂る必要がある．麺は油揚げしていないものが主流で，脂肪含量はそれほど高いとはいえない．総カロリーも，1回の食事としては決して高くはないが，量的な満足度の割にはカロリーが高い傾向にある．ナトリウム含量は，ラーメンという食形態であるので他の食品に比べて高く，特につゆの食塩濃度が高い．日本人が通常摂取している食塩量は1日に12～13ｇ程度であり，カップラーメンはその半分を1食で摂ってしまうことになる．

　かつては，インスタントラーメンばかり食べている学生はビタミンB1の欠乏により脚気になるなどといわれたが，ビタミンB1, B2が1日に必要な量の30～100％添加されている場合はその危険性は少ない．ビタミンCは含まれないので他の食品から摂取する必要がある．脂溶性ビタミンは十分ではないが，ただちに欠乏を心配する必要はないであろう．

　これらを総合すると，インスタントカップラーメンは，間に合わせ食品といったイメージの割には，からだに悪いと断じる根拠はない．強いていえば，ナトリウムが多いので，つゆを半分残すか，野菜を具に加えるなどの工夫が必要であろう．これをもし1日3食，長期間食べ続けるならば問題があるかもしれないが，現実的には1日1食程度であり，栄養学的には一般的な昼食として危険なものではない．また，生活習慣病に直結するものではないが，塩分感受性の高血圧症のヒトなどには当然ながら勧められない．他のインスタント食品も，ほぼ同様であろう．

　インスタント食品は，安価，迅速，長期間の保存性などの条件のために，製造過程でさまざまな技術的制約を受ける．健康に配慮した製品も増えてきているが，時間をかけて調理した料理が栄養的に優れているのは当然である．インスタント食品は，その実質的な栄養価値や利便性からみて，やや不当な扱いを受けていることは確かであるが，これを常食とはせず，栄養学的な知識のもとで適宜利用することには大きな問題はないと考えられる．　　　　　　　　　　　　　　[伏木　亨]

文献
1) 厚生省保健医療局健康増進栄養課監修(2000)．日本人の栄養所要量第6次改訂，第一出版，東京．
2) 野口忠（2000）．最新栄養化学，朝倉書店，東京．

Q110 コーヒーは運動にどのような効果を与えるのか？

A ここではまずカフェインのもつ生理学的な作用を概説し，運動に及ぼす効果について論じることにする．カフェインは茶葉中に1〜5％，コーヒー豆中には0.8〜1.75％含まれている．カフェインの作用は主として3つ知られている[1]．第1は，細胞内カルシウムの動員作用である．第2は，カフェインやテオフィリンが環状ヌクレオチドホスホジエステラーゼを阻害し，その結果として，cAMPのレベルを上昇させ，カテコールアミンの作用を促進する．第3は，アデノシンレセプターのレベルでの拮抗作用である．アデノシンレセプターには2種類が知られているが，カフェインはこのレセプターに対しておもに中枢神経系で阻害したり活性化したりしてアデノシンと拮抗的に作用する．この作用はcAMPのレベルやカルシウムの動員には関係がない．アデノシンは神経の活動電位を抑え，シナプス伝達やニューロトランスミッターの遊離を阻害する．カフェインやテオフィリンは，アデノシンのこれらの作用と拮抗する．しかもこの濃度はかなり低く100 μM で十分であり，コーヒーの1〜3杯分に相当する．つまり第3の作用が最も生理的なしかも生体内での作用と考えられる．

　コーヒーの主要な成分であるカフェイン（メチルキサチン）が運動に対してどのような効果をもたらすかについては多くの議論がある．現時点では，おそらくその効果はβ-エンドルフィンやホルモンを介して中枢神経への間接的なものである可能性が強い．Costillら[2]は，カフェインを含むコーヒーと，いわゆるカフェインを除去したコーヒー(decaffeinated coffee といい，カフェインを99％程度除去したもの)を2名の女性および7名の男性のサイクリング競技者を対象にして投与実験を行った．実験開始60分前に，5gのdecaffeinated coffeeを含む200 mlの湯を飲ませた群（D群）と，5gのdecaffeinated coffeeと330 mgのカフェインを含んだ湯200 mlを飲ませた群(C群)に分けた．C群でのカフェインの含量はregular coffeeをパーコレータで入れた場合のおよそ2杯半に相当する．運動の負荷量はそれぞれの被験者の80％ Vo_2max とし，運動前，10分，30分後，さらにその後引き続いて30分間隔で，さらには運動中止前，すなわち疲労困憊したときに，それぞれ血液を採取した．その結果，消耗して運動を中止するまでの時間はカフェインを摂取したC群では90.2分であったのに対して，D群では75.5分で明らかに有意

差がみられた．酸素消費量や，心拍数には差はなかった．また，遊離脂肪酸にも有意差がなかったがグリセロールレベルは高く，一方，R値(分時CO_2排出量／分時酸素摂取量)は低く，脂肪の酸化はC群でおよそ118gであり，D群の57gをはるかに超えた．結論として，カフェインの摂取は，糖質の酸化速度を低下させることにより肝臓や筋肉のグリコーゲンの分解を節約し，脂肪分解速度を高めることにより特に持久力を要するクロスカントリースキー，サイクリング，長距離走などに効果があると考えられる．また，心理的な効果もある．一方で，これらの効果がみられないという報告もある．カフェインは，血中のカテコールアミンを増加させることにより肉体運動によるストレスを軽減するという報告もある．

Maughanら[3]によると，現時点でのカフェインの効果は次のように要約されている．カフェインの摂取は，脂肪組織からの遊離脂肪酸の動員を増加させ，血漿中の遊離脂肪酸の濃度を高める．約70％ $\dot{V}O_2max$ の運動の最初の30分間，遊離脂肪酸濃度はゆっくりと増加するか，あるいはわずかに低下することもあるが，十分量のカフェインを摂取すると脂質代謝が著しく高まり，運動の初期段階での血漿中遊離脂肪酸の利用が亢進するため，筋肉に貯蔵されているグリコーゲンを節約でき，より長い運動を持続できるようになる．

終わりに，運動におけるコーヒーとカフェインのドーピング上での問題点に触れよう．最近はステロイドやホルモン剤とともにカフェインも規制されている．実際に多くのアスリートが競技の前後にカフェインを飲んでいる．カフェインは一度吸収されると体中に分布するが，最も高濃度になるのが筋肉である．国際オリンピック委員会では尿中のカフェイン濃度は $12\mu g/ml$ まで許容されている．通常私たちが飲むコーヒー，紅茶，コーラなどではこの濃度を超えることはないとされている．およそ6～8杯のコーヒを検査の2～3時間前に飲むとカフェインとして897～1,065mgとなり，規制濃度を超えることになる．尿中のカフェイン濃度は血漿中のカフェイン濃度をよく反映するが，ヒトによっては尿中の排泄能力に著しい差がみられる．将来，この個体差は，遺伝子の検索からカフェインの代謝の速いヒトと，カフェインの代謝の遅いヒトを区別することができるようになるであろう．

[谷口　正子・谷口　直之]

文献

1) Nehlig A and Debry G (1994). Caffein and sports activity；a review. Int J Sports Med 15：215-223.
2) Costill DL, et al (1978). Effects of caffeine ingestion on metabolism and exercise performance, Med Sci Sports 10：155-158.
3) Maughan R et al：谷口正子ら監訳 (1999)．スポーツとトレーニングの生化学．メディカル・サイエンス・インターナショナル，東京．

Q111 運動はタンパク質の必要量を高めるのか？

A 運動は筋肉に損傷を与えることが明らかにされている．この筋組織の損傷は，骨格筋にかなり多く含まれる酵素クレアチンキナーゼの活性が血液中で上昇することを測定することにより検出できる．すなわち，運動により筋細胞がダメージを受け，細胞中の酵素が血中へ漏出すると考えられている．この運動による筋細胞の損傷は，ウエイトトレーニングのようなエキセントリック運動により強く引き起こされる．

筋細胞の損傷は，筋タンパク質の分解を伴うと考えられている．筋タンパク質の分解は，筋線維タンパク質（アクチンとミオシン）に含まれる3-メチルヒスチジンの尿中排泄や，四肢の動静脈におけるアミノ酸濃度の較差を測定することにより測定できる．これらの方法を用いた研究では，運動により筋肉でのタンパク質分解は亢進することが証明されている．しかしながら，運動による筋タンパク質の分解は，運動開始後の比較的早い時期から促進されるが，一般的に3-メチルヒスチジンの尿中排泄は認められないか，もしくはかなり遅延して認められるので，筋線維タンパク質以外のタンパク質がまず分解され，それに遅れて筋線維タンパク質の分解が起こるようである．

タンパク質の分解に伴い，遊離されるアミノ酸の分解も促進される．アミノ酸の中でも，食事タンパク質や筋タンパク質に豊富に含まれる分岐鎖アミノ酸（ロイシン，イソロイシン，バリンの3つのアミノ酸）の酸化分解は，運動により特に促進されることがわかっている．分岐鎖アミノ酸は栄養学的な必須アミノ酸（体内で合成されないアミノ酸）であるにもかかわらず，運動によりその分解が促進される生理的な意味には不明な点が多いが，その分解物は完全に酸化分解されてエネルギーとなったり，糖新生の材料に利用されることが明らかにされている．

筋タンパク質の分解と合成に対する運動の影響に関しては，ラットおよびヒトにおいて多くの研究が行われたが，その結果は両者の間に共通性が高い．すなわち，運動中はタンパク質の分解が亢進し，合成は低下する．一方，運動後では逆にタンパク質の合成が亢進し，少なくとも24時間ほどはその状態が保たれることが確認されている．

上記のように，運動によりタンパク質・アミノ酸の分解が亢進し，さらにタン

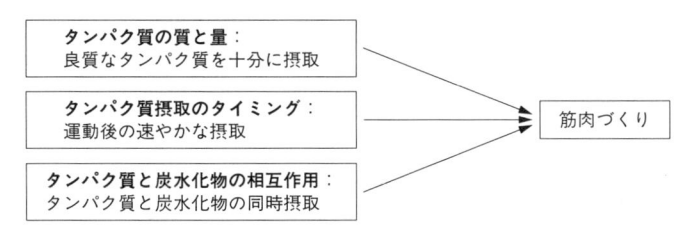

```
┌──────────────────────────┐
│ タンパク質の質と量:      │
│ 良質なタンパク質を十分に  │──┐
│ 摂取                     │  │
└──────────────────────────┘  │
┌──────────────────────────┐  │  ┌──────────┐
│ タンパク質摂取のタイミング:│──┼─▶│ 筋肉づくり│
│ 運動後の速やかな摂取      │  │  └──────────┘
└──────────────────────────┘  │
┌──────────────────────────┐  │
│ タンパク質と炭水化物の相互作用:│─┘
│ タンパク質と炭水化物の同時摂取│
└──────────────────────────┘
```

図　筋肉づくりのための食事タンパク質の摂取法

パク質合成も高まることが明らかにされているので，当然運動はタンパク質の必要量を増加することが予想される．運動によるタンパク質の必要量は必ずしも増加しないという報告もあるが，他の多くの報告，および一般的な経験論からすると，運動をした場合タンパク質の摂取量を増加することが勧められる．一般のヒトの1日当たりのタンパク質必要量（所要量）は，安全率を計算に入れて1.08 g/kg体重と算出されており，体重60 kgのヒトで約65 gのタンパク質が1日に必要である．一方運動を激しく行うヒトでは，1日当たり1.5～2.0 g/kg体重のタンパク質を摂取することが勧められており，この値は，一般のヒトの1.5～2倍のタンパク質摂取量に当たる．

　タンパク質源は食事から摂取すればよいが，それだけでは不足する場合には市販のプロテイン食品で補うことも効果的である．ただし，筋肉をつくるためには運動が必須であり，単にタンパク質を多く摂取すれば筋肉がつくわけではない．過剰に摂取したタンパク質はおもに脂肪となって蓄積されるので注意が必要である．

　運動とタンパク質摂取のタイミングに関する最近の研究によれば，運動後なるべく早いタイミングでタンパク質を摂ると，筋タンパク質合成に有効であることが明らかにされた．したがって，運動直後にタンパク質食品を摂るか，もしくは運動後なるべく早く食事を摂ることが勧められる．さらに，摂取したタンパク質が筋肉づくりに有効に作用するためには，タンパク質と糖を同時に摂取することも重要であることが明らかにされつつある．図に有効な筋肉づくりのための食事タンパク質の摂取法を示す．　　　　　　　　　　　　　　　　　　　[下村　吉治]

文献
1) Evans WJ, et al (1986). Metabolic changes following eccentric exercise in trained and untrained men. J Appl Physiol 61：1864-1868.
2) Rennie M (1996). Influence of exercise on protein and amino acid metabolism. In Handbook of Physiology, Section 12：Exercise：Regulation and Integration of Multiple Systems (Rowell LB and Shepherd JT eds). 996-1035, Oxford University Press, New York.
3) 下村吉治 (2000). 体をつくるタンパク質・アミノ酸と運動. 食事と運動（ネスレ科学振興会監修）. 21-42, 学会出版センター関西, 大阪.

Q112 喫煙はなぜからだに悪いのか？

A タバコの煙は，ガス相（92％）と微粒子相（8％）から構成され，ガス相の中には一酸化炭素（CO），シアン化水素（HCN）などの無機ガス成分とメタン（CH_4）などの有機ガス成分が含まれている．微粒子相では，ニコチンとタールが代表的なもので，タールの中には発がん物質であるベンゾピレン（benzopyrene）があり，またカドミウムや残留農薬も含まれる．

喫煙は吸引口から直接流入する（直接喫煙）ものを主流煙，点火部からのものを副流煙というが，この副流煙を吸引する（間接喫煙）場合に高濃度の毒性物質が体内に入る．たとえば，副流煙は主流煙と比較してタール：約3倍，ニコチン：約3倍，ベンゾピレン：約4倍，カドミウム：約4倍，CO：約5倍，窒素酸化物：約4倍もの高値を示す．副流煙の喫煙により，夫の喫煙による非喫煙の妻の肺がん発症率は1.4倍～3.4倍も高くなる．

正常細胞のがん化は，細胞の増殖因子の変異や過剰な発現，またそれに関与するがん遺伝子が過度に作用した場合や，がん抑制に関する遺伝子が作用しなくなった場合，腫瘍の血管新生や転移に関与する遺伝子の異常や変異などにより発生・進展する．タバコの煙にはさまざまな発がん物質が含まれており，その中でもDNAに損傷を強く与える物質は多環式芳香族炭化水素（PAH：polycyclic aromatic hydrocarbones）であるベンゾピレンとニトロソアミン（TSNA：tobacco-specific nitrosamine）である．特に，ベンゾピレンは発がん物質の代表的なものである．ベンゾピレンは肝ミクロソーム酸化系酵素であるシトクロム（cytochrome）P-450に作用する．

シトクロムP-450には多くのアイソザイムが存在しているが，ベンゾピレンなどのPAHをおもに基質として代謝するのはP-450 1A1酵素であり，エポキシド（エポキサイド）という分子に変わる．このエポキシドが遺伝子の変異を起こし，がんを発生させる．タバコの煙に含まれる上記のPAHの代謝活性化をはかるP 4501A1遺伝子のCYP1A1には，制限酵素MspIによる多型とイソロイシンとバリンのアミノ酸置換を伴うIle-Val多型がある．MspI多型の場合，肺扁平上皮がんにかかる率が他型と比較して3～5倍高く，またIle-Val多型の場合，より少ない喫煙本数で肺扁平上皮がんにかかりやすいといわれる[1]．

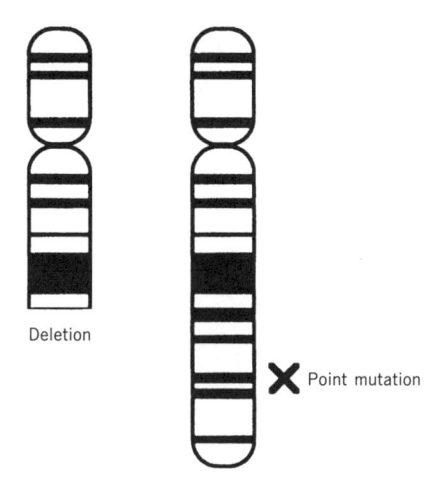

図 がん抑制遺伝子[3]
がん抑制遺伝子は，両方の対立遺伝子が不活化されることにより悪性変化を引き起こすと考えられる．一方が欠失，一方が点突然変異の例を示す．

　P53遺伝子は第17番染色体短腕(17P13)に位置し，20 kbの長さをもち，11のエキソンを有している．遺伝子産物としてのP53タンパク質は転写因子としての機能を有している．P53遺伝子の変異や欠失によりその機能が消失すると損傷を受けたDNAが変異や欠失を有する状態のまま娘細胞に受けつがれ細胞のがん化が生ずる．P53の変異時期はがん発生の早期から生ずると考えられている[1),2)]．P53遺伝子の塩基変異はグアニン(G：guanine)からチミン(T：thymine)へのtransversionが最も多く，その率は小細胞がん，扁平上皮がん，大細胞がんではほぼ等しく45〜54％を占める．喫煙との関連から述べると，ベンゾピレンはこのGからTへのtransversionをより引き起こしやすく，小細胞がんや肺扁平上皮がんではこの頻度は高い[1)]．また，肺がんに関して，遺伝子3P14.2領域は染色体脆弱部位であり，この領域はタバコ発がん物質の標的部位となっている可能性が高いことも指摘されている[2)]．

[芳賀 脩光]

文献
1) 土屋永寿(1995)．肺癌の分子生物学．現代病理学大系　補遺1(飯島宗一ら責任編)．137-146，中山書店，東京．
2) 得地令郎，土屋永寿(1999)．日本人の病気と病理学．病理と臨床 17(臨時増刊号)：262．
3) 萩原弘一(1999) 肺癌における遺伝子変化．日常臨床のための肺癌(原沢道美編)．22-25，現代医療社，東京．

Q113 運動は頭をよくするのか？

A 運動は頭をよくするかという問題は，今までにいくつかの答えが出されてきた．たとえば，筋肉の緊張は脳幹網様体に刺激を入力し，覚醒レベルを高くすることが明らかにされている．覚醒レベルが高くなれば，精神能力が高まると思われるので，運動は頭をよくするといえるであろう．他には，過激な鍛える種類の運動は"辛いことにも耐える精神"をもたらすと考えられてきた．辛いこと苦しいことに耐える精神があれば嫌な勉強でも耐え忍んで行えるので，結果として学業成績がよくなってくる可能性がある．そういう意味で運動は頭をよくする可能性があるといえるだろう．

その他にも運動が頭をよくする点がある．それは，野球，サッカーなど他者との協調を必要とするスポーツでは他者との関係を学ぶことができ，これによってそのヒトの精神能力が拡大する可能性があることである．頭がよいというのは個人の能力であるが，他者とのかかわりによって成績や業績が上がるという点を見逃してはならない．個人競技である柔道，相撲などでは勝ち負けの全責任がその個人にかかっており，決断や精神的緊張に耐えるといった特殊な精神能力を養成するという点で頭をよくするといえよう．

従来の考えのうちのいくつかを紹介したけれども，これらは確かに運動すると頭がよくなるかどうかに答えているが，何か物足りない感じがする．それはおそらく，運動すると脳がどう変化するか直接的な所見が述べられていないからであろう．1980年代，陽電子放出断層撮影法（PET：positron emission tomography），1990年代になって登場した機能的磁気共鳴画像法(fMRI：functional magnetic resonance imaging) によって運動時に脳のどの部分が活動しているか，画像として捉えられるようになった．特に，後者のfMRIは侵襲性がないという特徴を有している．

fMRIは微細静脈の赤血球中の脱酸素化ヘモグロビンの濃度を検出して，脳の活動を間接的に測定する方法である．脳が活動すると，微細静脈における赤血球中の脱酸素化ヘモグロビンの濃度が減少する．これをBOLD（blood oxygen level dependency)効果という．脱酸素化ヘモグロビン濃度が減少すると，生体にある水素原子の磁気共鳴信号（MRI信号）が上昇するので，それを測定することにより脳

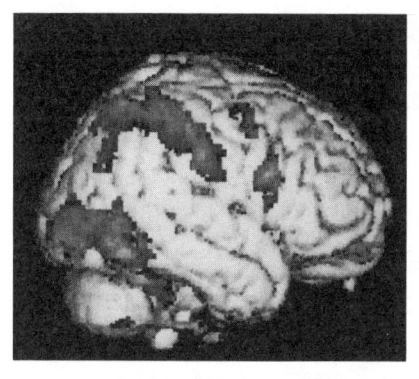

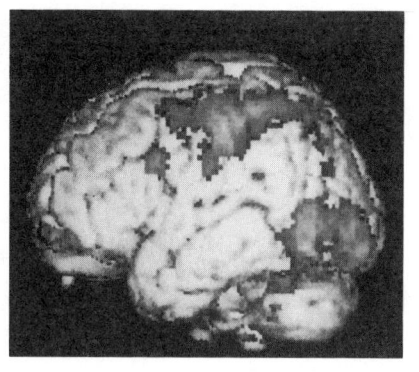

図 手型の模倣運動で生ずる脳の活動
濃い部分が脳の活動している部分である．模倣運動から休みのときの脳活動を
差し引いたものである．

の活動を測定することができる．

　単純な運動，たとえば，右手親指と他の4指を1指ずつ次々に触れていく運動を行っているときにfMRIで測定すると，左半球の手の運動領の部分の活動がみられる．脳の他の部分の活動は左帯状溝附近などわずかである．したがって，単純な運動を行っているだけでは，精神活動に関連のある連合野の活動はほとんどなく，頭をよくするとは思われない．しかし，少し複雑な運動ではどうであろうか．たとえば，右手で色々な手の形を模倣する運動をみてみると，左半球の手の運動領以外に左右半球の前頭葉連合野や頭頂葉連合野に活動が認められる（図）．模倣運動は，ヒトではできるがサルではできない高級な運動であるが，このような運動は思考，言語，計算など活動する前頭葉連合野や頭頂連合野を賦活しているので，"頭をよく"するとまではいえないが，頭を活動させているといえるであろう．

　模倣よりさらに高度な運動，たとえば，野球，サッカー，柔道，相撲など，運動とともに予測や判断が要求される運動では，模倣時よりさらに広汎にそしてより強く脳を活動させることが想定される．このような運動は頭をよくするといってもよいと思われる．　　　　　　　　　　　　　　　　　　　　　　[杉下　守弘]

文献　1）杉下守弘（2000）．運動中の脳内メカニズム－fMRIとMEGによる解析．体力医学 49：33-35.

Q114 ランナーズハイは本当にあるのか？

A ランナーズハイとは1970年代後半よりランニング愛好者の間で話題になっている感覚であり，マラソンなどの持久運動を行った際に走りはじめてから30〜60分後に感じられる爽快感や陶酔感を指す．この状態はアルコールやマリファナを摂取したときの陶酔感と似たような状態といわれている．また，時を同じくして，内因性麻薬物質のメチオニンやβ-エンドルフィン（β-end）が発見され，特に，β-end には強力な鎮痛作用や下垂体ホルモンの分泌調節のほか，血圧・体温の調節，あるいは食欲，情動，記憶への関与などの作用が認められていることから，ランナーズハイとの関係が注目されはじめた．

運動による β-end の変化を検討した Gambert ら[1]や Goldfarb ら[2]の研究では，最大酸素摂取量の70％（70％$\dot{V}_{O_2}max$）程度の強度でトレッドミル走や自転車エルゴメータ運動などを行わせると，15〜20分後より血中の β-end が上昇することが認められている．また，Petragia ら[3]は50％$\dot{V}_{O_2}max$においても60分以上運動を続けることにより β-end が上昇すると報告している．さらに，筆者らの研究においても，トライアスロンレース（水泳3.9km，自転車180.2km，ランニング42.2km；平均競技時間11時間30分）の直後には，レース前値に対して平均で約2.5倍

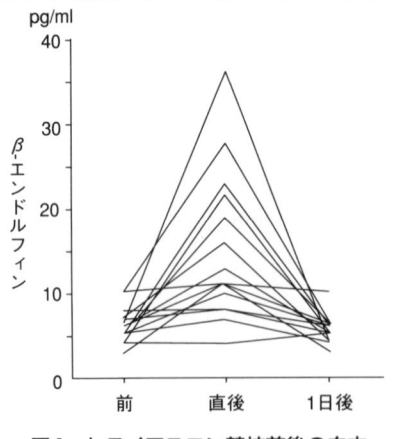

図1 トライアスロン競技前後の血中β-エンドルフィン値の変化[4]

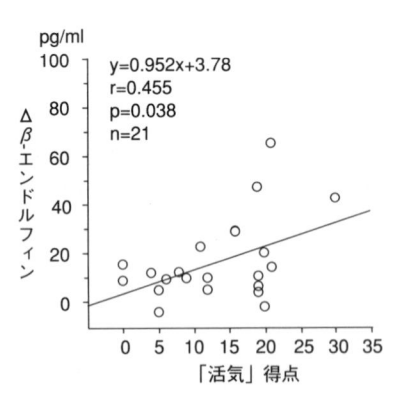

図2 トライアスロンレース前後のβ-エンドルフィンの変化量とレース直後の「活気」得点との関係[7]

上昇することを確認している(図1)[4]．これらの研究を総括すると，高強度運動では比較的短時間の内に，中等度の運動でも長時間継続することによりβ-endの上昇が起こると考えられる．

一方，運動によるβ-endと感情・気分との関係についてもいくつかの研究がなされている．mood visual analogue scale（VAS）を用いて検討したJanalら[5]の研究では，ランニングの後に「嬉しい（joy）」や「多幸感（euphoria）」などVAS得点に有意な上昇が認められたのに対し，β-endの拮抗物質であるナロキソンを投与した後に運動を行わせたグループでは，VAS得点の上昇がみられなかった．このことより，β-endが運動後の「嬉しい」や「多幸感」などの感情に関与していることが示唆された．また，見正ら[6]は自転車エルゴメータ運動の前後にβ-endと脳波の測定を行い，β-endの上昇率と脳波のα波成分の上昇率には有意な正の相関が認められたことから，β-endの上昇が運動後の精神的な鎮静化やリラクセーション効果を促していると報告している．筆者らのグループも，Profile of Mood States（POMS）を用いてトライアスロンレース前後でのβ-endの変化と感情・気分との関係を検討した結果，レース前後におけるβ-endの変化量とレース直後のPOMSにおける「活気（vigor）」得点の間には有意な相関を認め（図2），β-endがレース直後の活気の維持に何らかの関与をしている可能性を示唆した[7]．

以上のように，これまでの研究からは，運動を持続することによりβ-endが上昇すること，その結果ポジティブな感情変化がもたらされることが確認されており，この感情変化がランナーズハイであると考えられる．このランナーズハイの発現に関しては，いまだ明確な結論は得られていないが，少なくともβ-endが深く関与していると考えられる．　　　　　　　　　　　　［勝村　俊仁・村瀬　訓生］

文献

1) Gambert RS, et al (1980). Running increases plasma β-endorphin in man. Clin Res 28：720 A.
2) Goldfarb AH, et al (1990). Plasma beta-endorphin concentration：response to intensity and duration of exercise. Med Sci Sports Exerc 22：241-244.
3) Petragla F, et al (1990). Plasma beta-endorphin and beta-lipotropin levels increase in well trained athletes after competition and non competitive exercise. J Endocrinol Invest 13：19-23.
4) 岩根久夫，高波嘉一(1990)．ACTHとコルチゾール，β-エンドルフィン．臨床スポーツ医学7：1377-1383.
5) Janal MN, et al (1984). Pain sensitivity, mood and plasma endocrin levels in man following long distance running：effects of naloxone. Pain 19：13-25.
6) 見正富美子ら(1996)．有酸素運動における脳波・血中β-エンドルフィンの動態．体力科学45：519-526.
7) 下光輝一(1993)．超持久運動後における血漿β-endorphin濃度の変化と感情・気分との関係．東京医科大学雑誌51：116-124.

Q115 運動は自殺を防止するのか？

A 運動習慣や身体活動度と自殺との関係について調べた研究は極めて少ない．約10,000名の15〜20歳の青年学生スポーツ活動と健康感との関係を調べたFerronら[1]の研究によれば，運動をよく行う青年はそうでない青年より身体愁訴が少なく，自殺行為が少ない（オッズ比0.59）傾向があった．

Unger[2]は，思春期の男女10,506名の調査を行い，運動習慣やチームスポーツ参加の頻度と過去1年間の自殺企図の経験との関係について調べた．その結果，男子では運動習慣のない者に対して，週1度以上運動のみを行う者（チームスポーツへの参加なし）の自殺企図のオッズ比は0.65〜0.78と低い傾向にあった．さらに，運動習慣にチームスポーツ参加経験が加わると，自殺企図のオッズ比は一層低下し0.48〜0.58となった．しかし，女子においては逆に運動習慣のある者（チームスポーツ参加なし）はない者に比べ，自殺企図のオッズ比は高くなり，特にほとんど毎日運動を行う者は，運動を行わない者に対して1.79という高いオッズ比を示した．運動習慣にチームスポーツ参加経験が加わるとややオッズ比は低下するものの1.00より高い傾向を示した．Unger[2]は，女子の高頻度運動習慣者の中に自己を過体重と認識している者が含まれている可能性を示唆し，このような者は自尊心や自己のボディーイメージが低い傾向にあり，自殺企図につながるのではないかと考えた．しかし，これらの研究は横断的研究であり運動が自殺に及ぼす影響を調べることはできない．

Paffenbargerら[3]は，ハーバード大学同窓生コホート研究において，23〜27年間の追跡期間に身体活動度とうつ病の罹患率および自殺率との関係を調べている．うつ病については，1988年までに追跡された10,201名の同窓生の中で387名が発症したが，その発症率は身体活動度の高い者で低かった（運動によるエネルギー消費量1,000 kcal／週未満の者に対する2,500 kcal／週以上の者のうつ病発症の相対危険度は0.72）．しかし，自殺率については，観察期間中21,569名の内129名が自殺したが，過去の身体活動の度合いと自殺率の間には量反応関係は認められなかった（表）．データをみると，身体活動度が1,000〜2,500 kcal／週のグループが最も自殺率が低く，それより多くなると再び自殺率が上昇しており，これは，身体活動度が高い者の中に過度の運動を行うものやいわゆるオーバートレーニング状態にあるよ

表　身体活動度別年齢調整自殺死亡率と相対危険度（文献3を引用改変）
ハーバード同窓生（1962年または1966〜1988年）

身体活動量（kcal/週）	自殺率：10万人/年	相対危険度	P値
<1000	3.2	1.00	0.346
1000〜2499	2.3	0.73	
2500+	2.7	0.84	
スポーツ活動（時間/週）			
0	3.3	1.00	0.115
1〜2	2.0	0.61	
3+	2.5	0.76	

うな者が含まれている可能性がある．

　運動は自殺を防止するかという問いについては，介入研究が皆無である現状からは，確定的な回答はない．あえて推論をいわせてもらうと，適度な運動は抑うつや不安を軽減し，結果としてうつ病に由来する自殺を防止することになるだろう．しかし，過度の運動や重症のうつ病者に対する運動はうつ病を発症かつ悪化させ，ひいては自殺行為を惹起してしまう可能性がある．特にやせ願望のある思春期の女子における過度の運動には注意が肝要であろう．

[下光　輝一]

文献
1) Ferron C, et al. (1999)：Sport activity in adolescence：associations with health perceptions and experimental behaviours. Health Educ Res 14：225-233
2) Unger JB (1997)：Physical activity, participation in team sports, and risk of suicidal behavior in adolescents, Am J Health Promotion 12：90-93
3) Paffenbarger RS, et al (1994)：Physical activity and personal characteristics associated with depression and suicide in American college men. Acta Psychiatr Scand 337 (Suppl)：16-22

Q 116 運動は性格を変えるのか？

A 各個人を特徴づける持続的な一貫した行動様式を性格という（ここでは人格，パーソナリティーと同義として用いる）．運動・スポーツが性格を変化させるかという問いは，非常に重要な問題である．性格は極めて変化しにくいものである．それゆえ，もし変化するとしてもかなり緩徐であろう．

Cattell (1960) は，高い体力は不安と神経質 (neuroticism) を軽減し，また攻撃性と外向性を高めるのではないかと考えた．また，Collingwood ら (1983) による Cooper Clinic での4,000名の男女を対象にした 16 PF (16 Personality Factor Questionnaire) を用いた横断的研究では，高い持久的体力を有するものは身体愁訴が少なく，緊張度が低いことを見出した．Lobstein ら (1983) の MMPI (Minnesota Multiphasic Personality Inventory) を用いた研究では，より身体活動度の高い男性は，そうでないものよりも抑うつ度が低く，より外向的であった．Arai と Hisamichi[1] は，東北地方の住民22,448名を対象に EPI (Eysenck Personality Inventory) を用いて運動習慣と性格との関係を調べたところ，ほかの交絡要因を考慮に入れてもなお外向的な者は運動習慣者が多く，逆に神経質傾向のある者は運動習慣者が少なかったとしている．しかし，これらの研究は横断的研究であり，運動・スポーツの性格への影響を調べたものではない．

運動の性格に与える影響について調べた研究をレビューした Forkins と Sime (1981) は，physical fitness training により性格の全体的な変化は起きるという証拠はないと結論している．しかし，その後のより包括的なレビューでは，研究方法の欠点を認めつつも，運動の性格へのポジティブな効果を認めている (Doan and Scherman, 1987)．Dienstbier (1984) によれば，短期間の運動では性格の変化はミニマムであると述べている．Massie ら (1971) の MPI (Maudsley Personality Inventory) を用いた YMCA のフィットネスクラスでは，参加者の外向性の有意な増加と神経質傾向の減少を観察した．Massie らはこれらの変化は，集団で社会的なかかわりをもつこととプログラムに従事することから得られる幸福感によると考察している[2]．

Spielberger の STAI (State-Trait Anxiety Inventory) は，状態不安と特性不安を調べる調査票であるが，これによって得られる特性不安は，不安になりやすい性

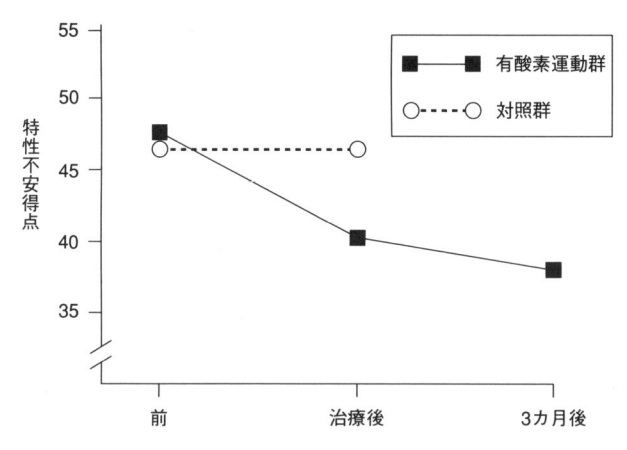

図 10週間の有酸素運動トレーニングの特性不安への影響
（文献3を引用改変）

格傾向であり，一般的には変化しにくいとされているものである．Odagiriら(1995)は，トライアスロン選手に競技前，競技直後にSTAIを行い不安傾向の変化を調べたところ，状態不安得点は競技直後に有意に低下したが，特性不安得点は変化しなかった．一方，Long[3]の10週間の速歩やジョギングなどの有酸素運動を行わせた研究では，介入後に特性不安得点が有意に低下し，かつその効果が3カ月後まで継続した（図）．特性不安が8週間から10週間の有酸素運動トレーニングにより低下するという同様の報告をBlumentalら(1982)やSextonら(1989)も行っており，不安になりやすいという性格傾向は急性の運動では軽減せず，長期間の運動トレーニングでは軽減するといえよう．

性格への介入研究はなかなか困難であり，これまでの研究から確固たる結論を得るには必ずしも十分であるとはいえないが，従来の研究を総合すると，外向—内向，神経質傾向，不安傾向などの性格については，有酸素運動やフィットネスプログラムの参加者には，ポジティブな効果が期待できそうである[2]．

［下光　輝一］

文献
1) Arai Y and Hisamichi S (1998)：Self-reported exercise frequency and personality；A population-based study in Japan. Percept Motor Skills 87：1371-1375
2) Willis JD and Cambell LF (1992)：Exercise Psychology. Human Kinetics Publishers, Champaign
3) Long BC (1984)：Aerobic conditioning and stress inoculation：A cpmparison of stress-management interventions. Cognitive Ther Res 8：517-542

Q117 オーバートレーニングはなぜ害なのか？

A オーバートレーニングは，トレーニング強度が強過ぎることによって生じる疲労の累積であり，生体の恒常性に破綻をきたし，競技能力を低下させ，重篤な場合は正常な機能回復に数カ月を要する病的状態である．この状態は，Selye (1936) のストレス学説における第3期（疲憊期）に相当し，しばしば栄養失調や食欲不振，体重の減少，倦怠感，うつ傾向，睡眠障害などを経験するという．オーバートレーニングには明確な指標が必ずしも存在していないので，検索に際してどの状態に相当するかを確認しておくことが重要である（表）．

オーバートレーニング症候群のメカニズムについては，内分泌系とのかかわりを示した報告が数多く示されている．一般に，過度な運動によるストレスは，自律神経のバランスの乱れや下垂体からのホルモンの分泌不全を引き起こす．成長ホルモンや副腎皮質刺激ホルモンなどが減少し，その結果，コーチゾル，テストステロン，あるいはアドレナリンなどの合成に影響を与えることになる．このため，程度によっては糖やタンパク代謝，および電解質バランスに影響を与え，回

表　「オーバートレーニング」の定義（文献1より引用改変）

1) **オーバートレーニング**
   回復と疲労の不均衡を表す一般語．
2) **オーバートレーニング症候群**
   生理的および心理的疲労を伴う重篤なオーバートレーニング状態．
3) **オーバーストレイン**
   オーバートレーニングと同義に用いられる．副交感神経亢進型のオーバートレーニング症候群を指す例もある．
4) **局所的オーバーストレイン**
   短期の局所的な疲労．筋痛など．
5) **スティルネス**
   パフォーマンスの低下を生じさせる高度な慢性疲労状態．過敏，興奮，睡眠パターンの乱れ，情動の不安定（交感神経亢進型オーバートレーニング症候群）などを伴う場合と，無気力，脈圧の低下，運動中の低血糖など（副交感神経亢進型のオーバートレーニング症候群）がみられるタイプがある．
6) **オーバーリーチング**
   軽度かつ短期のオーバートレーニング．不完全な回復によるパフォーマンスの低下．オーバートレーニング症候群の前段階．

復までに数週間から数カ月を要する場合がある．

　同様に，上気道感染症に罹患しやすくなるといった経験上の訴えもしばしば存在する．実験的にそれを裏付ける結果も示されているが，否定的な報告も多く最終的な結論を明示するには至っていない．Gabrielら[2]の報告では，15人のアスリートを対象に，同一被験者がオーバートレーニングと診断された状態とされていない状態で自転車による最大運動負荷後の細胞性免疫応答を比較したところ，ウイルスに対する感染防御などに寄与するNK細胞には，オーバートレーニング状態であるか否かの差は認められなかった．ただし，T細胞上の表面抗原であるCD45RO$^+$の発現がオーバートレーニング状態で有意に高く，この意味は不明ながら，指標として有用なパラメータとなる可能性があることが示唆された．

　これまでのところ，長期にわたるオーバートレーニング状態が生体に及ぼす影響についてDNAをターゲットとした報告はみられない．しかし，疲労困憊に至るような激しい運動後では筋のフリーラジカルが増加することが実証されているなど，高強度の運動が酸化ストレスによって細胞に直接的傷害をもたらすことは数多く指摘されている．運動によって損傷した筋の除去には好中球マクロファージの呼吸バーストによって産生される酸素ラジカルが利用されるが，これは同時にさらなる組織傷害を生じさせているかもしれない[3]．代謝過程では，酸素摂取量を限界付近の高い水準まで要求する高強度の運動が，呼吸鎖において電子の飛散を増すことにより活性酸素種を増加させ，細胞を傷害する可能性も指摘できる．

　一方，長期トレーニングによる抗酸化酵素の活性上昇が，亢進した有酸素代謝に伴う活性酸素種をどの程度を捕捉するのか，また，オーバートレーニング状態に至るような高強度の運動の反復で，活性酸素種が細胞にどのような影響を与えるのか，あるいは抗酸化食品やサプリメントが炎症反応を示す組織に有効であるかなどについては必ずしも明らかになっておらず，今後の研究が待たれるところである[3]．

[長澤　純一]

文献

1) Kuiper H and Keizer HA (1988). Overtraining in elite athletes：review and directions for the future. Sports Med 6：79-92.
2) Gabriel HHW, et al (1998). Overtraining and immune system：a prospective longitudinal study in endurance athletes. Med Sci Sports Exerc 30：1151-1157.
3) Tiidus PM (1998). Radical species in inflammation and overtraining. Can J Physiol Pharmacol 76：533-538.

Q118 運動は生体リズムを変えるのか？

A 生体機能にはリズムがあり，周期は数ミリ秒の単位から年余にわたって変化するものまである．ここで生体とは単細胞生物から哺乳類までを指し，それぞれを構成する分子・細胞・組織・器官・個体のレベルで異なる周期が存在する．

一般に生体リズムとは概日リズム（サーカディアンリズム）を指し，リズムを駆動する生物時計は多くの場合，おおよそ24時間の周期をもつサーカディアン振動機構で，主たる機能は24時間周期に同調して生体に時刻の情報を伝えることにある．生物時計（体内時計）の解剖学的所在は間脳—視床下部の視交叉上核（SCN），松果体，網膜などが挙げられるが，そのいずれが体温，内分泌，運動，睡眠リズムの振動機構であるのかは系統発生の段階で異なっている．

SCNや松果体からの内的同調リズム発信は，光などの外的同調因子が存在しなくても自律性にほぼ24時間に同調しており，これを自由走行性リズムと呼んでいる．ちなみに外的同調因子には光・音・温度・食事・運動・睡眠などが挙げられ，その役割はほぼ24時間の自律性リズムを短縮または延長することである．たとえば，光が日内リズムを短縮する（早める）ことは周知である．では，運動や行動（機械的刺激因子）は自律性の内的同調（生物時計）を早めるのだろうか，それとも遅らせるのだろうか．

先行研究によれば,運動負荷は生体リズムにかなりの影響を与えるという報告[1]があり，特に夕刻の運動負荷で生体リズムの遅れ（位相の後方移動）が顕著であり，さらに夜間の遅い時間から翌早朝に至る運動負荷でも生体リズムに遅れが生じるとされている[1]．このことは運動負荷が午前から夕刻のかなりの長時間帯にわたって生体リズムに影響を及ぼすことを示唆している．

そのため，生体リズムのうえから運動パフォーマンスは1日の一体どの時間帯に実施するのが合理的であるかは興味ある課題となる．図1はヒトのホルモン分泌を中心とした生体機能の時間的ピーク値を示し，図2はヒトの安静時，最大下運動時，最大運動時の代謝機能変化のピーク値を示す．2つの図はヒトの生体機能は早朝・午前は低く，午後・夕刻に高くなることを示唆している．つまり，ホルモン分泌のうえから成長ホルモンは深夜・早朝，プロラクチン，T_3，T_4，ACTH，

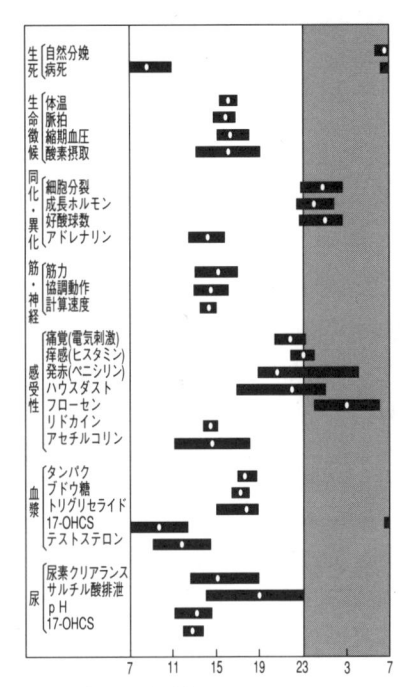

図1 概日頂点位相地図
　　（文献2より引用改変）

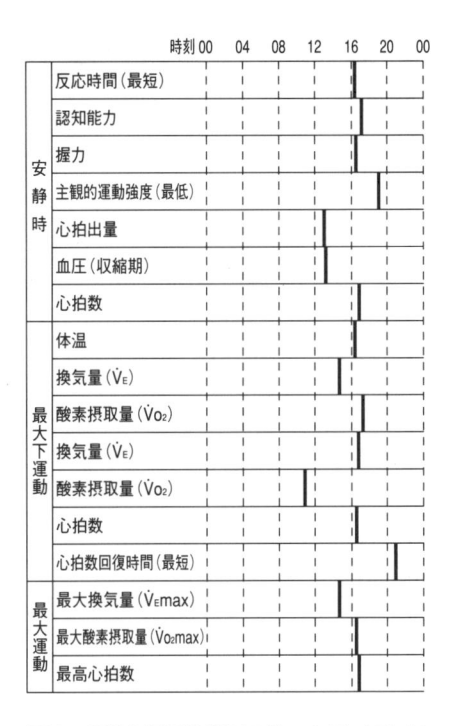

図2 各種生理学的変量のサーカディアンリ
　　ズム（文献3より引用改変）
各変量がピークをとる時間を示す．先
行研究における値を平均したもの．

アドレナリンといった代謝ホルモンは早朝から午後に向かって分泌が増加し，逆に5HT，インスリン，メラトニンなどは夜間型分泌を示し，1日における生体機能変化に深い関係を示している．この事実に運動パフォーマンスを重ね合わせると，午前中はスローペースのウォーキング，ジョギング，マラソンなどの長距離走が，午後から夕刻にかけては瞬発力が肝要なフィールド競技や短距離走が合理的である．しかし，今日の社会事情からは，各個人が自分の習慣やペースを守ればいずれの時間帯に運動パフォーマンスを実施しようとも生体リズムのうえから生体機能に支障をきたすことはあるまい．

[小坂　光男・山根　基・加藤　貴英・松井　信夫]

文献
1) Eastman CI, et al (1995). Phase-shifting human circadian rhythms with exercise during the night shift. Physiol Behav 58：1287-1291.
2) 佐々木隆（1982）．健康の気象・現代の気象テクノロジー5．朝倉書店，東京．
3) Winget CM, et al (1985). Circadian rhythms and athletic performance. Med Sci Sports Exerc 17：498-516.

Q119 運動はからだを丈夫にするのか？

A 徳川家康は70歳を超えても鷹狩りを行っていたという．レジャーとして鷹狩りをしていたのではなく，鷹狩りをすると運動をするので，からだを丈夫にすると考えていたことを記した記録が残っている．

運動をすれば丈夫になるといっても，どんな運動をしても丈夫になるというわけではない．一部の筋肉を用いる運動をすれば，その筋肉は太くなるが，それだけでヒトが丈夫になるわけではない．丈夫になるには，運動の中でも特定の運動をする必要がある．それは全身運動であり，しかも持続性をもつことが必要と考えられている．

全身運動というと具体的には，歩く，走る，泳ぐなどが思い浮ぶ．徳川家康の鷹狩りなどもこれに入る．しかし，それだけではなく肉体労働といわれるカテゴリーのものもこれに属すると思われる．全身運動であってもこれがある程度持続的に実施されないと効果がない．持続には2つの意味がある．1つは運動としての持続時間である．持続時間は40分程度とする説があるが，7分程度でも効果があると思われる．持続のもう1つの意味は，運動を行う期間である．1つの習慣とし，3カ月なり，1年なり続ける必要があるであろう．

全身運動を持続的に行うと，なぜ丈夫になるのであろうか．それは，心臓をはじめとする循環器系，肺などの呼吸器系を駆動するので，身体の隅々まで新陳代謝を促進する．また，消化器系を活発にし，自律神経系を安定させることになる．よくいわれることであるが，運動は持続的であり全身的であれば内臓を丈夫にすることになる．

からだを丈夫にするとか健康にするというと，今日では，運動が話題になることは少ない．代わって，何か特別な物を食べること，すなわち，栄養が挙げられる．確かに，戦後60年近く，人々の健康を増進させてきたのは栄養である．それは経済的豊かさが戦後の経済復興とともに進展すると，それに伴って栄養摂取が容易になったことで実現されてきた．しかし，過去においては，肉体労働に従事する人口は多く，持続的な全身運動の機会にこと欠かなかったわけで，運動によって丈夫になるという観点はあまり重要視されてこなかった．代わりに，体を鍛練するものとしての運動が注目されてきたのである．

ところが，近年，農業，漁業などで肉体労働に従事する人口が著しく減少し，情報産業やサービス業などで持続的な全身運動の機会のない職業に従事する人口が急増している．大学や大学院入学者が激増しているが，これらも持続的な全身運動と直接にはかかわらない人々といえる．

　このような状況の中で，丈夫になるにはというテーマになると栄養ばかり注目されるのは問題がある．強いていうと，栄養の方は飲んだり，食べたりするといった，努力を伴わない，時間もかからない方法なので実施しやすい．しかし，運動の方は，からだがキツイとか，おっくうであるとかということがあり，運動好きのヒトでないと実施されにくいと思われる．運動をしなければ丈夫にならないというだけなら，それでよい．しかし，実際は，運動不足により健康を害するし，糖尿病，高血圧など生活習慣病を招きやすい．ときに，精神労働に従事するヒトでは，運動の重要性は強調してもし過ぎることはないと思われる．

　運動でからだが丈夫になるかというテーマの肉体的な側面をおもに論じてきたが，このテーマには精神的な側面，すなわち，運動で精神的に丈夫になるかということについても言及する必要があろう．ギリシャ時代の昔から，健全な身体に健全な精神が宿ることが望ましいといわれてきた．からだが丈夫でないと消極的になったり，からだが弱いと厭世的になったりすることは十分考えられる．したがって，運動によってからだが丈夫になれば，逆に，積極的になったり，楽天的になることはありうると思われる．また，持続的な全身運動が楽しいものである場合，たとえば卓球が好きなヒトが卓球をするといった場合は精神的ストレスの軽減につながり，精神的に丈夫になると思われる．運動することが楽しいというヒトもいるが，ヒトによってはそうでない場合も多い．そうでないヒトこそ健康を保つため，そしてまた，健康を回復するために全身運動を持続的に行う必要があろう．

　持続的な全身運動が必要であることを認識しても，なかなか実行できないものである．知ることから行うことへの距離はかなりある．一人で行える運動として歩くことや走ることがある．このような全身運動については，心拍数と関連づけて実際の実行プログラムの指針を書いた書物があるので参考になる．また，毎日といかないまでも週に4日位は続ける必要があり，人間という飽きやすい生物にとってはこれもなかなか越えがたい困難である．持続を保つには，運動がからだを丈夫にするという実感である．それからもう1つは，コレステロール値などを運動をはじめてから1〜2カ月後に測定し，運動の効果をみることであろう．効果があれば持続も苦にならなくなる．

〔杉下　守弘〕

Q120 運動をすると寒さ暑さに強くなるのか？

A 私たちの身体は常に代謝によって熱がつくられている．しかし，体温は通常37℃付近に保たれている．体温調節の中心機構は視床下部の視索前野という部位で，ここでは脳局所の温度を受容するとともに全身に分布する温度受容器からの温度情報を統合し，それをもとに効果器への遠心性信号が出力される．体温が上昇した場合は身体から外部環境に熱を放散し（発汗など），体温が低下した場合は外部環境への熱の放散を抑え（皮膚血管収縮），さらに体内での熱産生を促進する（ふるえ）というように効果器は働く．

体温が上昇したときにはまず皮膚血管が拡張し，皮膚血流量が増大する．これは身体の深部に蓄積された熱量を血流によって末梢に運び，外気温との温度勾配（熱は高温から低温へ移動する）を利用して体外に逃がすためである．皮膚は身体で最も外層にあり，直接外気と触れる部位である．この熱放散は外気温が皮膚温よりも低いときには有効に働くが，外気温が皮膚温を上回ると逆に熱の移動が身体に向かってくる．これでは熱を逃がすどころか体温が上昇してしまう．この場合には水分が蒸発するときに生じる気化熱によって熱を体外に逃がすことが熱放散の唯一の手段となる．ヒトでは発汗がこれにあたる．水の気化熱は約 0.58 kcal，つまり水1gの蒸発によって 0.58 kcal の熱が奪われることになる．人体の比熱は 0.83 なので，たとえば体重 70 kg のヒトの熱容量は $0.83 \times 70 = 58$ で，これは水 100 g が蒸発するときに奪う熱に等しい．つまり 100 g の汗をかけば体温が 1℃上昇するのを防ぐことができる．

繰り返し暑さにさらされると，暑熱適応が起きる．適応前に比べ，より低い体温で皮膚血流の増加や発汗が起こり，同じ体温でも多く発汗することで，熱放散が亢進する．運動トレーニングも暑熱下の体温調節能を改善する．持久性トレーニングをすると，発汗開始の深部温の閾値が低温側に移動すること，総発汗量の増加，汗中 Cl^- 濃度低下，能動汗腺数の増加が明らかになっている．また，運動トレーニングは安静時の総血液量を増加させる．血液量が多いヒトほど最大皮膚血流量も多い．皮膚血流量が多いということは体内で産生された熱を血流によって皮膚表層に運んで体外に放出するのに有利である．つまり，運動トレーニングは，最大皮膚血流量を増やし，さらに汗腺の分泌能や感受性を高め，熱放散を増

図 25℃環境下自転車運動時（60～70％ $\dot{V}O_2$ max）の食道温（Tes）と胸部発汗量（chest insw）の関係[3]
□：運動トレーニング前，■：運動トレーニング（Ta=25℃, 75％ $\dot{V}O_2$max 自転車作業 60 分／10 日間），○：トレーニング後，暑熱順化トレーニング（Ta=35％, 80％ rh 下 50％ $\dot{V}O_2$max 自転車作業 60 分）

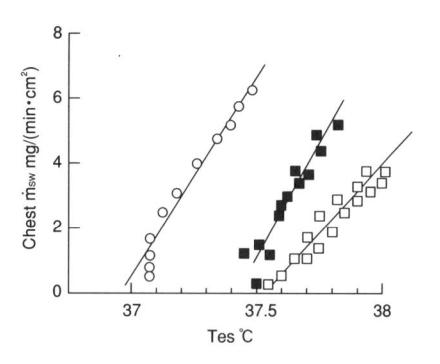

強することで体温調節能も改善する．つまり，「暑さ」に強くなる（図）．

一方，寒さに関してはどうだろうか．寒冷時にはまず，皮膚血管収縮が起こる．これによりからだの表層部を流れる血流を減らすことで，からだの核心部に還ってくる血液が冷やされるのを防ぐ．さらに体温低下が進むと，体内にあるエネルギー基質を酸素を用いて燃やすことによる代謝性熱産生が増加する．これは骨格筋が不随意的，周期的に収縮する「ふるえ」と「非ふるえ熱産生」に分けることができる．運動トレーニング，特に持久性トレーニングを続けることによって最大酸素摂取量が増大するが，このようなヒトや動物を寒冷環境に曝露すると，体温の低下が抑えられる，つまり，耐寒性が高まっているという報告がある．有酸素運動能力の向上が寒冷環境下での代謝性熱産生に有利に働くためと考えられる．有酸素能の高い運動鍛練者は寒冷環境に曝露されたとき，ふるえのはじまる皮膚温が高く，体温調節反応の感度がよいという結果も得られている．つまり，運動トレーニングにより「寒さ」にも強くなると考えられる．

このように運動に対して鍛練することで，暑さ・寒さにも耐性ができる．ある1つの環境ストレス刺激にさらされた場合，その刺激に適応するだけでなく，他の環境刺激に対する反応性や耐性が増加する場合と，かえってそれらが減少する場合がある．前者を正の交叉適応，後者を負の交叉適応というが，運動トレーニングの場合には正の交叉適応が起きて，暑さにも寒さにも耐性ができる．

[依田　珠江・彼末　一之]

文献
1) 平田耕造，井上芳光（1996）．運動と体温．最新運動生理学-身体パフォーマンスの科学的基礎-（宮村実晴編）．249-272，真興交易医書出版部，東京．
2) Bittel J, et al (1988). Physical fitness and thermoregulatory reactions in a cold environment in men. J Appl Physiol 65：1984-1989.
3) Roberts M, et al (1977). Skin blood flow and sweating changes following exercise training and heat acclimation. J. Appl. Physiol. 43：133-137.

Q121 運動は風邪をひきやすくするのか？

A 免疫系は，神経系，内分泌系とともに内部環境の恒常性の維持を図るべく，相互に影響を及ぼし合っている．内部環境変化を伴う急性身体運動時に免疫系に影響が及ぶのみならず，トレーニング効果のように慢性的な適応が起こるとき，免疫系も適応変化することは決して不思議な現象ではない．免疫系の主たる役割は生体に侵入した病原性微生物などを排除することにある．Niemanら[1]は，Los Angelsマラソンにおいて上気道感染症の頻度を調べた．参加者はレース終了後1週間に12.9％の感染症のエピソードを認めたが，参加希望者で病気以外の理由で出場できなかったランナーでは2.2％であった．一方，1回40分，週5日のウォーキングを行った高齢者における上気道感染症の発生率は21％で，運動をしない対照群における発生率は50％であった．これらの疫学的研究に基づき，運動と上気道感染症（いわゆる風邪）の関係は"J"型のカーブになると提唱された（図）．これは，中等度の運動を行っていると，運動不足のヒトよりも上気道感染症のリスクは減るが，激しい運動を過剰に行っているとリスクは平均以上に

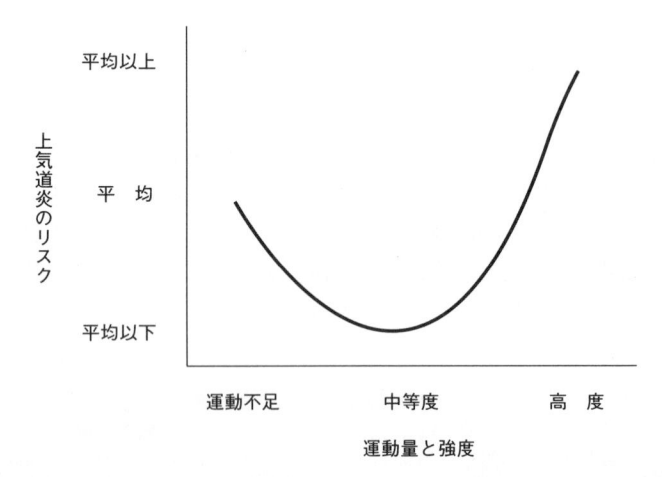

図　運動量と上気道炎のリスクの関係を示す"J"型モデル（文献1より引用改変）
このモデルは過度の運動は呼吸器感染症のリスクを増加させ，中等度の運動がリスクを下げることを示している．

上昇する可能性を示している．実験的にも，長期間にわたる激しい運動は，好中球機能，血清や粘膜のイムノグロブリン（Ig）レベル，ナチュラルキラー（NK）細胞数などを低下させ，逆に適度な運動トレーニングではそれらは上昇するか変化しないという"J"型説を支持する結果が報告されている．しかし，エリート水泳選手による 12 週間の水泳トレーニングで，その前後の粘膜と血清 Ig レベル，あるいは NK 細胞数の変化と上気道感染症の発生率との間に相関はみられなかった．すなわち，免疫系は複雑かつ巧妙なネットワークを形成し，仮に 1 つの指標の変化が起こったとしても，それを代償または抑制する機構が働き，個体全体にとっては影響が及ばないことも起こるため，いくつかの免疫学的指標の変化が実際どの程度臨床的に意味があるのか，感染抵抗性に関与するかは今のところ明らかではない．さらに，身体運動以外の，心理的，社会的ストレスや環境要因が免疫系の変化をもたらすことも明らかで，身体運動による免疫機能の変化の解析を困難にしている．

最近，運動選手において，好中球の血中レベルは運動強度にかかわらず増加するが，活性酸素産生能は中等度の運動によってのみ上昇することが示された[2]．マウスの実験では，16 週間の中等度の運動トレーニングによりマクロファージの一酸化窒素（NO）産生能が亢進することが明らかにされた[3]．好中球やマクロファージは，活性酸素や NO のもつ殺菌作用により感染防御の鍵を握る細胞である．運動による健康増進あるいは運動選手の健康管理という運動免疫学の期待する方向へ，新たな展開を期待したい．

［木﨑　節子・渡辺　憲治］

文献

1) Nieman DC (1994). Exercise, upper respiratory tract infection, and the immune system. Med Sci Sport Exerc 26：128-139.
2) Pyne DB, et al (2000). Neutrophil oxidative activity is differentially affected by exercise intensity and type. J Sci Med Sport 3：44-54.
3) Lu Q, et al (1999). Chronic exercise increases macrophage-mediated tumor cytolysis in young and old mice. Am J Physiol 276：R482-R489.

Q122 運動能力が発達した遺伝子組み換え人間（デザイナー・チャイルド）が登場するのか？

A 農業や畜産では，遺伝子組み換え技術が品種改良や育種に取り入れられるようになってきている．将来，ヒト遺伝子の機能に関する理解が深まれば，遺伝子組み換えがヒト自身を対象に行われるかもしれない．運動能力と関連があると考えられるいくつかの遺伝子を例にとると，次のような操作が理論的には可能であろう．

特定の遺伝子の発現を高める操作：IGF-I, UCP-3 を例として

インスリン様成長因子-I (IGF-I) は骨格筋の肥大を促す強い作用があり (Q73)，その遺伝子をマウス骨格筋に体細胞導入して筋を肥大させることができる (Q86)．一方，脱共役タンパク質-3 (UCP-3) は，おもに骨格筋のミトコンドリア内膜に発現し，電子伝達系と ATP 合成酵素の共役を阻害することにより，エネルギー消費を調節する (Q84)．このタンパク質を過剰発現するようにした遺伝子組み換えマウスでは，食事摂取量が多いにもかかわらず，体脂肪量がきわめて少ない[1]．したがって，IGF-I 遺伝子，UCP-3 遺伝子をヒト受精卵に導入し過剰発現させれば，筋量が多く体脂肪量の少ない個体をつくることが理論的には可能である．

特定の遺伝子の働きを阻害する操作：GDF-8 を例として

GDF-8（ミオスタチン）は，骨格筋の肥大を抑制する成長因子であり (Q73)，その遺伝子に変異をもつヨーロッパ産の肉牛は，通常の肉牛に比べ最大で約 30 % 筋

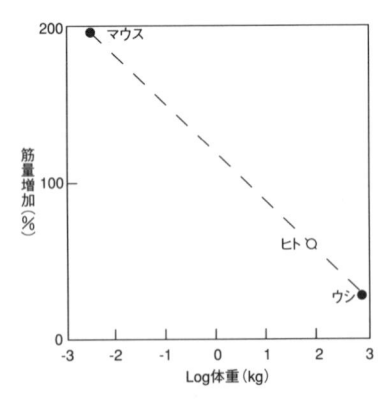

図　ヒト GDF-8 遺伝子をノックアウトした場合に予想される筋量の増加

表 運動能力に関連すると思われるタンパク質とその遺伝子操作

タンパク質	操作	発現組織	予想される効果
IGF-I	過剰発現	骨格筋	筋肥大
GH受容体	過剰発現	骨格筋	筋肥大
カルパスタチン	過剰発現	骨格筋	筋肥大
70-KDa S6キナーゼ	過剰発現	骨格筋	筋肥大
カルシニウリン	過剰発現	骨格筋	筋肥大
UCP-3	過剰発現	骨格筋	体脂肪減少
UCP-2	過剰発現	白色脂肪	体脂肪減少
グリコーゲン合成酵素	過剰発現	骨格筋	筋持久力増加
mGluR1	過剰発現	中枢神経	運動スキル向上
GDF-8	活性低下	骨格筋	筋肥大
ACE	活性低下	骨格筋	筋持久力増加

IFG-I：insulin-like growth factor-I, GH：growth hormone, UCP：uncoupling protein, mGluR 1：metabotropic glutamate receptor-1, GDF-8：growth and differentiation factor-8, ACE：angiotensin converting enzyme.

量が多い．また，この遺伝子を gene targeting により壊したマウス（ノックアウトマウス）は，200％以上の筋量の増大を示す[2]．同様の技術をヒトに応用すれば，生来筋量が50％程度多い個体をつくることが可能と考えられる（図）．

技術的な問題点

表に，過剰発現させたりノックアウトすることによって運動能力を向上させる可能性のある遺伝子をまとめた．特定の遺伝子を組み換えによって過剰発現させる場合には，正常な個体発生過程を損わないようにするため，組織特異的に多量に発現する他のタンパク質のプロモーターを用いる必要がある．一方,「ノックアウト個体」をつくるには，胚性幹細胞（ES細胞）を用い，かつ2世代以上にわたる煩雑なプロセスが必要なため，世代交代の遅いヒトへの応用は実際上難しいと思われる．

倫理的制約

最近では，遺伝的疾病などの治療のために体細胞遺伝子導入を用いることが認められつつある．一方，ヒト個体全体の遺伝子を操作することは技術的にも難しく，また倫理的にも許されることではない．それ以前に，ヒトES細胞を用いた研究や，クローン人間に結び付く研究自体が厳しく制限されているのが現状である．

［石井　直方］

文献

1) Clapham JC, et al (2000). Mice overexpressing human uncoupling protein-3 in skeletal muscle are hyperphagic and lean. Nature 406：415-418.
2) McPherron A, et al (1997). Regulation of skeletal muscle mass in mice by a new TGF-beta superfamily member. Nature 387：83-90.

Q123 ドーピングは遺伝子に影響を与えるのか？

A 近年，内分泌攪乱物質（環境ホルモン）が，特定の地域に生息する動物集団の形態的特徴や繁殖行動を著しく変化させることがわかってきた．こうした変化は，「遺伝的ドリフト」（動物小集団に進化をもたらす淘汰圧以外の要因）では説明できないほど速い速度で起こり，そのメカニズムはまだ完全には解明されていない[1]．この事実は，アナボリックステロイドをはじめとする種々のホルモン剤のドーピングによって遺伝子が影響を受けることを危惧させる．遺伝子が影響を受けるという場合，次世代にまで影響が及ぶような変異が遺伝子上に生じる場合と，細胞や組織で特定の遺伝子の転写活性が異常に高まったり，本来発現しないはずの遺伝子が発現したりするような場合とがある．前者の場合，摂取した物質がフリーラジカルなどを生成して遺伝子（特に生殖細胞の遺伝子）を壊す必要があること，細胞は高い遺伝子修復機能をもつことなどから，ドーピングによってゲノムという設計図そのものが変異する可能性はきわめて低いと考えられる．

一方，ドーピングはさまざまな組織での遺伝子転写活性に影響を及ぼす．アナボリックステロイドは，骨格筋線維やその他の細胞の膜を通過し，核内にあるアンドロゲン受容体に結合する．アンドロゲン受容体はホルモン結合部位とDNA結合部位をもつタンパク質で，ホルモンを結合した受容体は転写因子として働き，さまざまなタンパク質遺伝子のエンハンサー領域に結合してその転写を活性化する．したがって，ドーピングが遺伝子発現の調節機構を乱すことにより，さまざまな器官や組織で機能不全や発がんを誘発する可能性がある．さらに，母親が妊娠中にドーピングを行ったような場合には，発生過程での正常な遺伝子発現の秩序が乱され，生まれた子どもに形態異常や行動異常が現れる可能性がある[1]．これに対し，成長ホルモン，IGF-I，エリスロポエチン（EPO）などのペプチドホルモンは，細胞膜上にある受容体と結合し，チロシンキナーゼ系，JAK／STAT系をはじめとする細胞内シグナル伝達カスケードを通じて特定のタンパク質の遺伝子転写を高める（図）．したがって，ステロイドホルモン，ペプチドホルモンいずれの場合にも，局所的には遺伝子の働きに影響を及ぼし，その結果，運動能力に関して望ましい作用をもたらしたり，逆に重大な副作用をもたらしたりする．

ドーピングにまでは至らなくとも，エルゴジェニックな効果をもつサプリメン

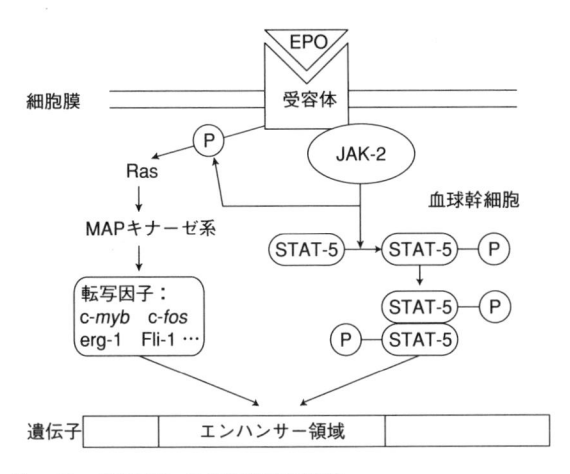

図 エリスロポエチン（EPO）の作用機序の概略
JAK：Janus kinase, STAT：signal transducer and activator of transcription, Ras：small G-protein, MAP：mitogen-activated protein, P：リン酸化

トを長期間服用した場合に，遺伝子転写活性に影響が及ぶ可能性もある．クレアチン(Cr)は，近年急速に広まっているサプリメントで，筋線維内クレアチンリン酸(PCr)濃度を高めることにより筋力発揮とハイパワーの持続力を確実に向上させ，しかも顕著な副作用はないとされている[2]．一方，筋線維内PCr濃度が高い状態が保持されると，細胞膜上のクレアチン輸送担体（CREAT）の合成が低下する（ダウンレギュレーション）という報告がある[3]．さらに，PCr濃度が同様に筋におけるグルコース輸送担体（GLUT-4）の発現を調節する可能性も示されている．したがって，多量のCrを長期間摂取し続けると，CREATやGLUT-4の遺伝子転写活性が低下し，インスリン感受性の低下，ひいては糖尿病を引き起こす可能性があるが，こうした点については今後さらに研究を進める必要があろう．

［石井　直方］

文献
1) Colborn T, et al (1996). Our Stolen Future - Are We Threatening Our Fertility, Intelligence and Survival? Spieler, New York.
2) Graham AS and Hatton RC (1999). Creatine：a review of efficacy and safety. J Am Pharmac Assoc 39：803-810.
3) Guerrero-Ontiveros ML and Wallimann T (1998). Creatine supplementation in health and disease. Effects of chronic creatine ingestion in vivo：down-regulation of the expression of creatine transporter isoforms in skeletal muscle. Mol Cell Biochem 184：427-437.

Q124 運動は妊娠，分娩によいのか？

A 運動と妊娠への影響の関係については，古くからさまざまな議論がなされているがいまだに確実な結論は出されていないのが本当のところであろう．過度の運動は子宮への循環血流量の減少や子宮収縮，血中酸素濃度の低下，体温の上昇などさまざまな母体の変化をもたらし胎児への悪影響が懸念され，現に動物実験ではその報告がなされている．しかし，ある程度の運動強度における臨床研究では母児への明らかな悪影響はほとんど認められない．

この問題を難しくしているのは，以下のような事柄が複雑に絡み合っているからである．1) 妊娠母体の生理的変化，2) 母体の変化に対する胎児の反応，3) 胎児のモニタリングの限界，4) 運動・スポーツへの生理的欲求．これらの事柄の詳細については紙面の都合上割愛するが，現在のところさまざまな比較試験からの検討では，適度な運動は妊婦の体調の改善・維持に役立つようであり，母児に対する重大な危険性をもたらすことはない[1]と考えてよい．

妊娠母体は子宮への血流量増加の必要性から，妊娠中期からの血漿量の増大（水血症）を主体とした循環血液量の増加（非妊時の約1.5倍）を引き起こし，これに伴い心拍出量の増加，安静時心拍数増加，1回拍出量増加などのダイナミックな循環動態の変化を起こす．さらに，子宮の増大により横隔膜は4 cm挙上するが，肋骨弓の拡大などにより相殺され総肺活量はほぼ変わらないまま，機能的残気量の減少による換気量の増加（妊婦は過換気を起こしやすい）などの呼吸機能の変化を起こす．これらの変化は十分な血流と酸素の飽和した血液を胎児へ送ることを目的としているので，運動による子宮収縮や運動筋への血流分配による子宮血流量減少の胎児への影響を考えると，妊娠中の運動は妊娠前の運動強度の60～70％程度に抑えることが好ましい．また，この程度の運動強度であれば胎児への影響はまず問題にならない．なお，妊婦の運動中の胎児心拍モニタリングでは胎児の頻脈傾向が認められてはいるが，母体の心拍変化によるものと考えてよく病的な意義は認められてはいない．さらに胎児への影響で一番問題になるhypoxiaに関しても，適度の運動である限り問題ないと考えてよい．

以上のように，妊娠中の運動の分娩への影響の全貌は明らかにされてはいないが，さまざまな報告から少なくとも悪影響はないと考えてよく，体力増強とその

表 妊娠中の運動

一般的事項
1) 妊娠してから急にはじめるのではなく，以前からの延長として行われるのが好ましい
2) 無理なく，ある程度持続的に行える内容を選ぶ
3) 運動だけで満足するのではなく，日常生活全般のバランスにも配慮する
4) 運動を行う場所・環境に十分配慮する
5) 疲労や発汗による脱水など体調の変化に留意する
6) 必ず医師の許可を受け，運動の前後でメディカルチェックを受ける

禁止・中止条件
1) 妊婦健診を受けていないもの
2) 切迫流産・早産徴候の出現
3) 妊娠中毒症症状の出現
4) 多胎妊娠の場合
5) 安静を必要とする合併症（心疾患，腎炎など）の存在
6) 羊水量の異常（羊水過多・過少）の存在
7) 子宮内胎児発育遅延（IUGR）や胎児胎盤機能不全が疑われるとき

好ましいとされる運動例[注1]
1) ウォーキングやジョギング
2) スイミング[注2]
3) エアロビクスやジャズダンス
4) ヨーガ

一般的な運動内容
1) 安定期（妊娠16週〜）から分娩前（妊娠35週頃）までの時期
2) 1回15〜60分，週2〜3回程度として，ある程度規則的に行う
3) 十分なウォームアップ，クールダウンをとる
4) 最大酸素摂取量60％程度，心拍数140回/分以内を維持できる運動強度

注1) バランスをとるような運動や関節に負担のかかる運動，肉体の一部に偏る運動は好ましくない．
注2) 水中というhydrostaticな環境は浮力による子宮収縮軽減が認められ，手軽さの問題はあるが妊婦に勧められる種目である．

心理的効果や分娩時間の短縮効果などが認められている．さらに，産褥期に関しては疲弊した骨盤底筋群のことを考えると，特別な産褥異常がない限り積極的に勧めてもよいだろう．

安全性への不確実性や責任回避からいたずらに運動を制限することによる不安感などの精神面への影響も加味すれば，きちんとした指導・管理のもとであれば，妊婦に対し適度な運動を勧めたり，スポーツに対する欲求に応えることは有意義なことである．このため妊娠中の運動に関してはガイドラインの存在が必要である．一般的なアメリカ産婦人科学会（ACOG）のガイドライン[2]や日本母性保護産婦人科医会のガイドブック[3]の要約を表に示すので参考にされたい．

現代社会では家電製品やモータリゼーションの普及により家事労働や歩行の減少など慢性的な運動不足の状態にあり，余暇の時間活用や身体・精神の安定を求めてスポーツへの欲求は強く，マタニティビクスのインストラクター養成など環境整備が進められている．しかし，2つの個体を扱う妊娠環境での臨床研究は倫理的にも限界があり十分な影響の解析には至っておらず，分子生物学的手法の応用などスポーツ科学を含めたさらなる医学の発展がこの問題に結論をつけてくれる日を期待したい．

[石川 睦男]

文献
1) Kramer MS (2000). Regular aerobic exercise during pregnancy. The Cochrane Library：Issue 2.
2) Exercise during pregnancy and postpartum period. ACOG Technical Bulletin Number189-Feb. 1994. Int J Gynaecol Obstet 45：65-70.
3) 日本母性保護産婦人科医会（1995）．妊娠中のスポーツ．研修ノート No.53.

Q125 「寝る子は育つ」は本当なのか？

A 身体が成長する場合に，そのおもな組織である筋肉と骨が1日の中でいつつくられるかを考える必要がある．

人体の代謝およびそれを調節するホルモンの分泌には，日内リズムが存在する．筋肉および骨つくりを促進するホルモンとしては，成長ホルモンがよく知られている．成長ホルモンは，脳にある下垂体（前葉）と呼ばれる内分泌腺から分泌されるホルモンであり，191個のアミノ酸から構成される分子量約22,000のペプチドである．その生理作用として，筋肉細胞へのアミノ酸の取り込みとタンパク質の合成を刺激し，筋肉の増殖を促進する．また，骨においては，成長期の児童では骨端板での長骨の成長や軟骨の形成を促進し，成人では骨先端部の肥大や軟組織の成長を盛んにする．これらの成長に関する作用はインスリン様成長因子I（IGF-I：insulin-like growth factor-I）を介して発揮されることがわかっている．成長ホルモンは，成長に関する刺激だけでなく細胞内の糖や脂質の代謝に関与するシグナル伝達系にも作用し，血糖の上昇や脂肪分解の促進などの作用ももつ．

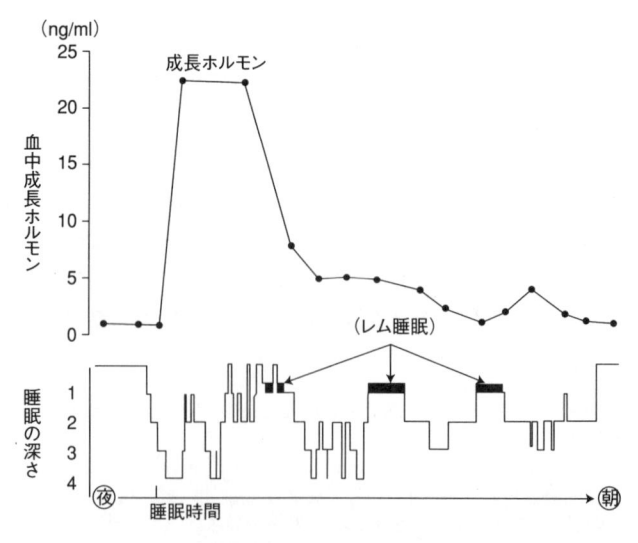

図1 ノンレム睡眠期における成長ホルモン分泌の促進[1]

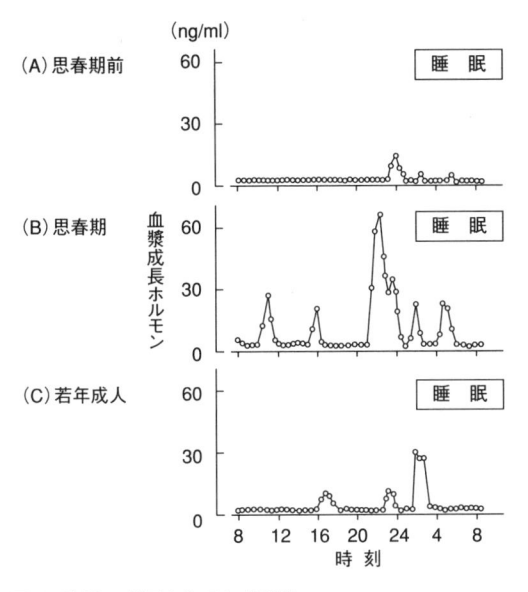

図2 年齢と1日24時間の成長ホルモン分泌[2)]
思春期前(A), 思春期(B), 若年成人(C) の男性の例における覚醒時ならびに
睡眠時の血漿成長ホルモン値の変化を示す

　成長ホルモンの分泌は多種多様の刺激によって影響を受けるが，このホルモンの分泌を最も増加するのが睡眠であることが古くから知られている．脳波の測定によると，入眠後1～2時間の時点でノンレム睡眠という最も睡眠の深い時期があり，このとき成長ホルモンが最も多く分泌される(図1)．この時点における成長ホルモンの分泌が睡眠によるものであることは，睡眠時間を数時間ずらしても，成長ホルモンのピークは入眠時点の1～2時間後に現れ，さらに，昼夜の睡眠覚醒リズムを逆転しても，すぐにその睡眠の開始に一致してピークが出現することより確かめられている．また，昼寝の際にも，成長ホルモン分泌の亢進がみられることもわかっている．したがって，筋肉や骨は睡眠中につくられるといえる．

　成長ホルモンの分泌量は，ヒトの年代によって異なり，最も多く分泌されるのが思春期である(図2)．この時期におけるからだづくりが一生のうちでも最も重要であることが，この事実より理解できるだろう．さらに，体重が多いほうが有利なスポーツである相撲の世界では，1日の生活に必ず昼寝が取り入れられており，この習慣はからだづくりを効果的に行う方法として経験的に採用されたものと思われる．「寝る子は育つ」の諺は迷信ではないのである． [下村　吉治]

文献
1) 鈴木正成 (1988)．スポーツの栄養・食事学．同文書院，東京．
2) 加藤譲ら (1982)．下垂体ホルモン分泌のリズム．蛋白質核酸酵素 27：233-245.

COLUMN ❹ 活性酸素は常に悪玉なのか？

　食作用を有する白血球が活性酸素を発生して殺菌作用を呈することはよく知られている．一方，活性酸素は，老化，炎症，がん化，虚血再灌流など多様な病態に深く関与し，好気性生物の宿命としての活性酸素の発生とその傷害の蓄積が，細胞あるいは生体の寿命を規定する重要な因子であることも広く知られている．そのため，諸悪の根源と目の敵にされている．それでは，殺菌作用を除くと，活性酸素は常に悪玉なのであろうか．実は，過剰な酸化ストレスでは細胞傷害的に働く反応も，軽度な酸化ストレスでは逆に生理的なシグナルとして生体に防御的に働く場合がある(図)[1]．たとえば，TNF-α，IL-1などのサイトカインが活性酸素を介してnuclear factor-κB (NF-κB)やactivator protein-1 (AP-1)などの転写因子を活性化して核内へ移行し，標的遺伝子の活性化に働く．このような活性化した転写因子により，代表的な抗酸化酵素であるMn-スーパーオキシドジスムターゼ(Mn-SOD)が誘導される．加えて，プロオキシダントを膵β細胞株に投与したとき，ごく少量では細胞増殖を促進し，それ以上ではアポトーシスを，さらに量が増すとネクローシス(necrosis：壊死)を起こす[2]．すなわち，軽度な酸化ストレスから過剰な酸化ストレスへ移行するのはどの運動負荷強度か，各自の酸化ストレスの閾値を知ることが重要になるだろう．　　　　　　　　　　　　［大野　秀樹，野口　いづみ］

文献
1) 大野秀樹ら(2001)．運動とフリーラジカル．体力科学 50：印刷中．
2) 藤井順逸ら(1996)．過酸化物が誘導するアポトーシス．細胞工学 15：1381-1386．

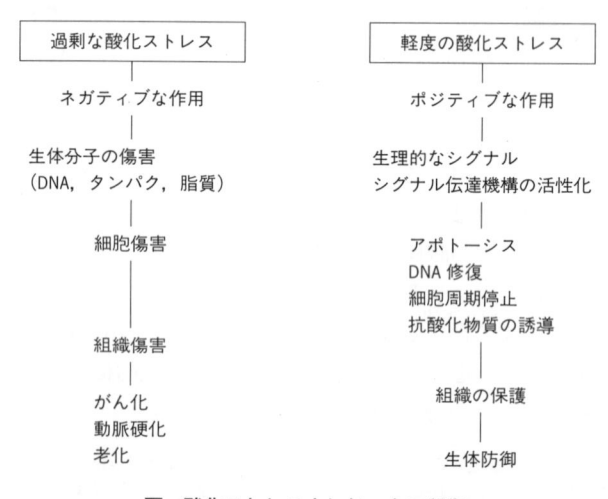

```
    過剰な酸化ストレス              軽度の酸化ストレス
           │                              │
    ネガティブな作用                ポジティブな作用
           │                              │
    生体分子の傷害                  生理的なシグナル
   (DNA，タンパク，脂質)            シグナル伝達機構の活性化
           │                              │
        細胞傷害                      アポトーシス
           │                          DNA 修復
                                      細胞周期停止
                                      抗酸化物質の誘導
        組織傷害                              │
           │                           組織の保護
         がん化                              │
        動脈硬化                         生体防御
         老化
```

図　酸化ストレスとレドックス制御

COLUMN❺ 水泳は運動なのか？

答えは，もちろんイエスである．しかし，内容はそれほど単純ではない．Harri と Kuusela[1] の論文タイトル "Is swimming exercise or cold exposure for rats?" が示すように，水泳は寒冷暴露の要素も有する．運動トレーニングのツールとして水泳を用いた場合，水泳は寒冷負荷の度合いが大きいので運動の適当なモデルとはならない，という理由で米国生理学会雑誌への論文受理がスムーズにいかないケースがしばしば生じている．実際，水泳トレーニングは，特に褐色脂肪組織を活性化して耐寒性を増す[2]．これは，水の大きな比熱，気化熱による．それを防ぐために水温を体温程度まで上昇させると，ヒトも動物も短時間でダウンしてしまい，トレーニングにならない．一方，水泳は水の特性である浮力を利用して，リハビリテーション，マタニティービクス，あるいはスペースフライトのモデルにも応用されている．さらに，筆者らは，水泳トレーニングは免疫機能にも影響することを観察している[2]．すなわち，急性寒冷ストレスによる抑制性マクロファージ(FcγR II/III^{bright} 細胞)の上昇が水泳トレーニングマウスでは認められず，免疫機能の増強が示唆された(図)．こうして，日常トレーニングのメニューに水泳を加えることにより，一石三鳥の効果が期待されるかもしれない．［大野　秀樹，木崎　節子］

文献
1) Harri M and Kuusela P (1986). Is swimming exercise or cold exposure for rats? Acta Physiol Scand 126：189-197.
2) Kizaki T, et al (2000). Swimming training prevents generation of suppressor macrophages during acute cold stress. Med Sci Sports Exerc 32：143-148.

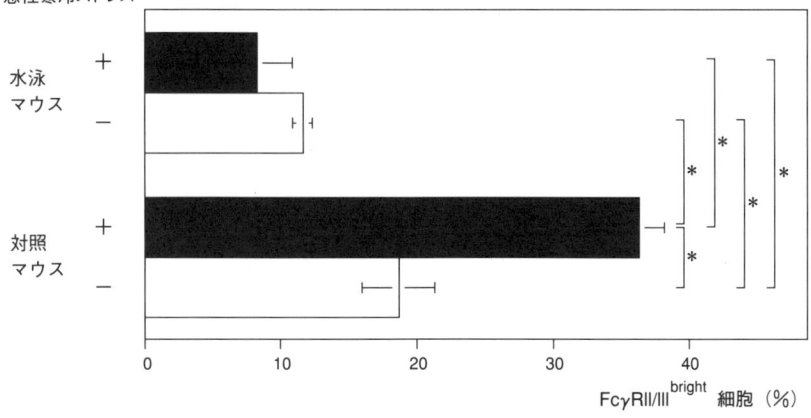

図　水泳トレーニングは急性寒冷ストレスによる抑制性マクロファージの増加を消失させる[2]，＊：$p<0.01$

●索引●

★ア行

RNA　16
RNAポリメラーゼ　28
RFLP　54
IRS-1 (insulin receptor substrate-1)　90
IGF-I (insulin-like growth factor-I)　150, 152, 176
activator protein-1 (AP-1)　258
アクチン (actin)　104, 132
上げ膳，据え膳　222
$\beta 2$-アゴニスト　144
adipocytokine　102
$\beta 3$-アドレナリン受容体　172, 204
$\beta 3$-アドレナリン受容体遺伝子ミスセンス変異　207
アナボリックステロイド　178, 252
アポトーシス　41, 42, 154, 258
アルカリ軽鎖　126
アルコール　220
アルドステロン　92
アンギオテンシノーゲン　92
アンギオテンシンI　92
アンギオテンシンI変換酵素 (ACE)　174
アンギオテンシンII　92
アンギオテンシン変換酵素遺伝子 (ACE gene)　216
アンチコドン　30
アンドロゲン受容体　178
E-box　118, 126
ES細胞　60
EST　57
一酸化窒素　142
移植　62
一次運動野　78
1回拍出量　86
一酸化窒素　94
遺伝　4
遺伝子　4, 16, 184, 252
遺伝子組み換え技術　46
遺伝子工学　46
遺伝子診断　54
遺伝子地図　56
遺伝子治療　58
遺伝病　52
インスタント食品　224
インスリン　90, 200
インスリン感受性　208
インスリン非依存型糖尿病　208
インスリン様成長因子-I (IGF-I)　154, 170, 250
インスリン様増殖因子-I　212
インスリンレセプター基質 (IRS) 1　209
インテグリン　148
イントロン　26
ウェスタンブロット法　46, 48
うつ病　236
運動強度　180
運動前野　78
運動能力　5
運動野　78
AMP-activated protein kinase (AMPK)　209
ACTH　82
衛生細胞 (satellite cell)　120, 152
HIF-1 (hypoxia-inducible factor-1)　96, 142
Hsp70　147
Hsp90　146
HDL (high density lipoprotein)　200, 220
apM1　102
AP-1 (activator protein-1)　144
エキセントリック収縮　110
エクソン　26
SAチャネル (stretch-activated-channel)　148
STS　56
エストロゲン　99, 212
NANC (non-adrenergic non-cholinergic) 神経　94
NADPHオキシダーゼ　214
NFAT (Nuclear Factor of Activated T-cell)　137
NF-ATcl　152
NO (nitric oxide)　94, 142
NO合成酵素　94
NK (ナチュラルキラー) 細胞　249
エネルギー　40
FSF-8　69, 72
FSF-10　72
FGF (fibroblast growth factor)　150
MRF4　118
MEF1 (Myocyte enhancing factor-1) 領域　126
MEF2 (Myocyte enhancer factor-2)　126, 153
MGF (mechano-growth factor)　170
MCT1　160
MCT4　160
mdxマウス　123
エリスロポエチン (EPO)　177, 214, 252
LOH (loss of heterozygosity)　54
LDL (low density lipoprotein)　200
塩基　16
塩基性線維芽細胞増殖因子 (bFGF)　142
塩基対　19
遠近軸　72
β-エンドルフィン　234
オートクリン・パラクリン　150
オーバートレーニング　236, 240
ob gene　172
岡崎フラグメント　20
オゾン層　195

★カ行

GATA遺伝子　119
概日リズム (サーカディアンリズム)　242
解糖系酵素　138
核の支配領域 (nuclear domain)　156
下垂体門脈　82
風邪　248
カタラーゼ　190
褐色脂肪細胞　83, 100, 173, 204
活性化好中球　188
活性酸素　101, 182, 184, 188, 258
活性酸素種　202
活性酸素説　180
カテプシンB　156
カノテノイド　190
カフェイン　226
Ca^{2+}ポンプ　108
カルシニューリン (calcineurin)　137, 152

カルパイン	156	血小板凝集能	220	サテライト細胞		
がん	50, 186	結腸がん	186		120, 124, 140, 152	
がん遺伝子	50, 186	血糖	90	左右軸	68, 70	
幹細胞	38, 62	ゲノム	17, 64	サルコグリカノパチー	122	
がん多発家系	51	ゲノムインプリンティング	9	サンスクリーン剤	195	
がん抑制遺伝子	50, 186	原核細胞	10	酸素拡散距離	84	
寒冷暴露	259	原がん遺伝子(proto-onco gene)		CRF	82	
キサンチンオキシダーゼ	202		144	cet-1	76	
キサンチンオキシダーゼ系	188	腱切除法	140	CSNA	88	
基礎代謝量	206	ゲンタマイシン	123	c-Ski	145	
キネシン	66, 69	高血圧	198	CGH	54	
機能的磁気共鳴画像法(fMRI)		交叉適応	247	c-jun	144	
	232	抗酸化能	190	cet-1／dbl-1	76	
急性高山病	216	後肢懸垂	156	GDF-8	170, 176, 250	
虚血	202	高地トレーニング	214	CVNA	88	
虚血／再ガン流刺激	157	高地肺水腫(HAPE)	216	c-fos	144	
筋芽細胞	118	興奮収縮連関	108	"J"型モデル	248	
筋管細胞	118	コーヒー	226	紫外線	194	
筋腱複合体	168	骨粗鬆症	98, 212	視覚入力	80	
筋ジストロフィー	122	骨密度	212	シグナル伝達	34	
筋線維(muscle fiber)	116	コドン	30	視交叉上核(SCN)	242	
筋線維組成	166	コハク酸脱水酵素	162	自己組織化	74	
筋線維タイプ	124	コラーゲン	164	自己複製能	2	
筋倍化変異(DMM)	170	コラーゲンタンパク質	128	自殺	236	
筋分子制御因子	118	コンセントリック収縮	110	視床下部室傍核	82	
筋力低下	222			視床下部の視索前野	246	
クエン酸合成酵素	162	★サ行		ジストロフィン	122	
組み換え人間	250	サイクリン	36	姿勢	80	
グルカゴン	90	再生医学	62	シトクロム(cytochrome)P-450		
グルコース輸送担体	158	最大1回拍出量	86		230	
グルコキナーゼ	139	最大酸素摂取量	86	ジヒドロピリジン受容体	108	
グルココルチコイド	82	最大心拍数	86	脂肪摂取割合	218	
グルタチオンペルオキシダーゼ(GPX)		最大動静脈酸素含量較差	86	脂肪組織(WAT)	102	
	190	最大皮膚血流量	246	脂肪分解速度	227	
GLUT-1	158	細胞	10	修復機構	24	
GLUT-2	90	細胞外型スーパーオキシドジムスターゼ		種の多様性	3	
GLUT-4	90, 158		95	寿命	44, 180, 182, 218	
GLUT-4トランスロケーション		細胞外マトリクス		松果体	242	
	209	(ECM：extracellular matrix)		初期応答遺伝子		
クレアチン(Cr)	253		128	(immediate early gene)	144	
クローン羊	61	細胞骨格系	116	暑熱適応	246	
Cross innervation	120	細胞骨格	66, 148	除負荷	156	
クロマチン構造	29	細胞死	42	進化	3	
形質	6	細胞質	10	真核細胞	10	
70-KDaS6キナーゼ	155	細胞周期	14, 36	心筋細胞	84	
頸動脈圧受容器	92	細胞小器官	10	神経ペプチドY	83	
血液型	7	細胞分化	38, 118	心臓交感神経遠心性活動	88	
血液再灌流	202	細胞分裂	15	心臓迷走神経遠心性活動	88	
血管新生	142	サザンブロット法	46, 48	身体活動	180	
血管内皮増殖因子(VEGF)	142	殺菌作用	258	伸張性収縮	110	
血管平滑筋細胞	94					

伸張による収縮増強効果
　　(stretch potentiation)　114
心拍出量　198
水泳　259
睡眠　256
スーパーオキシド(O_2^-)　188
スーパーオキシドジスムターゼ(SOD)
　　182, 190
ストレス学説　240
ストレスタンパク質(HSP)　146
スプライシング　26
スポーツ心臓　84
Smad　145
性格　238
生活習慣病　53, 180
精神活動　232
性染色体　8
生体リズム　242
成長因子　150
成長ホルモン　256
性の決定　8
生命　2
セックスチェック　9
赤血球　214
前後軸　68, 70, 72
染色体　8, 12
染色体地図　12
全身運動　244
前庭入力　80
前頭眼野　78
前補足運動野　79
増殖因子　37
総ペルオキシラジカル捕捉抗酸化能
　　(TRAP)　191
組織科学的筋線維タイプ　134
速筋線維　136
ソニックヘッジホッグ　69, 72
損傷 DNA　24

★タ行─────────
タール　230
耐寒性　247
体細胞遺伝子導入　170, 176
体脂肪量　204
帯状皮質運動野　79
体性感覚入力　81
ダイニン　66, 69
多型(polymorpism)　170
脱共役タンパク(UCP1)遺伝子
　　207

脱共役タンパク質(UCP)
　　100, 173
脱共役タンパク質-3(UCP-3)
　　250
タバコ　230
短縮性収縮　110
短縮による収縮抑制効果
　　(release deactivation)　114
炭水化物　218
タンパク質　228
力ー速度関係　110
遅筋線維　136
中間径フィラメント　66
中間系フィラメント　116
中心核　150
中枢神経系グリア細胞　94
長寿　218
超低密度リポタンパク　192
チロシンキナーゼ　144
痛風　210
DNA　16, 18
DNA 多型　56
DNA ポリメラーゼ　20
TNF-α　102
TOR　77
TCA 回路　40
TGF-β ファミリー　76
低酸素誘導因子(HIF-1)　214
DTNB(5,5-dithionitrobenzen)軽鎖
　　126
T-Box 遺伝子　72
デオキシリボ核酸　16
デザイナーチャイルド　250
鉄(Fe)　196
デュシャンヌ型／ベッカー型筋ジス
　　トロフィー　122
テロメア　45
転写　26
転写因子　28, 39
転写制御因子　144
転写調節　28
等尺性最大筋力　112
糖尿病(NIDDM)　200, 208
動脈血圧反射　88
動脈硬化　200
糖輸送担体(GLUT-4)　208
ドーピング　252
α-トコフェロール　192
α-トコフェロール輸送タンパク
　　193
突然変異　22, 184

トランスジェニックマウス　60
トランスフェリン　196
トランスフォーミング増殖因子
　　(TGF-β1)　142
トロポニン　132
トロポニン C　108, 132
トロポニン I　132
トロポニン T　133
トロポミオシン　132

★ナ行─────────
内臓脂肪　102
ニコチン　230
乳酸性作業閾値　162
尿酸　210
妊娠　254
nuclear factor-κB
　　(NF-κB)　258
ヌクレオソーム　12
ヌクレオチド　16
ネガティブ GDF-8　176
ネガマイシン　123
ネクローシス　42
熱ショックタンパク質　157
ノーザンブロット法　46, 48
NOS　94
NOS I　94
NOS II　94
NOS III　94
ノックアウトマウス　60

★ハ行─────────
バイオテクノロジー　46
配偶子形成　8
背側運動前野　78
8-ハイドロキシデオキシグアノシン
　　182
背腹軸　68, 70, 72
廃用性筋萎縮　156
白色脂肪組織(WAT)　173, 204
破骨細胞　98
破骨細胞の分化誘導因子(ODF)
　　212
羽状角　168
バソプレッシン　92
白血球　258
伴性遺伝　8
反動動作　114
PCR　46, 48
heat shook protein(HSP)　189
PVN　82

皮下脂肪　102	分化マーカー　39	mRNA　26
光発がん　194	分岐鎖アミノ酸　228	メルトリン　117
光老化　194	分子シャペロン　146	免疫機能　259
微小管　66, 69, 116	分娩　254	免疫系　248
ヒストンタンパク質　12	平衡機能　80	メンデルの法則　6
ビタミンA　192	ヘキソキナーゼ　139	毛細血管密度　84
ビタミンC　190, 192	ベクター　59	モノカルボン輸送担体　160
ビタミンD　98, 195	ペルオキシナイトライト　94	
ビタミンE　190, 192	傍糸球体顆粒細胞　92	★ヤ行
ヒトゲノム　64	positional cloning 法　52	YAC　56
ヒトゲノム計画　56	ポストゲノム　33, 64	UCP-1　100, 173
ヒト白血球抗原(HLA)　216	母性効果遺伝子　70	UCP-2　100, 173
8-ヒドロキシグアニン(8-OHGua)　184	補足運動野　79	UCP-3　100, 173
25-ヒドロキシコレカルシフェロール　98	ホメオティック遺伝子　71	優性　6
8-ヒドロキシデオキシグアノシン(8-OHdG)　185	ポリフェノール化合物　221	誘導物質　117
	ホルモン　34	UVA　194
	翻訳　30	UVB　194
ヒドロキシプロリン　164	翻訳後修飾　32	ユビキチン　147
ヒドロキシラジカル(HO・)　196		ユビキノール　190
皮膚血管収縮　246	★マ行	予測的制御　81
非ふるえ熱産生　247	マイクロアレイ法　49	
ヒポキサンチン　211	マイクロフィラメント　66	★ラ行
肥満　200, 206	マクロファージ　94, 200	ランゲルハンス島のA細胞　90
肥満遺伝子　204	マタニティビクス　255	ランゲルハンス島のB細胞　90
日焼け　194	MAPキナーゼ(MAPK)系　144	ランナーズハイ　234
疲労　240	末梢血管抵抗　198	リアノジン受容体　108
VMH　82	Mn-スーパーオキシドジスムターゼ　258	rigor 状態　106
VLDL	myogenin　118, 120	リボ核酸　16
（very low density lipoprotein）　200	ミオシン(myosin)　104	リポスタット　172
V̇O₂max　86	ミオシンアイソフォアーム　135	リボソーム　30
フィブリノーゲン　220	ミオシン軽鎖(myosn light chain)　104	リポタンパクリパーゼ(LPL)　200
フェリチン　197	ミオシン重鎖(myosin heavy chain：MHC)　104, 124, 126, 130, 138	リン酸化　35
Fenton 反応　196		レシチン-コレステロールアシルトランスフェラーゼ(LCAT)　200
副腎皮質刺激ホルモン　82	Myostatin　150	β-レセプター　101
複製　20	ミオスタチン(GDF-8)　145	劣性　6
腹側運動前野　78	ミトコンドリア　40, 162	レニン　92
腹内側核　82	ミトコンドリアDNA　162	レニン-アンギオテンシン-アルドステロン系　92
福山型先天性筋ジストロフィー　122	myf-5　118	レバーアーム仮説　106
プリン体　210	MyoD　118, 126	レプチン　102, 172, 204
ふるえ　247	MyoDファミリー　120	レプチン受容体　204
プロテアソーム　156	MyoD1　120	老化　44, 182
プロテイン食品　229	無負荷最大短縮速度　112	
プロテオーム　33	迷走神経　88	★ワ行
分化　38	メカニカルストレス　148	和食　219

●執筆者紹介（執筆時）

浅島　　誠	東京大学大学院総合文化研究科・教授	
新井　秀明	東京大学大学院総合文化研究科・助手	
荒尾　　孝	㈶明治生命厚生事業団体力医学研究所・所長	
荒川　正行	東京大学大学院理学研究科・大学院生	
有賀　寛芳	北海道大学大学院薬学研究科・教授	
井澤　鉄也	東京都立大学大学院理学研究所・教授	
石井　直方	東京大学大学院総合文化研究科・教授	
石川　睦男	旭川医科大学医学部医学科産婦人科学・教授	
伊藤　長栄	杏林大学医学部衛生学・大学院生	
及川　恒之	㈶佐々木研究所細胞遺伝部・部長，北海道大学大学院医学研究科・非常勤講師	
大石　修司	東京医科大学内科学第5・助手	
大木　　操	国立がんセンター研究所腫瘍ゲノム解析・情報研究部・部長	
大野　秀樹	杏林大学医学部衛生学・教授	
小野寺　正道	東京大学大学院総合文化研究科・大学院生	
葛西　　宏	産業医科大学産業生態科学研究所職業性腫瘍学・教授	
片山　一朗	長崎大学医学部皮膚科学・教授	
勝村　俊二	東京医科大学衛生学・教授	
加藤　貴英	中京大学大学院体育学研究科・大学院生	
彼末　一之	大阪大学医学部保健学科・教授	
川田　茂雄	東京大学大学院総合文化研究科・大学院生	
河原　克雅	北里大学医学部生理学・教授	
木﨑　節子	杏林大学医学部衛生学・助教授	
木本　紀代子	杏林大学医学部衛生学・大学院生	
久保田　健夫	国立精神・神経センター神経研究所疾病研究第2部・室長	
小久保　麻子	北里大学医学部内科学・大学院生	
小坂　光男	中京大学大学院体育学研究科・教授	
近藤　宇史	長崎大学医学部附属原爆後障害医療研究施設分子情報制御・教授	
近藤　信夫	防衛医科大学校生化学第2・助教授	
齋藤　大蔵	防衛医科大学校病院救急部・講師	
坂根　直樹	神戸大学医学部衛生学・助手	
坂本　　優	㈶佐々木研究所附属杏雲堂病院婦人科・医長	
佐竹　正延	東北大学加齢医学研究所免疫遺伝子制御・教授	
清水　和宏	長崎大学医学部附属病院皮膚科学・講師	
下光　輝一	東京医科大学衛生学・教授	
下村　吉治	名古屋工業大学共通講座健康運動科学・教授	
杉下　守弘	東京大学大学院医学系研究科・教授	
鈴木　　裕	旭川医科大学医学部医学科生化学第2・教授	
鈴木　健二	杏林大学医学部衛生学・講師	
鈴木　光浩	㈶佐々木研究所細胞遺伝部・研究員	
高倉　康人	京都市立福知山病院内科・医師	
髙波　嘉一	東京医科大学衛生学・講師	
高橋　素子	大阪大学大学院医学系研究科・助手	

高橋 秀治	科学振興事業団・研究員	
高橋 英嗣	山形大学医学部生理学第1・助教授	
谷 憲三朗	東京大学医科学研究所先端医療研究センター・助教授	
谷口 直之	大阪大学大学院医学系研究科・教授	
谷口 正子	大阪国際女子大学人間科学部・教授	
田沼 靖一	東京理科大学薬学部・教授	
丹治 順	東北大学大学院医学研究科・教授	
土居 勝彦	山形大学医学部生理学第1・教授	
富澤 古志郎	富沢内科医院・院長	
中里 浩一	日本体育大学大学院体育科学研究科・助手	
長澤 純一	電気通信大学電気通信学部・講師	
永島 計	大阪大学医学部保健学科・助手	
仲野 徹	大阪大学微生物病研究所遺伝子動態・教授	
永松 信哉	杏林大学医学部第2生化学・教授	
根岸 文子	㈶佐々木研究所細胞遺伝部・研究員	
野口 いづみ	鶴見大学歯学部歯科麻酔学・助教授	
芳賀 脩光	筑波大学体育科学系・教授	
八田 秀雄	東京大学大学院総合文化研究科・助教授	
人見 嘉哲	杏林大学医学部衛生学・助手	
平野 雄	産業医科大学産業生態科学研究所職業性腫瘍学・助手	
福島 菊郎	北海道大学大学院医学研究科・教授	
福嶋 義光	信州大学医学部衛生学・教授	
福永 哲夫	東京大学大学院総合文化研究科・教授	
藤井 順逸	山形大学医学部生化学第2・教授	
伏木 亨	京都大学大学院農学研究科・教授	
松井 信夫	中京大学大学院体育学研究科・非常勤講師	
松岡 健	東京医科大学内科学第5・教授	
松川 寛二	広島大学医学部保健学科・教授	
松田 良一	東京大学大学院総合文化研究科・助教授	
水野 一乘	東京大学大学院総合文化研究科・助手	
水野 真佐夫	コペンハーゲン大学附属病院麻酔科臨床生理学・室長	
宮崎 裕美	国立健康・栄養研究所臨床栄養部・研究員	
宮澤 伸子	杏林大学医学部衛生学・非常勤講師	
村瀬 訓生	東京医科大学衛生学・助手	
山田 俊幸	㈶佐々木研究所細胞遺伝部・主任研究員	
山田 茂	東京大学大学院総合文化研究科・助教授	
山根 基	中京大学大学院体育学研究科・大学院生	
山元 ひとみ	㈶佐々木研究所細胞遺伝部・研究員	
山本 三毅夫	防衛医科大学校生化学第2・教授	
吉田 俊秀	京都府立医科大学第1内科学・助教授	
依田 珠江	京都府立医科大学第1生理学・研修員	
若月 徹	大阪大学健康体育部体育科学系・助手	
若林 一郎	山形大学医学部衛生学・教授	
渡辺 憲治	わたなべクリニック・院長	

Q&A 運動と遺伝
© Hideki Ohno, Tsuneyuki Oikawa, Naokata Ishii 2001

初版発行───2001年7月10日

編者────大野秀樹・及川恒之・石井直方
発行者────鈴木一行
発行所────株式会社大修館書店
　　　　　〒101-8466　東京都千代田区神田錦町3-24
　　　　　電話 03-3295-6231（販売部）03-3294-2358（編集部）
　　　　　振替 00190-7-40504
　　　　　［出版情報］http://www.taishukan.co.jp

装幀者────平昌司
印刷所────広研印刷
製本所────司製本

ISBN 4-469-26474-1 Printed in Japan
Ⓡ本書の全部または一部を無断で複写複製（コピー）することは、
著作権法上での例外を除き禁じられています。